潘老师带你
悦读
（教师版）

潘唯女 / 编著

民主与建设出版社

·北京·

© 民主与建设出版社,2019

图书在版编目(CIP)数据

潘老师带你悦读:教师版 / 潘唯女编著. — 北京:
民主与建设出版社,2019.11
ISBN 978-7-5139-2786-4

Ⅰ.①潘… Ⅱ.①潘… Ⅲ.①阅读课—小学—教学参
考资料 Ⅳ.①G623.233

中国版本图书馆CIP数据核字(2019)第239223号

潘老师带你悦读(教师版)
PANLAOSHI DAI NI YUEDU(JIAOSHIBAN)

出 版 人	李声笑	
编　　著	潘唯女	
责任编辑	刘　芳	
封面设计	姜　龙	
出版发行	民主与建设出版社有限责任公司	
电　　话	(010)59417747　59419778	
社　　址	北京市海淀区西三环中路10号望海楼E座7层	
邮　　编	100142	
印　　刷	北京虎彩文化传播有限公司	
版　　次	2022年6月第1版	
印　　次	2022年6月第1次印刷	
开　　本	710毫米×1000毫米　　1/16	
印　　张	19	
字　　数	342千字	
书　　号	ISBN 978-7-5139-2786-4	
定　　价	45.00元	

注:如有印、装质量问题,请与出版社联系。

悦讀美好

己亥奇月

楊正華

悦读是知识的启蒙老师

己亥夏 秋鸿老生书

潘垒生

序　言

阅读与搭桥

（代序一）

莎士比亚曾说过："生活里没有书籍，就好像生命没有阳光；智慧里没有书籍，就好像鸟儿没有翅膀。"当然，即使有书在身边，如果不去阅读，依然不会拥有阳光和智慧。自1995年设立世界图书日以来，中国新闻出版研究院持之以恒地推广全民阅读工作，每年发布的全民阅读调查的影响力越来越大，全民阅读的社会氛围正在逐渐形成。但总体来看，阅读的现状依旧不乐观。2010年，我国成年人人均纸质图书的阅读量为4.25本，到2018年，这个数字仅上升到4.67本。前些年，成年人人均电子书的阅读量有一个较快提升的过程，但近几年逐渐稳定下来，2015年为3.26本，2018年为3.32本。

很少会有人否认阅读的价值，但要让大众养成良好的阅读习惯，一个月读上一本书却是非常困难。教师的阅读现状也是如此。尽管教师都知道"要给学生一杯水，教师要有一桶水"的道理，但很多人不喜欢阅读，很少看学科教学内容之外的书籍，也是不争的事实。之所以会出现这样的境况，与我们所处的时代和生活环境有着密不可分的关系。移动互联网以及智能手机的普及，使得信息的传递越来越快捷，人也变得越来越焦虑。每一分钟都会有各种各样的信息推送给我们，邮件、短信、微信的铃音，一直不断地提醒着我们别错过了精彩的瞬间。在这样的环境下工作和生活，要想集中注意力做一件事情的确很难。而阅读恰恰需要隔断世间的各种纷扰，沉浸到书本之中，将自身的经验和思考与作者的经验和精神世界进行联结。当然，教育专著本身的理论性和专业性以及语言表述的多样性，也给教师的阅读带来不少障碍，使得阅读成了一件很不轻松的事情。

那么，有没有一种方式，可以降低阅读的难度，让更多的人，特别是教师喜欢上阅读，并引导他们逐渐养成良好的阅读习惯呢？为此，潘唯女老师做出了有益的尝试。

（一）

　　潘唯女老师的做法是：选择教师阅读有些困难的教育专著类书籍，自己先进行通读，在阅读和理解的基础上，把专家的核心观点、教育主张、教学策略等浓缩、提炼成一篇一篇的小文，并配上语音，每周一期，通过微信公众号推送给教师。教师只需花费不长的时间，就可以了解书中的一两个重点，并与自己对该书的阅读和理解进行比较，从而获得对所读书籍更加深刻的认识。有些原本没有计划阅读该书的教师也常常会被潘老师的导读所触动，找来原著加以研读。

　　潘老师是在做搭桥的工作，即在教师的认知世界与教育理论、教育实践专家的认知世界之间搭建一座桥梁，帮助教师走进专家的理论体系之中。在平时的教学实践中，教师感受最深的一点就是学生的认知体系和认知方式与学科的知识体系和思维方式在两个完全不同的世界之中，教师备课和上课一个很重要的任务就是要在这两个世界之间架设一座桥梁，帮助学生从自我的世界走向科学的世界，学着使用人类共通的思维逻辑认识和了解大千世界，逐渐形成正确的世界观和方法论。同样，教师自我的教育教学经验与教育学、心理学和脑科学所解释的教育教学的规律也在两个不同的世界之中，同样需要在这两个世界之间搭设桥梁，帮助教师提升专业素养，提高教育教学的本领。

　　搭桥并不是一件容易的事情。首先，要对两个世界的基本状况有较为清晰的认识和了解，这样才能确定"桥墩"扎在哪里，用什么样的方式作为"引桥"。潘老师既是一线教师，也是名师工作室的主持人，平时一直致力于阅读的推广工作，对教师在阅读方面的所思、所想、所行有较为清晰的认识和判断。她又善于学习，对教育教学的新理论和实践比较敏感，总是想法设法找到相应的书籍加以研读，这就使得她在为教师阅读搭桥时有了更好的基础和优势。其次，要明晰如何架构桥梁，才能让教师在过桥的时候有更多的收获。生活中，有些桥梁铺设得非常平整，为的是让人和车辆快速通过；也有些桥梁有意识地设计成拱形等，为的是让人们有移步换景、登高望远之感。为教师架设的桥梁也是如此，有的帮助教师快速梳理相关的教育知识和理论，丰富教师自身的认知体系；有的让教师仔细品味教育教学的某些环节和要素，寻求教改的突破。不同的目的和追求，阅读引导的着力点有很大的差异。读者在品味这本书的过程中，相信会有深刻的感受。

（二）

在搭桥时，潘老师采用的具体方法是：把专家学者的教育教学思想和实践策略通过摘要和自己的理解，用贴近实际和容易理解的文字表达出来，同时朗读这些整理出来的文字，把文字和音频通过微信公众号同时推送给教师。

这种同时采取文字和音频引导教师阅读的方式，暗合了人们阅读的基本机制。当人们在阅读的时候，同时会启动两条信息加工的通道，一条是视觉通道，另一条是语音通道。对于那些常见的文字，大脑会先识别文字并提取其意义，然后利用词义信息从而提取它的发音。如果是第一次见到或不是很常见的文字，大脑则倾向于先将其解码，然后转化为语音，再尝试提取这种发音模式的意义。阅读的时候，两条通道总是处于合作之中，每一条通道都对文字的准确识别和发音起到作用。如果只使用一条通道，人们将无法读出所有的文字。

从苏美尔人最初的刻写板开始，文字书写的目的就是用来大声念的。高声朗读是从文字发轫时就出现的规范，这可能有两个方面的原因：一是书籍创作和抄写的困难，拥有书籍的只是少数人，他们通过朗读的方式将文字传递给听众；二是作者创作的这些文字符号隐含一种特殊的声音，这种声音仿佛就是他们的灵魂，要亲身朗读给听众才能将作品的韵味表达出来。当时，作者朗读自己的作品也是一种时髦的社交仪式，并且还有一套专门为听众和作者制定的规矩。听众要提供批判性的回应，作者根据听众的回应再修改自己的文章。学生上学还有一种通俗的说法，叫念书，强调的就是要把看到的东西读出来。"阅读"二字本身就是由看和读两层意思组成的，体现了要把文字转化成声音的意思。

脑科学家们进一步研究发现，一个文字进入人脑0.3秒以后，大脑的各个区域都会被调动起来。大脑要全体出动才能提取出一个字的意义。比如，看到"疼"字，大脑中负责形状的神经元和负责读音的神经元就会协作从而识别它。同时，负责感觉的神经元和负责痛觉的神经元也会参与进来，大脑中所有与"疼"有关的神经元都会一起来识别它，并共同确认它的意义。由此，我们可以更好地理解阅读需要语音参与的意义。"一个篱笆三个桩，一个好汉三个帮"。"帮手"越多，阅读识别文字的效率就越高。

（三）

在两个世界之间搭桥，不仅仅是为了帮助教师更方便地理解教育著作的精髓，更为重要的是激发教师的阅读兴趣，帮助教师养成良好的阅读习惯。同时，也让更多的教师明白，读和写是提升自我阅读水平的一体两翼，勤于阅读和写作既有助于提升自身的教育智慧，还能获得更多的成就感，且有利于身心健康。

一个具备良好阅读习惯的人，在学习和事业上的成就会更加突出。美国内华达大学有一个研究报告，研究的对象包括27个国家的7.3万名学生，目的在于调查他们受教育的时间长短。研究发现，家中有藏书的学生大学毕业的比例比起家中没有藏书的学生多出了20%。另外，家中藏书量超过500册的学生受教育的时间比平均值多出了3.2年。我国开展的基础教育质量检测数据也清晰地表明，学生的学业成绩与其阅读量之间有着明显的正相关。那些喜爱阅读、有良好阅读习惯的学生，在学业成绩方面大都有非常优异的表现。学生的学习如此，教师的教育教学实践也是如此。

阅读不仅给人的学习和生活带来好处，更为重要的是读写能力的提高可以彻底改变大脑。脑科学的相关研究表明，文盲的脑活动与识字的人的脑活动存在显著的差异，长期进行读写训练的人不仅语言听力更加敏感，而且脑中的胼胝体后部会更厚。因为胼胝体连接着大脑两个半球的顶叶区域，这意味着两个半球之间的信息交流明显增多，也可以用来解释为什么具有良好读写习惯的人的言语记忆广度比文盲显著增大。

阅读需要集中注意力，始终处于深度学习和思考状态。获得2012年度诺贝尔生理学或医学奖的日本京都大学生理学教授山中伸弥提出，深度思考是最好的养生方式。这是因为大脑是身体每个机能的指挥中心，如果脑细胞充分活跃，必须有足够的能量和养分供给，身体机能会自动调动身体各部位的多余能量向大脑集中，习惯性的深度思考能有效缓解脂肪的局部富集。瑞典运动生理学家卡尔逊教授也指出，对于总是做机械性重复劳动的人而言，如果每一千次机械性重复劳动算一个单位的话，每增加一个单位将明显导致心肌损伤和大脑钝化。职业运动员晚年患老年痴呆症和各种心肌综合征的风险显著高于正常人，与此是很有关联的。相反，那些具有良好读写习惯的人却不存在这个问题。看看那些长寿的院士、科学家们，相信大家就能理解阅读的好处。

阅读有如此多的好处和意义，为什么不从现在开始呢？

常生龙

2019年7月

常生龙，上海市教育考试院副院长，物理特级教师，中国教育报"2012年度推动读书十大人物"。著有《读书是教师最好的修行》《给教师的5把钥匙》《物理教师的备课与上课》《让教育更明亮》等。

最是书香能致远

（代序二）

在"潘唯女名师工作室"公众号中，每周都能看到潘唯女老师带着教师和学生阅读的消息更新。从2017年到2019年，两年的日积月累和坚持，从而有了这本针对教师的《潘老师带你悦读》，可喜可贺！

作者开宗明义，本书目的在于"通过自己的阅读和理解，把专家的核心观点、教育主张、教学策略等浓缩、提炼成一篇一篇的小文，再通过语音的方式表达出来，教师只需要每天花很短的时间，一边阅读文本，一边手机识别二维码获取作者阅读此文本的语音，让读者有老师在旁边陪读和解读的存在感，从而轻松、快乐地获得最有益的专业理论的学习"。这是立足于教师工作和生活实际，运用新的技术、新的方法传播教育思考的有效途径和方法，很有意义和价值。作者说："很多同行、同事，甚至家长都养成了每周日早上打开手机，聆听我读书的习惯，并纷纷留言，说喜欢这样的方式，觉得用最短的时间获得了最有益的专业理论学习。"书中采用识别二维码的方式分享阅读，寄托着作者对读者朋友的期望。

就教师的意义和价值，我很赞成作者在阅读苏霍姆林斯基《给教师的建议》时的分享："一些优秀教师教育技巧的提高，正是由于他们持之以恒地读书，不断地补充知识的大海。如果一位教师在刚参加教育工作的头几年里所具备的知识，与他要教给儿童的最低限度知识的比例为10∶1，那么到他有了15年至20年教龄的时候，这个比例就变为20∶1、30∶1、50∶1。这一切都归功于读书。时间每过去一年，学校教科书这滴水在教师的知识海洋里就变得越来越小。这里的问题不仅在于教师的理论知识在数量上的增长。数量可以转化为质量，衬托着学校教科书的背景越宽广，犹如强大光流照射下的一点小光束，为教育技巧打下基础的职业质量的提高就越明显，教师在课堂上讲解教材（叙述、演讲）时就能更加自如地分配自己的注意。"书读多了，站得更高、看得更远，教学活动中才能游刃有余和得心应手，关注点才可能从关注教学内容转向关注学生，从而更好地促进、实现学生的发展。

阅读是为了充实、为了丰富、为了成长。关于成长，最耳熟能详的是美国心理学家波斯纳的成长公式：经验＋反思＝成长。如何理解经验呢？在我看来，首先是

需要经历，经历意味着有实践、有行动以及由此带来的某些结果。但有了经历未必具有经验，把经历转化为经验，需要"千金难买回头看"，需要发现自己的行动和行动效果之间的关系和联系，并用这样的关系和联系面向未来，改善未来的行动以追求更为理想的效果，这就是要用经验指导未来、规划未来。可以说，经验的过程是通过自身的实践与审视去获得经验、增加经验、丰富经验。经验是重要的，但仅有经验的过程还远远不够。波斯纳说："没有反思的经验是狭隘的经验，至多只能成为肤浅的知识。如果教师仅满足于获得的经验而不对经验进行深入的思考，那么他的教学水平的发展将大受限制，甚至有所滑坡。"我们需要对经验进行反思，犹如坐在井底的青蛙，生活经历可能给它"天只有井口那么大"的经验，但这个经验不符合事实，它需要跳出来，跳出来就是对原有经验的反思。由此，我们可以这样说，反思是对经验的过程、经验的依据、经验的结论保持持续地、批判性地审视，其目的是为了获得相对正确的经验。反思的对象是经验，反思的目的在于让经验更加合理，对未来的教育实践更有意义和价值。

生活在井底的青蛙何以会想到跳出来？这里有小鸟的功劳。飞来的小鸟提供了不同于青蛙原有经验的新信息——天大得很。促进反思需要小鸟，教师生活中的小鸟有很多。在我看来，书本就是小鸟。读书的时候，我们可以把书分开，做小鸟状扇动翅膀向我们移动，这就是"一只小鸟飞来了"。读书能开阔眼界，带来不一样的信息，会促进我们审视、批判和矫正原有经验，这样的过程就是专业成长的过程。我从这种意义来理解读书，并赞赏潘老师和同伴坚持读书的行为。

潘唯女老师的阅读具有领读和导读性质，其用意在于组织同伴和工作室的成员共读。所以，她在选材上比较关注教师的工作生活实际，在方式上以提纲挈领的概读方式夹叙夹议，并辅之以自己的简要感悟。这在一定程度上有立足一线教师时间紧、任务重的考虑，也有网络碎片化学习特征的考虑。这同样是我们要注意的。

祝愿潘老师及其团队在阅读、研究和实践的道路上越做越好！

陈大伟

2019年7月

陈大伟，成都大学师范学院教授。

"悦"读的力量

（自序）

　　我们每一个人都知道阅读的好处，阅读可以让求知的人从中获知，让无知的人变得有知。阅读是一种习惯、一种愉悦、一种享受、一种境界，更是一种长期的、没有终点与止境的自我教育。所以，我一直认为，凡是勤于阅读的教师，更能站在学生的角度着想，更能理解学生，包容让学生更乐于接受一切。因为，书中的观点与理论，书中的榜样与人生，书中的快乐与幸福，无不影响和启发着读者。

　　教育专著类的书籍是教师比较难啃的硬骨头。相比文学、艺术类的书籍，这些书籍少了很多的趣味性。很多教师往往阅读几页就束之高阁了。但专业类书籍对教师的教学和成长又有着不可替代的重要作用。怎样解决教师既渴望专业成长，又想改善读书效率低的现状呢？我想到通过自己的阅读和理解，把专家的核心观点、教育主张、教学策略等浓缩、提炼成一篇一篇小文，再通过语音的方式表达出来，教师只需要每天花很短的时间，一边阅读文本，一边手机识别二维码获取我阅读此文本的语音，让读者有老师在旁边陪读和解读的存在感，从而轻松、快乐地获得最有益的专业理论。

　　2017年2月至2019年4月，两年多的时间，107个星期，我读了陈大伟、常生龙、陈洪义、谭永焕、苏霍姆林斯基、李敏才、王崧舟、史金霞、窦桂梅、山姆·斯沃普、李庆明、赵德成、朱煜、孙建锋、道格·莱莫夫、唐娜琳·米勒、薛瑞萍等17位中外教育专家，共20本教育专著，提炼了107篇读书笔记和感悟，并相应录制了107段语音。我在每周日早上7点前在工作室微信公众号（潘唯女名师工作室）推出一期《教师读书》栏目。很多同行、同事，甚至家长，都养成了每周日早上打开手机聆听我读书的习惯，并纷纷留言，说喜欢这样的方式，觉得用最短的时间获得了最有益的专业理论学习。读者的留言给了我巨大的动力，我借助公众的力量快乐阅读，真正养成"悦"读的习惯。

　　我在阅读陈大伟教授的《幸福教育与理想课堂八讲》时，第一次对学生有了思考。陈教授告诉我们，学生到学校是学习生存的本领，获得生活的智慧，体验生命的意义、价值和尊严的。所以，学生到学校不是学"考"的，而是学"生"的。语文教

师不是教语文的，而是教学生学"生"的。什么样的课堂能称之为"理想课堂"？陈教授告诉我们，课前有期望，课中有创造，课后能审美，师生精神愉悦、身心和谐，学习效率得到保证和提升，充满好奇心和创造力，对未来美好幸福的生活充满憧憬并为之努力的课堂才是理想课堂。

在常生龙老师的《让教育更明亮》一书中，我读到了坚持的力量。坚持将一件事情做到底，是非常困难的。常老师说，他给自己规定每天写1000字以上的博文、每周读一本书等，已经坚持了11年，其中所付出的辛苦，只有他自己体会得到。世界上没有一步登天的事，任何事情都不可能轻易成功。如果没有坚持不懈的积累，那看上去小小的一步，可能就会成为无法逾越的距离。

窦桂梅老师说，"一手好字、一副好口才、一篇好文章"只能算是语文教师的基本功，"爱岗敬业、无私奉献"也只能算是"高大全"的虚假形象。什么样的教师才能称得上是一名优秀的语文教师？窦老师在《优秀小学语文教师一定要知道的7件事》一书中罗列了15点，让我们对照自己，向着优秀，走在路上——永葆激情、张扬个性、业精于勤、读书养气、合作共进、内省致远、海纳百川、公共情怀、笔耕不辍、关注细节、善待教材、尊重写字、黄金分割、理性视点、把握自己。

史金霞老师在《教育：一场惊人的旅行》一书中指出，以前，要想学生有一杯水，教师必须有一桶水；教师要有自来水，要做河，要做海。但这仅仅把教师定位为传授者，学生为接受者。现在，一位教师，尤其是一位语文教师，应该做一个领航者，一个赶海人，引领学生、激发学生，使之求知若渴，求智如饥，保持热情，并且获得求知的信心和能力。

在选书方面，我们需要斩断束缚，给自己充分的自由，完全可以放下自己读不进去的书。读者可以选择读什么，也可以选择什么时候放下一本不合口味的书。"总有一本书在等着你。如果你读一本书时觉得太难或太无聊，那就放下它，再选一本。重要的是，不要因为选错书而放慢了阅读的脚步。读者经常这样做。不要觉得一本书只要开始读了，就必须要把它看完。"这是美国作家唐娜琳·米勒在《书语者》一书中告诉我们的观点。

哪本书适合自己呢？感谢你打开这本书，和我一起去寻找，并如饥似渴地吸收来自专家、学者的精华。但因时间仓促，书中如有粗糙或不妥之处，还请读者多多指正。

第一次尝试用这种方式阅读、整理和呈现，并坚持下来，离不开我身边的导师、领导、同事、学员们一直以来的支持和鼓励；每周都需要录音，是家人给我提供了安静的环境；录音后需要技术处理，是武戈老师耐心地指导并帮助我完成；书稿确定后，常生龙先生、陈大伟教授在百忙之中为我的拙作写序；孙建锋老师、朱煜老师、陈洪义老师、赵德成老师用最强大的力量鼓励我并给我写推荐词；我的书法老师杨亚洲先生和我的父亲潘垒生先生也来为我题词；三名书系的张艳青老师前前后后为我的书出谋划策和修正调整……太多太多关心、帮助和支持我的人，没能在这里一一列出。感谢大家！祝大家身体健康、工作顺利、生活幸福！

潘唯女

2019年5月20日

目 录

悦读七 《诗意语文——王崧舟语文教育七讲》（王崧舟/著）

悦读八 《让教育更明亮》（常生龙/著）

悦读九 《影像中的教育学》（陈大伟/著）

悦读十 《教育：一场惊人的旅行》（史金霞/著）

悦读十一 《优秀小学语文教师一定要知道的7件事》（窦桂梅/著）

悦读十二 《我是一支爱写作的铅笔》（山姆·斯沃普/著）

悦读十三 《儿童教育诗》（李庆明/著）

悦读十四 《促进教学的测验与评价》（赵德成/著）

悦读十五 《教书记》（朱煜/著）

悦读十六 《让课堂说话》（朱煜/著）

悦读十七 《教育中的对话艺术》（孙建锋/著）

《幸福教育与理想课堂八讲》

陈大伟/著

悦读《理想课堂，幸福人生》感悟

陈大伟教授告诉我们："教育的目的并不仅仅在于实现学业成绩的改变，更重要的是促进生活质量的提升。课程建设是教师的使命和责任，它是学校一切工作的根本；课程质量是学校工作的生命线，它是学校核心竞争力之所在。课程建设必须牢牢抓住课堂教学的'牛鼻子'，必须深入课堂中去。"所以，我们要研究理想课堂。

但是，课堂教学"只有更好，没有最好"。因此，我们不能狂妄地宣称"我们现在的课堂就是理想课堂"，我们始终"在路上"！

很赞赏陈教授在这一讲中讲的几个观点：

一、让我们的课堂具有"润泽的教室"的特征

什么是"润泽的教室"呢？日本著名教育家佐藤学认为："润泽"这个词表示的是湿润程度，也可以说它表示的是那种安心的、无拘无束的、轻柔滋润肌肤的感觉。"润泽的教室"给人的感觉是教室里的每个人的呼吸和节律都是那么柔和、舒适。师生间的关系是相互尊重、相互接纳、相互信任、相互帮助的融洽关系。

二、什么是学生

我们从来就没有思考过这个问题。陈教授说："学生到学校是学习生存的本领，获得生活的智慧，体验生命的意义、价值和尊严的。"所以，学生到学

1

校来，不是学"考"的，而是学"生"的。语文教师不是教语文的，而是教学生学"生"的。

三、教师和学生都能在课堂中感受到幸福，才能称之为理想课堂

教师如有这样的想象和展望，必定是幸福的：课前有期望，盼望进教室；课中有创造，高质量地完成教学任务；课后能审美，获得符合期望的愉悦感和温暖体验。学生在课堂中如有这样的体验，课堂生活必定是美好的：精神愉悦、身心和谐；学习效率得到保证和提升；充满好奇心和创造力；对未来美好幸福的生活充满憧憬并为之努力。

四、理想课堂是有合适教学效率的课堂，有效教学是理想课堂的目标和愿景

有效教学首先是有效果的教学，教师讲的话学生愿意听，愿意做。有效果的教师是具有吸引力和影响力的。教师只有以师爱为前提，以师表为榜样，学生才会对教师产生信任和信赖。教学效率如何提高？苏霍姆林斯基说过："教学和教育的技巧和艺术就在于，要使每一个儿童的力量和可能性发挥出来，使他享受到脑力劳动中成功的乐趣。""所谓真正地拥有知识，就是对知识有深刻的理解并且把知识多次反复思考过。"陈教授指出，教学效率=学生围绕教学内容的比较紧张的智力活动和有价值的情意活动时间/教学所用的时间。

五、人因思而变

教师要积极主动地对自己的教学进行思考和改进，只有通过思考，再加上行动，才能改善教育生活、提高教育质量。我们要学会放弃一些东西，内心的某些东西必须死去，另外一些东西才能重生：过去的哪些东西想错了？哪些事情做错了？哪些习惯该改变了？哪些思维方式、行为方式需要改变和放弃？然后让蒙蔽我们的狭隘想法"死去"。每天这样想一想、变一变，就有可能"苟日新，又日新，日日新"。

如陈教授所言：路要一步一步地走，饭要一口一口地吃，只要方向正确并且朝着正确的方向前进，我们就不怕路远。而且，我们要学会"抱团取暖"，有了问题大家商量，有了经验大家分享，有了好的方法大家讨论。我们要学会

借力，主动争取帮助，充分利用各种资源发展自己、改善教学。

谢谢大家的聆听，我们一起思考，一起行动吧！

读书感悟

　　不管是刚毕业的年轻教师，还是已积累多年经验的老教师，都应该拥有一颗憧憬美好的心：在课堂上，教师和学生相互尊重、相互接纳、相互信任、相互帮助；教师和学生精神愉悦、身心和谐；大家有目标、有愿景，有思考、有行动；学生有进步，教师有收获；学生是快乐的，教师是幸福的……

《理想课堂，幸福人生》

悦读《让学生享受课堂、享受成长》感悟

有教师问陈教授心中的理想课堂是什么样的？陈教授说："'让学生蹦蹦跳跳上学，高高兴兴回家'作为理想课堂的第一目标。"多么简单的答案啊！但是，又有多少教师能做到呢？看似简单，实则不易。"蹦蹦跳跳"意味着学校和课堂具有吸引力，学校和课堂是学生心中的圣地与乐园；"高高兴兴"意味着学校生活有收获、有快乐，一天的学习生活过得有意义、有价值、有尊严。

今天，我们一起来分享陈大伟教授《幸福教育与理想课堂八讲》之第二讲：让学生享受课堂、享受成长。

一、改变学生课堂状态是我们的责任

美国学者做过这样的实验，学生在正常的气氛下和在压抑的气氛下解决问题的理智活动有太大的差异：常态组的学生情绪平衡，能运用理智较好地解决问题，他们在情绪正常的状态下，具有反应敏捷、思维活跃的特点；压抑组的学生情绪激动不安，有的忧郁、有的惊恐、有的怨恨，在解决问题时，多丧失了理智，只表现出机械、重复，尤其是混乱的反应，学习任务难以完成。苏霍姆林斯基曾经说："心情苦闷和精神郁闷，这种情绪会对学生的全部脑力劳动打下烙印，使他的大脑变得麻木起来。只有那种明朗的、乐观的心情才是滋养思想的大河的生机勃勃的溪流……"

美好快乐的课堂应该是可爱的、受尊重的、鼓励个性发展的、得到教师充满温情的关心和支持的。在课堂中，教师要对学生抱有期望，对学生信任，给学生有挑战的任务。只有这样的课堂，才能真正使学生获得生活的智慧，带给学生成长的美好和快乐。

二、"种田靠天气,教育靠关系"

陈教授在这里提的"关系"不是社会上的不良现象拉关系,而是指教师和学生之间的关系、同事之间的关系、教师和家长之间的关系。尤为重要的是教师和学生之间的关系。下面,让我们看一看王永明老师在《教育发展研究》上发表的《那改变我一生的两次微笑》中的几段话。

上小学的时候,我的语文成绩很不好,原因是我不喜欢语文,而不喜欢语文的原因,是因为我不喜欢我的语文老师。

我的语文老师是位年轻的男教师,脾气很大,动不动就训人,好像全世界的人都欠了他似的。我从小学一年级就在他的班上,感觉他从来没有笑过。我不喜欢他,也就不喜欢他的课。四年下来,我的语文成绩一直在班里倒数。我因此而自卑。

那天一上课,坐在教室里的我就开起了小差。"王永明同学,你起来回答……"突然,老师向我提问了。可怜的我连什么问题都没有听清楚啊。我战战兢兢站了起来,准备挨一顿臭骂。可是意外发生了,当我抬起头来,发现老师竟对我深情地微笑了一下。

我真不敢相信,四年来,老师从来没有对我微笑过啊!我受宠若惊。老师对我微笑了,老师是看得起我的,老师并没有嫌弃我的成绩差,想到这里,我挺直了腰板,认真听起课来。

不一会儿,老师的脸又转到我这边来了。大概是看到我听课认真的缘故吧,老师又给我热情的一笑。我明白,老师这是在鼓励我。那天,我的心情从来没有这样好过。从此以后,我的语文成绩突飞猛进。只一年时间,我从班里的倒数猛升到全班前五名。在这期间,虽然老师再也没有对我微笑过,但我想,老师是对我严格要求,老师心里是喜欢我的。我能看到老师的心在对我微笑。

陈教授说:"你要学生学得好,就需要学生喜欢你这个学科;要学生喜欢你这个学科,就需要学生喜欢你这个人;要学生喜欢你这个人,就需要你对他笑——鼓励和信任他。我们不能把'差生'看成'差生',不称呼他们为'差生'就是一种最直接的尊重和帮助。无论别人怎样不相信你的学生,做教师的也要满怀期望地相信他、拥抱他、鼓励他。相信岁月,相信种子。"

爱是什么?"爱是履行职责的基础上更加自觉地、更多地付出——付出关怀，付出智慧，付出时间和精力。没有爱就没有教育。"

感谢大家的聆听！让我们一起努力，让学生享受课堂、享受成长吧！

读书感悟

特别喜欢王永明老师写的《那改变我一生的两次微笑》，我的脑海里浮现出了太多太多的小"王永明"，他们多么需要教师的微笑！有多少小"王永明"，有王永明老师这样的幸运呢？教师是不是都能把板起的脸孔收起来，让学生看到美丽、灿烂的笑容呢？正如陈教授说的那样，让学生蹦蹦跳跳上学，高高兴兴回家呢？

《让学生享受课堂、享受成长》

悦读《致力于幸福的教师生活》感悟

多少人走着却困在原地，

多少人活着却如同死去，

多少人笑着却满含泪滴。

谁知道我们该去向何处？

谁明白生命已变为何物？

是否找个借口继续苟活，

或是展翅高飞保持愤怒？

我该如何存在？

……

陈教授借用电视连续剧《北京青年》主题曲引出"我该如何存在"的教师话题。他的答案是："我要创造性、超越性地存在，我要追求幸福的生活。"

今天，我们一起来分享陈大伟教授《幸福教育与理想课堂八讲》之第三讲：致力于幸福的教师生活。

幸福，在所有目的中，是人生的终极目的。幸福是教师的权利，也是教师的义务。教师幸福是学生之福、学校之福、社会之福。"幸福是一种能力，没有能力就没有幸福。"幸福的教师在某一段上是相似的，那就是他们能胜任自己的工作，他们用自己的工作赢得了教师和学生的信任与喜爱。

道理我们都懂，可如何才能把骨感的现实给我们带来的烦恼过渡到丰满的理想境界呢？

先来听听一位教师写给陈教授的一段话吧：

"人生来就是解决问题的。这一句话是我六年教学生活中真正认识到的一句话！从参加工作到现在，教学一直不顺，课堂总有这样、那样的问题，每天总有这样、那样的琐事还非完成不可，学校总会有这样、那样的工作需要去比赛……有时候，总会觉得自己挺没用，别人会把事情做得那么好，自己却总是一团糟，什么事情都不顺！就说备课吧，这样备课学生不听，那样备课学生纪律不好，怎么备怎么失败，想提高自己咋就那么难呢？但在今天回家的路上，看着路上的行人，看着一张张各种表情的脸，有的脸上的那种疲惫令我难受，难道我也会这样吗？人生来就是解决问题的。没有问题，没有疑惑，你就不会思考，不会进步！人生就是这样过来的！想到这里，我心情一下子就放松了。我还有那么多美好的日子，我要高高兴兴享受生活，享受人生。我会准备一个小本子，写上我的问题，写上我的观察。问题，以前你是魔鬼，现在你是我的好朋友，我们来比比，是你厉害还是我的脑子转得快！"

转变视角，就能拥有阳光心态！幸福生活，一切全靠我们自己！面对我们自己认为的"笨学生"，尊重他们，重视他们，给他们一个机会，他们往往还我们难以预料的欣喜，我们可以收获被热爱、被尊重、被接纳。

接下来的这个故事，告诉了我们，学会反思，通过反思改进教学，改变教学。对于教育中的变化，我们要用心感受，这样才能发现幸福，才能体验幸福。

在培训学校上课，我很恼火自己的身份：当孩子们的成绩没有提升，上课时孩子们调皮不听话，家长一次一次打来质疑电话要求换掉我……那段时间真的特别苦闷，觉得自己把教育热情都用光了，认为自己可能真的不适合当老师，甚至想过转行。每次只要一想到要上课了，就胃疼、头痛、肚子疼，上课也是强装欢颜心里盼望早点下课。我想当时我的情绪一定也感染到了我的学生们，他们几乎也都无精打采。

让我改变的是一个学生，他是个特恼火的学生，很多老师都不要。恰好那天我刚上完课要接待他，那一周我们在教育学上学过一个案例，我就现炒现卖地拿来用在他身上。我用调皮可爱的口吻先和他聊天，甚至和他做一些性格测试，然后像模像样地和他分析。他从敌视的状态转变为亲切，教学时我选了一个他最头痛的问题用最简单形象的方法给他讲解，结束时他说："李老师，以前我上其他老师的课都觉得度日如年，可上你的课我觉得咋那么有趣那么快呢？"那时候，我忽然觉得自己有价值了。他妈妈给我打电话说他上课回来特别高兴，要求我一直带他们儿子。那天，我心中涌满了甜蜜：一种被人认可、被人需要的满足感。虽然我不可能决定孩子的成长，可孩子却因为我的影响而变得美好，那时候我觉得自己很重要。同时，我反思我的教学：为什么我教其他的学生不是这样的呢？我发现因为时间的关系我几乎没有和他们有过多的情感交流，我讲课可能太难或是枯燥不能引发他们的兴趣。

从那以后，我认真备课，上网查很多的资料，甚至站在他们的角度预设学习会有什么难度，怎样讲解会更简单易懂，用什么方法、语言会让他们觉得有趣。每上一次课，我会记录孩子们的表现和作业情况；每上完一次课，我都会自己写一个总结。我发现这使自己在教学上越来越得心应手，孩子们更喜欢我了，家长都改变了原来的态度。现在的自己真切地感受到当老师是一种幸福。每一次，我都期待走进教室，期待看到自己的教学效果。

这位教师的故事告诉我们，如果在工作中不幸福、不快乐，我们就一定要有所改变。相信理论，相信他人的成功经验，不能固守自己过去的经验。

在陈教授的这一讲中，我第一次接触了教师的英雄精神和气质。"教师，能不能拯救每名学生？"理想的回答是："所有的学生都是可以被拯救的。"但现实存在的是："教育并不能拯救每一名学生。"《第56号教室的奇迹》的作者——雷夫说："在《杀死一只知更鸟》一书中，有一位律师为一位被控强奸的黑人辩护。这位黑人是无辜的，但当时美国种族歧视很严重。律师知道他的辩护注定赢不了，但他仍然接下这个案子进法庭为无辜的黑人辩护。""赢不了"也就是改变不了，但不能不去做自己该做的事，也就是要努力去改变。"能拯救"是一种信念。教师要怀有这样的信念，尽一切可能对每一个学生不抛弃、不放弃；"不能拯救"是一种结果，是承认学生成长中的复杂性，影响因素的多样性，要不气馁、不沮丧，不失去当教师的勇气和信心。尽管教育不是理想主义、英雄主义的事业，但教师不能没有理想主义、英雄主义的精神。

怀揣希望和梦想，让我们一起过幸福的教师生活。

读书感悟

我们都常常会有丰满的理想，那是最幸福的时刻。然而，我们都要面对残酷的、骨感的现实。"人生来就是解决问题的！"我们即使不能拯救每个学生或学生的每个方面，也要有能拯救的信念和决心，拥有理想主义、英雄主义的精神，去创造幸福，期待幸福，享受幸福！

《致力于幸福的教师生活》

悦读《教学内容的研究和处理》感悟

第一次接触这样的问题：教育更像工业还是更像农业？陈教授说："教育更像农业。因为教育不是加工塑造，而是促进生长。用农业做教育的隐喻，我们先要看土地、气候等耕种条件，看适合耕种什么，然后需要选好种子，接下来才谈得上如何耕种。所以，教学目标和教学内容的合理性追求应该优先于教学手段和教学方法的有效性选择，选择合适的教学内容就是选择合适的'种子'。"

今天，我们一起来分享陈大伟教授《幸福教育与理想课堂八讲》之第四、五讲：教学内容的研究和处理。

一、关于教材和教学内容

陈教授这样认为：有的教师没有认真研究教学内容，课堂上出示了很多学习材料，设计了很多教学活动，学生也做了很多练习，但基本的教学内容没有抓住，学生没有实际的、有价值的提高和收获。这既是教学低效、质量低下的一个原因，也是学生不喜欢学习的一个原因。

我们不能把教材和教学内容等同起来。可以说，教材仅仅是形成教学内容的一个载体，作为发挥实际作用的教学内容，其特性不同于教材内容。教师需要研究教材，根据学生的实际选择教学内容，并把教学内容蕴藏在教育活动中，然后围绕教学内容组织学习活动，实现教学目标。

在陈教授举的一个语文识字教学实例中，我们明显能感觉到教师不是"教教材"，而是"用教材教"。

四川省小学语文特级教师陆枋正在用"老朋友带新朋友"的方法教学生识字。教材上的"汪"字后面组的词为"汪老师"。很显然，学生很难从"汪老师"中联想到"汪"字这个"新朋友"应该在"王"这个"老朋友"前面加上"氵"。怎么教呢？陆枋老师在"王"字后，写上"泪wāngwāng（　）"。

学生很快知道"汪"字应该在"王"字前加上"氵"的形旁。如何回应教材上的"汪老师"呢?陆枋老师在教完"泪汪汪"以后采取了简单的处理办法:"同学们,'汪'字是一个多义字,它可以是一个人的姓,教材上的'汪老师'也是这个'汪'。大家读一读。"

在这里,教师巧妙地处理了教材和教学内容,正确的"用教材教",达到教学目的。

所以,陈教授这样定义优秀教师:优秀教师的优秀并不单单是他的学生考分能够名列前茅,更主要的是他们能广泛而深刻地理解和把握教育的意义与时代的趋势,使自己的教学具有明确而清晰、积极而丰富、经得起教育伦理和教育科学考量的教育意义,并能通过教学实践使自己追求的教学意义最大限度地满足其他相关主体的教学需要。这样的优秀教师,才更配得上享受专业工作者应该享有的专业尊重。

二、如何有效研究教材

陈教授说,一是要尊重教材的内在规定性和约束力;二是前后关联读教材;三是知人论世研究教材;四是结合原文研究教材;五是从细节处研究教材;六是在教学反思中重新认识教材。教师对教材的认识与处理难免有偏颇和错误,保持开放的态度,不断修正偏颇和错误是教师行动研究的一种方式。向实践开放,向学生开放,在实践中反思,向学生学习。教师的教学不是付出,而是收获;教师不是"蜡烛"和"春蚕",而是教室里不断生长的"一棵树"。教学滋养了教师,学生帮助了教师。开放的教学带来教学的幸福!

三、如何合理选择和组织教学内容

一是根据学生实际处理教学内容;二是根据文体特征处理教学内容;三是有结构地处理教学内容;四是在教学实践中进行合理取舍。俗话说:"舍得舍得,有舍有得,不舍不得。"教师要深读教材,广读教材,但深读和广读的目的在于预备,而不是一股脑儿都要教给学生。在取舍与得失中,我们需要妥善处理教学时间、教学空间的有限性与学生发展目标的全面性的矛盾;需要处理学生生活世界、社会经验的有限性与人类生活经验、人类活动世界的无限性的矛盾;既定位于学生全面发展,又意识到一节课不可能解决学生全面发展的所有问题，有所选择，有所放弃，在"有所不为"中"有所为"。

读书感悟

　　我们常常在不经意之间，就走入了"教教材"的误区。只有"用教材教"，才能真正站在学生的角度，根据学生的兴趣和需求，联系生活实践，将"死教材"变为"活教材"，充分发挥其作用，并让师生产生快乐、幸福和满足。要达到这种境界，必须广读教材，深读教材，做好教学内容的选择和处理。

《教学内容的研究和处理》

悦读《有效教学的意蕴和实践》感悟

有效教学是课堂教学改革的热点和难点。如何促进有效教学呢？什么是效？陈教授告诉我们，效是效果、效益和效率。效果是学生愿意听教师的，教师对学生有影响力，教师的教学对学生有吸引力，学生做出了教师预期的行动，教师教的行为有了成效；效益是学生愿意跟教师学，教师带领的方向正确而合理；然后才说得上效率，那就是教师采用的"交通工具"是合适的，带学生行走、探索的方法是科学的。

今天，我们一起来分享陈大伟教授《幸福教育与理想课堂八讲》之第六、七讲：有效教学的意蕴和实践。

一、了解有效教学的意蕴

1. 有效教学是有效果的教学

讨论有效教学首先要看学生是否听教师的，是否愿意呼应教师的教学。这就需要研究教师是否对学生有影响力，教学是否对学生有吸引力。我们认为，教师的教学影响力来源于学生能感受和理解到教师对他们的爱和关心，来源于对教师能力和水平的信服，来源于对教师行为示范的模仿。也正因为这样的原因，我们才说，有效教学的更多功夫在课堂之外，在教师的素养和修为。教学吸引力则来源于学生对教学内容意义的认识和理解，来源于教学活动的生动有趣，来源于他们能参与教学活动并在其中获得愉悦的体验。

2. 有效教学是有效益的教学

什么是"益"呢？"益"是有益、利益和好处。有效果未必有效益，有效益的教学是对儿童身心发展有帮助的，并符合教育理想追求的教学。

我们来重现一个常常在课堂里出现的镜头：

语文课上，老师刚挂出小黑板，大多数学生就开始读小黑板上的儿歌。看见学生读得很不整齐，老师发出指令："一二三……"指令一出，同学们立

13

刻放弃朗读并紧紧接上话头："一二三，要坐端；三二一，坐整齐。老师叫我怎么做，我就怎么做。"背诵完毕，课堂自然安静。老师接着说："今天，我们学习'人有两件宝'，现在老师先读一遍，然后请同学们齐读一遍。"老师读完学生读。学生读完，老师提醒学生："'脑'字是鼻音。"刚一说完，学生立刻摇头摆尾地"nǎo，nǎo"练习起来。老师认为课堂乱了，又来了一遍"一二三……"，然后让一位同学范读，最后组织学生声音整齐地练习"nǎo，nǎo……"

教师这样的教学行为有效益吗？眼前是产生了效果，从长远看，会有什么作用呢？学生会逐渐滋生消极等待的心理和行为，并最终丧失主动探求新知的热情。当我们面对这样的情景，更有效的方式是"积极地旁观"：教师的本意是让学生读课文、认生字，学生已经在自觉地读了，我们就不要打断，要旁观，并不断巡察，提醒没有读课文的学生加入读的行列。听一听哪些学生读得好，哪些字读错了……

3. 有效教学是有合适效率的教学

有效果是学生愿意跟随教师，愿意听其引导；有效益是教师引导的方向要对，路线要合理。有了这样的基础，我们才来讨论怎么才能走得快一点，走得效率高一些。我们尝试建构这样的教学效率公式：

教学效率＝同学们围绕教学内容的适度紧张的智力活动和有价值的情意活动的时间/教学花费的时间

我们考查教学效率需要从过去关注教师如何教转移到教师如何引导学生学，从关注教师讲得如何转移到关注学生学得如何。

在追求教学效率的时候，我们需要关注另外一种声音——教育是慢的艺术。过分强调高效了，学生的幸福快乐就有可能难以实现了。站在学生要身心健康、和谐发展的角度，站在学生年龄段层次、个性特征有差异的角度，站在学生要享受现实的、愉悦的课堂生活的角度，陈教授认为以合适效率为好，而不是越高效越好。

二、了解有效教学中的实践问题

1. 有效教学中教师的介入和进退

实践要中庸。就教师在课堂教学中的作为而言，那就是既不要教师主宰一切的师本，也不要教师放任和无所作为的生本，而要恰到好处地介入和进退。

教师不能仅仅满足于课堂上学生在活动，而要在活动后让学生去发现活动，让学生成为活动的认识者，对活动知道，在知道的过程中获得知道的结果，在对活动的思考中获得活动的经验。遵守这样的原则，我们才能更有效地实现活动的真正目的——通过活动帮助学生获得活动的经验。所以，教师适时的介入一方面是帮助学生获得活动的经验，另一方面是引导学生反思和改造原有的经验。

2. 关于合作交流的有效性

在学生的小组合作学习中，怎样提高交流的效果？怎样组织学习交流活动呢？陈教授说："教师首先要让说者会说、善说，学会交流，善于表达。作为组织者和引导者，教师在交流活动中，一是要善于使用澄清策略，帮助明晰、梳理同学们表达的观点和意见；二是要善于使用追问策略，调动同学们参与讨论的积极性，以帮助他们深入思考自己的观点和意见，修正自己的观点和思路，并引起对相关问题的深入质疑；三是要善于使用复述策略，培养学生倾听的习惯和能力；四是要善于抓住关键话语、词组，适当板书，以突出重点，体现对学生意见的尊重和强调；五是要善于小结归纳，适当引导概括，把交流活动的经历转化为相应的经验，以促进学生从交流中获得真正的进步。"

让我们继续通过自己的智慧，打造理想课堂，追求幸福教育。

读书感悟

我们往往会因为倡导某一个观点的时候，就容易走到极端。特别赞赏陈教授提出的"有效教学"的观点：既追求有效果、有效益，又只追求合适效率，顺应学生成长的自然规律，不盲目追求高效。让学生身心健康、和谐发展，尊重学生年龄段的层次和个性的差异，用智慧打造理想课堂。

《有效教学的意蕴和实践》

悦读《观课议课与教学评价》感悟

如何对学校的课程进行评价？如何对课堂、对教师、对学生进行评价？

今天，我们一起来分享陈大伟教授《幸福教育与理想课堂八讲》之第八讲：观课议课与教学评价。

一、用课程的合理性和教学的有效性评价学校

教育的任务在于提供有助于学生成长和发展的环境，并组织学生参与能够实现自身成长和发展的教育活动，学生生活其中、参与其中的课程才真正对学生成长有帮助。学校的产品是课程，我们应该用课程的合理性和教学的有效性评价学校。评价课程的合理性和有效性，可以引导社会、学校、家长把精力用在关心和建设高质量、高水平的课程建设上，而不把心思用在如何对学生"榨油"上，有利于把减负落到实处。课程合理了，学生的成长也就容易产生相对理想的效果。

二、从理想课堂愿景看好课

以理想课堂的愿景做背景，陈教授认为可以从以下几个方面去思考理想课堂的评价标准。

1. 学生在课堂上的生存状态

课堂的整体氛围是不是安全的、受关怀的？学生的人格、差异和表现自己的愿望是否得到尊重？课堂上的规则和规范是不是道德的？学生是否有较多的机会参与？在参与中，学生是否获得了平等的机会和公正的待遇？他们是不是积极而主动地参与？学生是否对课堂教学有满意的表现？

2. 教师在课堂上的生活状态

教师对课堂教学是否怀有憧憬和梦想？教师在课堂上的表现是否自如而有信心？课堂上是否有所创造和改变并能体味和感受到创造的快乐？教师是否能

自觉地和学生"同学"并享受成长的快乐?教师的实践反思是否自觉而深刻?

3. 教学内容的合理性和适切性

教师是否理解和把握了教材中的教学内容?是否能恰当开发和运用其他课程资源?教师是否选择了价值更为丰富、对学生更有价值的教学内容?教学内容是否适合学生的能力和水平?是否在"最近发展区"中施教?是否通过有结构的教学帮助学生学会学习、学会在生活中运用课堂上的所学?

4. 教学活动的有效性

学生是否表现出对教师的信任并因此而有较高的积极性?学生是否养成良好的学习习惯,并采用合适的方式完成学习的任务?学生是否在学会学习方面得到帮助,学习能力有所提高?

三、从教育假设看教师评价

课堂教学是考量教师的重要场所。"台上一分钟,台下十年功。"我们说有效教学的功夫在课外,教师课外的付出和努力是课上表现的基础。我们不能只关注课堂上表现的结果,而要更多地关注课下的生活,关注课下的努力、成长和有效劳动。我们可以把教育假设作为教师评价的一个要素。

陈教授说:"随时向教学行为背后的教育假设提问,能够清晰地表达教育假设依据、陈述教育假设过程的教师,是对教育假设有过思考,对教育有过研究的教师。这样的教师是负责任的教师。"据此,我们可以用是否有假设的过程考量教师的工作积极性和责任心。

教学之前有假设,教学中和教学后能不断反思于调整假设,不断提升假设水平的教师,是不断成长和进步的教师,其教师生活是一种研究性的生活。据此,我们可以用是否有过假设,是否在实践中验证假设,并由此改善教育工作质量来考量教师的专业成长。

四、课堂教学评价中的真善美

建设理想课堂,我们需要改善教学评价,使课堂上的教学评价具有真善美的特征,以更好地发挥教学评价促进学生成长的作用。

课堂上对学生的鼓励或批评,教师都应该真诚、真心、真挚,"千教万教教人求真,千学万学学做真人"。让我们从课堂教学的评价开始!

教学评价中的善意味着宽容和慈爱，意味着对弱势群体的特别关心和爱护。

美是什么？美首先是一种发现，它在真和善的基础上充满创意，富有创造，对学生产生了点燃和激励的效果，成为教育评价中的经典。

于漪老师有一次上公开课，讲《宇宙里有些什么》，让学生自由提出疑问。有一名学生站起来发问："老师，课文中有这么一句话，'这些恒星系大都有一千万万颗以上的恒星'，这里的'万万'是多少？"话音刚落，全班同学都笑了。"万万"就是亿呗，这是小学数学知识呀！提问的学生非常后悔自己提了一个被人讥笑的问题，深深地埋下了头。于漪老师见状，便微笑着对大家说："同学们不要笑，也不要小看这个问题，它里面有学问呢。哪位同学能看出其中的奥妙？"经于老师这么一问，课堂一下子沉寂下来了。过了一会儿，一位学生站起来回答："我觉得'万万'读起来响亮许多，顺口许多。"于老师说："讲得好！其他同学还有高见吗？"另一位学生站起来说："还有强调作用，好像'万万'比'亿'多。"在确认没有不同看法后，于老师总结道："通过对'万万'的讨论，我们了解到汉字重叠的修辞作用，它不但读起来响亮，而且增强了表现力。那么，请同学们想一想，我们今天这个知识是怎样获得的呢？"全班同学不约而同地将视线集中到刚才发问的学生身上。这个学生如释重负，先前的惭愧、自责一扫而光，仿佛自己一下子聪明了许多。

陈大伟教授的《幸福教育与理想课堂八讲》到今天已全部读完，但书中还有很多精彩之处无法一一在这里呈现。您可以捧起书，尽享美好！愿我们在教育这条大道上，继续追求理想课堂，享受幸福人生！

读书感悟

什么样的课堂是理想课堂？什么样的教育是幸福教育？在关注学生的同时，也要关注教师的状态；关注教材内容的同时，也要关注活动的有效性。我理解的理想课堂和幸福教育是：学生对学习充满了好奇心，主动去学习、探究和实践；教师通过深挖教材，科学、智慧地使用教材去教，让学生学得有效果、有效益、有效率；师生在教学过程中，快乐地收获着，幸福地成长着。

《观课议课与教学评价》

《给教师的 5 把钥匙》

常生龙/著

悦读《拔高一层看教育》感悟

如何做才能成为更好的教师？常生龙老师根据自己的成长经历，给大家推荐了5把钥匙。今天，我们来感受第1把钥匙的魔力。常老师告诉我们：第1把钥匙是《拔高一层看教育》。站得高，才能看得远。这是一个常识，也是从事教育工作的教师应该具备的素养。

在常老师精心挑选的第1把钥匙十七篇文章中，我节选了《关注教育的长远效益》和大家分享。

在平时的工作和生活中，一致性具有非常重要的意义。它可以使身在其中的人们有一种氛围的认同感，获得工作和生活的可预期感，从而促使内心安定、平和，减少恐惧心理。

一、家庭教育的一致性

一位智者给我讲述了他教育孩子的一段故事。他的孩子住校后，周末才能回家一趟。这位智者非常用心，每次孩子回来，都要和孩子沟通一次，话题由孩子自己来确定。这位智者只对孩子提出一个要求，就是话题的交流即将结束的时候，由孩子将当天讨论的问题进行一次总结。

这样的做法一坚持就是五六年。孩子每次在回家之前，都会去寻找一个话题，以便和自己的父亲进行交流。在交流即将结束时，再来做一番总结，对问题进行归纳。一段时间后，孩子逐渐尝到了这一做法的甜头，每次讨论之后的反思总结，帮助他学会如何去抓住重点并加以提炼，这使得他在学校里学习、组织各种活动的时候非常受益，自信心大大提高。孩子以优异的成绩完成了学业，并获得了能够充分施展自己才华的工作机会。

这个故事的背后体现出家庭教育一致性的重要性。家长立足当下，关心当下孩子的进步和发展是非常能够令人理解的，但思虑长远，通过一以贯之的教育给孩子奠定一生的基础，也是必须要考虑的。

二、中美基础教育比较

对中美两个国家教育上的比较，是中美两国人都比较关心的一个话题。让我们来看看《哈佛凌晨四点（中国美国小学对知识的不同处理方法）》这篇文章中中美小学教育的不同吧：

美国小学是知识的吝啬鬼，严格限制学生得到知识的数量，一个月只允许学生得到一个知识，学生每得到一个知识都需要付出很多的汗水和辛苦。在这个过程中，动手、思考和感悟比知识本身更重要，学生对知识总是有渴望的感觉。

而中国的小学教育是一个贪婪鬼，把知识当成了免费的黄金珠宝。中国教育者不知道知识与智慧的关系，总是让学生直接得到越来越多的知识。

美国教育一个月的知识量只相当于中国教育一天的知识量。相差29天，这29天就是感悟的时间。美国教育通过让学生感悟比中国教育多产生了一个东西：智慧。美国学生比中国学生多产生了一个东西：创新能力。

如果我们认可上述比较，那么可以说，美国的基础教育追求的是教学的效益，而中国的基础教育追求的是教学的效率。

我们当下的教育，较多地体现为追求效率的教育。

具体表现在：

第一，重知识传授和记忆性的学习，不注重理论联系实际，不关心知识的应用价值，不注重学生高层次思维能力的培养。

第二，通过增加课时等手段，强化考试科目，挤占学生的休息时间以及其他学科的教学时间。

第三，通过大量的训练，让学生形成"刺激—反馈"的机制。

第四，通过布置大量的、不加选择的作业，让学生反复操练，达到熟能生巧的程度。

在一个较短的时间内，这样做确实是可以起到提高成绩的作用的。从振奋精神的角度看，偶尔用一下或许也能达到好的效果。但如果长期采取这种方式，危害是相当严重的。首先，学生会视各种规则和法律为儿戏；其次，助长了一批懒教师在学校里生存；再次，将学生的学习兴趣消磨殆尽，学生的好奇心和想象力逐渐丧失。

三、现象背后的思考

为什么我们看上去一团糟的美国基础教育，最后为美国的创新人才培养奠定了如此扎实的基础？为什么我们的学生如此辛苦地发奋学习，到头来在科学技术等诸多领域却鲜有话语权？从上述的比较中，或许可以看出一些端倪。

我们不能总是将眼光放到某节课、某一较短的时间上，期望学生尽快有成绩反馈，而应该将眼光放到12年的基础教育甚至包括大学在内的16年的国民教育体系上来审视。我觉得，中美教育的主要差异就体现在大家看待教育的眼光上：一个关注当下，一个放眼长远；一个注重效率，一个追求效益；一个关注阶段特征，一个强调一致性的设计。

我们的教育，在放眼未来、关注长远、注重教育一致性方面考虑得比较少。大家关注的就是考试的成绩和分数，有很多教育的契机因此被错过。

让我们站高些，看远些，关注学生一生的成长和发展吧！感谢你的聆听！

读书感悟

常老师在这一章节中给我们看似扎实、有效的良好局面敲了一下警钟。我们追求当下的效率，而忽略了长远的效益。学生需要时间去感悟、消化、实践、创新。文章前面列举的这位充满智慧的家长，是我们学习和追求的榜样。不管是老师，还是家长，我们需要培养学生如何抓住重点反思总结的能力，提炼运用的能力。

《拔高一层看教育》

悦读《千方百计提升自己》感悟

听众朋友好！又到了和大家分享美好的时候。在每周的星期天早上，我通过有声语言和大家一起分享教育家的教育理念，目的就是希望自己和大家一起成长。今天，让我们继续走进常生龙老师的书——《给教师的5把钥匙》。

常老师告诉我们的第2把钥匙是《千方百计提升自己》。教师要在讲台上站稳，要赢得学生的信任和爱戴，就要在自己的专业领域持续不断地修炼。需要明晰学科自身的知识体系和核心素养，需要熟稔课程建设与课堂教学的要求，需要进一步提升沟通和协调的能力。

今天，我节选了第2把钥匙中的《好老师的四点共同特质》和大家分享。

常老师认为，以下四点是好教师的基本特质。

一、目中有人

教师每天面对学生，但是否真能做到目中有人？当一名教师每天沉浸在学科的知识海洋里，关心的是一节课的教学进度能否如期完成的时候，他基本上就是目中无人的。

目中有人的教师，他看到的不是班级整体，而是一个个的学生。每个学生的独特个性、学习风格和道德品行，教师都能熟记于心。尊重、理解、沟通和对话是教师和不同学生互动交流的常态。教师应在教学中承认"儿童是我的老师"，坚持"把儿童当人看"的人道精神以及"使儿童成为人"的人道追求。教师要知道，教学的根本目的不是知识的传授，而是通过学科这个桥梁，培养学生的能力。

学生的眼光非常敏锐，能感受到教师眼中是否有自己，是否真正关心自己。唯有奉献出真诚，真心对待每个学生，才会获得学生的爱戴。

二、明确责任

学习是学生自己的事情，要让学生自己来承担这一责任。一个人在牙齿长出来之后，就不愿意吃别人咀嚼过的东西，总喜欢亲口品尝食品的原味，学习也是如此。学生如果自己不想学，教师无论多努力都是白费力气。教师的责任是在教学中引发学生的注意，让其产生学习的兴趣。对学生来说，仅靠兴趣是不够的，还需要持之以恒。教师要在学生学习的过程中，不断让学生体验到成功的快乐，看到自身努力之后的回报，并将其转化为持续学习的动力。

虽说家长是教育的第一责任人，但教师在指导家长正确养育孩子方面有不可推卸的责任。教师要通过和学生促膝谈心、家访等多种途径，了解家长在教育观念以及教育行为上的偏差，帮助家长建立正确的教育观。教师既要鼓励学生学习社会生活所必需的符号系统，帮助学生走向社会，也要培养学生的公民意识，帮助学生养成遵守规则、自我控制、与他人合作的意识和能力，把学生从自然人培养成合格的社会公民。

三、整合资源

整合各方教育资源，助推教育目标的实现，这体现了教师的教育规划能力。对于一块未经雕琢的玉石一般，或许会猜想出它的价值，但也仅限于此。雕塑家就不一样，他们知道如何将这块璞玉的最大潜能挖掘出来，创造出令人惊叹的艺术。在还没有动刀之前，就已经想好了要动用身边的哪些资源对这块璞玉进行加工和雕琢，知道如何最大限度地利用原料的材质。这种对资源整合利用的本领，是好教师的一大特质。

教师可以利用的教育资源是非常丰富的。教材、教学设备不必多说，家长、社区中都蕴含丰富的资源。学生既是教育的对象，又是最为重要的教育资源。当然，教师的规划力和竞争力，不完全取决于占有多少资源，更多地取决于整合资源的能力。

四、专心致志

医学家经研究得出一个可靠的结论：神情专注的人更长寿。比如，书法家一般都比平常人寿命更长。因为在练习书法时，必须专心致志，摒除杂念，聚精会神，不能有一丝一毫的分心。

当倾注于喜欢的教育事业时，自然就沉浸在愉悦的情绪中，这样的教师会全力以赴地去做，尽心尽力地去做，心平气和地去做。在他全情投入的过程中，很自然地处在宁静致远、物我两忘的至高境界。

出色的教学需要教师专心致志又满怀激情。教师的敬业精神能够对学生产生巨大的影响，那种发自内心地对知识的敬畏，能够唤醒学生对学习的渴望。

学生喜欢好教师，好教师需要千方百计提升自己。愿我们都来做好教师，做学生喜欢的教老师。感谢你的聆听！

读书感悟

　　"千方百计提升自己！"我觉得教师这个职业是幸运的。因为可以从多方面借助力量提升自己：学生，既是我们的工作对象，又是我们学习和进步的最好伙伴；家长，既是我们坚强的后盾，又是我们可利用的丰富资源库；同行，更是促进我们不断学习和进步的最大动力。三尺讲台是我们实现教育梦想的地方，我们就要在自己的专业领域持续不断地修炼，让自己在这块不大的地方开辟出广阔的新天地。

《千方百计提升自己》

悦读《有一颗学生的心》感悟

听众朋友好！又到了和大家分享美好的时候。今天，让我们继续走进常生龙老师的书——《给教师的5把钥匙》。

常老师告诉我们的第3把钥匙是《有一颗学生的心》。常老师说，如果把教育看成服务，那么教师和所提供的课程显然就是提供服务的供给方，而学生则是接受服务的需求方。要达到预期的教育目标，教师必须认真研究需求方。研究学生成长的文化生态，明确环境文化的潜在价值，把握学生的心理特征，了解学生的各种心理背后的心理学机制，找到基于学生文化背景、符合教育学和心理学规律的施教策略，让学生在没有感到被教育的过程中获得个性的发展。

今天，我节选了第3把钥匙中的《呵护童心》和大家分享。

每个成年人都是经由童年这个特殊阶段过来的，每个人内心深处都有关于童年五彩缤纷的记忆。那纯真无邪、天真烂漫的童心，是一生的财富，是无价之宝。始终保持童心的人是拥有生命真正意义的人。

为什么童年时期一个个特点鲜明、性格迥异的孩子，会变成一个个平凡的、没有什么特点的人呢？一个很重要的原因就是童心的消逝。对"钱学森之问"，人们给出了很多答案，童心的消逝是否也是原因之一呢？

呵护童心，让孩子始终以积极的心态面对人生中的每一个课题，面对生活中每一次失败和挫折，他们才可能从中感悟到生活的真谛，才可能理解生命的意义。而要做到这一点，所有的教育工作者自己首先就要拥有童心。我们常说真正的教育是用一棵树去摇动另一棵树，如果教师、家长自己都没有童心，怎能去呵护孩子的童心？

山东省小学校长侯登强在他的《做一个有故事的教师》一书中曾讲过这样一个故事：有一次带着女儿回老家看望姥姥。吃过晚饭后，他希望女儿去姥姥的房间里陪陪姥姥，毕竟姥姥曾用心养育过女儿两年，对女儿格外喜欢，但女儿并不十分乐意。第二天，他问女儿当时是怎么想的。刚上小学一年级的女儿说："你把我当成了你的道具，我当然不开心。"

为了培育孩子的感恩之心，家长总是希望孩子按照自己的意图去做一些自认为很正确的事情。但有时候这样的教育目的性太强，而且会采取"威权"的方式让孩子在压力之下去完成，这就让爱的表达变了味道，也伤害了孩子天真、无邪的童心。仔细想想，把孩子成为大人的道具，以此来体现大人的某种价值观的事情，是不是比比皆是？

河北省张丽钧校长在《种下一个好感》一文中，讲了她到一所幼儿园参观的故事：她发现幼儿园简直就是一个"农家小院"，有与孩子们的身体相匹配的各种农具——小水井、小铁锹、小碾子……一应俱全。园里种植了各种各样的农作物，番茄、茄子、玉米……孩子们可以光着小脚丫在里面劳作。教室的阳台上堆满了各种盆栽，种植了谷子、豆子、花生，甚至还有红薯和冬小麦呢！为什么会种植这些植物呢？让孩子了解植物的生长过程是一方面，更重要的是为了改正孩子挑食的毛病。孩子们入园时，家长就会收到一个调查表，其中一项内容就是了解孩子的挑食情况。孩子最不喜欢吃什么，没关系，让他自己亲手种植他所讨厌的粮食或蔬菜，让孩子们在亲手种植的过程中对这些粮食或蔬菜产生感情。孩子们为此真是乐翻了天：一个孩子生病住院了，居然要求妈妈将自己种植的两颗大豆带到病房里去；一个孩子种植了冬小麦，看到冬天里自己躲在暖房里而冬小麦却要置身室外经受寒冷的考验，一株株被霜打后耷拉下了叶子，急得直哭……孩子和自然界、和万事万物之间的联系，通过这样一件件小事建立起来了；孩子对生活、对人生的体认，也就在这样的过程中逐渐形成了。

呵护童心，需要牢固树立儿童立场，能够站在儿童的角度设身处地考虑其想法，体会其感受，并因势利导，帮助他们快乐成长。呵护童心，我们需要让自己重新变成孩子，和孩子成为倾心交谈、无话不说的好朋友，让孩子在和我们的交往中感受那份安全和惬意，没有压力和负担。

一个童心未泯的人，一个拥有赤子之心的人，才可能是感悟生活真谛的人。让我们都来做这样的人吧！

读书感悟

　　家长把孩子当成道具，那么，教师是否把学生也当成道具呢？可能大人们在有意无意之间就犯下了自己都不允许的错误。抛开一切势利，让自己拥有一颗童心，和学生站在同一角度、同一高度思考问题，也许我们会获得意想不到的精彩！

《有一颗学生的心》

悦读《遵循学习的规律》感悟

听众朋友好！又到了和大家分享美好的时候。今天，让我们继续走进常生龙老师的书——《给教师的5把钥匙》。

常老师告诉我们的第4把钥匙是《遵循学习的规律》。我节选了《教师应该多做配景》和大家分享。

到风景优美的地方度假，让自己的身心得以放松，让美丽的景色滋润心田，是不少人的梦想。能够被称为风景的景象，首先是不太常见，外出旅游寻觅美景，就是这一缘故；其次是形态鲜明，吸引人的眼球，令人回味。

一、主景与配景

我们欣赏一处美景或者欣赏一幅画，很多时候总是被其主景吸引，不大会注意它的配景。比如，一谈起《蒙娜丽莎》，我们联想起来的就是她那独特的眼神和神秘的微笑，这幅画有没有配景，有什么样的配景，可能很多人都说不上来。

我们走进教室去观摩一堂课也是在欣赏风景。

在传授式的教学中，教师是主角，是风景中的主景，学生是配景。如果一个听课者，始终被讲授者吸引而感受不到周围学生的存在，那么讲授者的眼中肯定也是没有学生的。

在讲练式的教学中，讲的时候教师是主景，学生是配景；练的时候学生是主景，教师可能是主景，也可能是配景。这是一种有趣的课堂，主景和配景不时会发生变化，听课者不时也可以感受到学生的存在。

在自主学习的教学中，学生是主景、是主角，教师是配景、是衬托。坐在这样的教室里听课，听课者时时会被学生精彩的表现吸引，有时还会融入学生的情绪之中，顺着学生的思维往前联想，对知识产生新的认识和感悟。

二、学生应成为教室风景中的主景

相信学生可以被教会的教师，通常会将自己放在教室里主景的位置上，努力树立自己在教室里的权威地位。他们过度相信自己对学科知识的理解水平，以为只要将学科知识的逻辑关系理顺、由浅入深地逐渐推演出去，学生就能够掌握所教的知识，所以不去了解学生对学习的心理准备，结果常常带来挫败感。这样的教师，时不时就发出这样的抱怨，说自己精心准备了一堂课，但听课的学生积极性不高，只有不到一半的学生认真在学，其他的学生纯粹是为了获得学分。抱怨之余，还要求对这些学生加强管理。

长期以来，由于教育资源的匮乏，大班额的教室和课堂成为教学的一种常态。在班级人数很多的情况下，教师无法因材施教，于是班级秩序、教师讲授成了课堂的主景。在这样的环境里，教师慢慢形成了一种教学价值观——"我的地盘我做主"，在不知不觉中就施行了一种"威权式"的教学和管理方式。

相信学生要通过自己的努力才能学会的教师，有时会将自己放在教室主景的位置上，更多的时候则是让自己成为学生学习的配景。他们清晰地认识到，外因要通过内因才能发挥作用，如果学生自己没有学习的兴趣和愿望，教师再怎么努力也是徒劳。当我们相信学生，相信他有能力完成具有挑战性的学习任务时，学生在学习中的表现往往比我们预想得更加优秀。

教师应该多做配景，让学生经常成为教室风景中的主景。

读书感悟

主景和配景，常常是我们忽略的问题。当它摆在我们面前的时候，我们都知道，自己要做配景。但是，往往在课堂实施的时候，一不小心自己又抢占了主景。所以，关键问题在于我们思想观念的转变和课堂采用的教学手段。

《遵循学习的规律》

悦读《保持积极的心态》感悟

听众朋友好！又到了和大家分享美好的时候。今天，让我们继续走进常生龙老师的书——《给教师的5把钥匙》。

常老师告诉我们的第5把钥匙是《保持积极的心态》。常老师说，在生活中，如果遇到一位乐观、开朗的人，我们会潜移默化地受到对方感染，心情也会变得爽朗起来。教育也是如此。教师正是通过自己的言传身教来影响学生的，教师的心态直接影响学生看待这个世界的方式，影响学生对事物做出的判断。今天，我节选了这一章中的第9篇《做一个有理想的教师》和大家分享。

一个有理想的教师，一般具有以下三种特征。

一、胸怀理想的教师，拥有一颗热爱教学之心

喜欢是发自内心的情不自禁，没有任何功利色彩，是一种原动力。一个人喜欢上一件事情的时候，是不需要别人督促的，即使再苦再累，也心甘情愿。做一名教师，如果自己非常喜欢这一学科、喜欢这一事业，那是再好不过的了。

课堂有三要素，分别是教师、学生、教学内容与资源。其中，教学内容与资源是一个中介，教师和学生借助这一中介实现对话，以期把握认识现实世界的规则和符合体系，并帮助学生尝试运用这些规则和符合体系和现实世界进行互动，以便融入这个世界之中。从这个意义上思考教材和教学内容的价值，分析学生的身心发展状况，由此设计出符合学生实际的教学流程，真正促进学生的成长。

二、胸怀理想的教师，有战胜恐惧的教学勇气

无论是新上讲台的教师，还是从教多年的优秀教师，在教学的过程中，都会有这样或者那样的恐惧和怀疑。就连写出《教学勇气》的美国教授都说：

"我教书教了30年，至今仍感到恐惧无处不在。"为什么教学会给教师的内心带来如此的紧张和恐惧之感？这是因为教学工作让教师的精神世界面临着三重"海洋"——学科知识的海洋、教学对象个性复杂的海洋以及自我认知的海洋。

于漪老师说："一辈子做教师，一辈子学做教师。"这句话告诉我们，上述的三重"海洋"，每一个都是那样的深不可测、难以捉摸。教师只有不断地学习，不断地探索，才能有更多的涉猎，但终究仍会有很多谜团难以解答。一个人如果生活在自己可以控制、预测的世界，是有安全感、能生活得比较舒心的。如果将自身长期置于捉摸不定的环境中，怎能不心生恐惧？

心怀理想的教师，能够直面这三重"海洋"，承认自身的渺小和内心的恐惧，但又能满怀好奇之心、充满勇气地面对教学生涯的每一天。也正是因为如此，他能够发现教育教学过程中更多美丽的风景，体悟到教育教学工作更多美妙所在。

三、胸怀理想的教师，有以人为本的教育情怀

理想的教育能让每个人的个性得到充分自由的发展。

冰心先生说："要让孩子像野花一样自然生长。"这话或许有些偏激，但揭示了成长的真谛，告诉我们要依照人的身心发展规律实施教育，让学生在自然的阳光与空气中自由生长。

很多人对自由充满偏见和恐惧，总以为给学生自由就是像放羊般的不管不问，是一种对学生的不负责任。这其实是对自由的误读。什么是自由？马卡连柯有一句最精彩的回答："纪律就是自由。"就拿我们每天的出行来说吧。交通法规要求我们必须按照规定的线路行驶，红灯停、绿灯行。看上去多了很多限制，但正是因为有了这样的纪律，才使得每个人都能够获得安全出行的自由。

让学生的个性得到充分自由发展的教育，人们最关心的不应是学科的成绩以及考试的排名，而是学生是否具备一个合格的公民应该具备的基本素养。比如，尊重、听从指令、遵守规则、自我控制能力、责任感、与他人合作的能力、学习习惯与学习能力，等等。这些素养看起来是对学生的某种限制，其实却为学生养成良好的生活习惯和学习习惯奠定了基础，让学生可以在自己的疆界内自由自在地生长。

让我们胸怀理想，积极阳光，自觉成长，追求幸福！

读书感悟

　　我们经常说，某某有教育情怀。怎样才算有教育情怀？我认为，胸怀理想，热爱教育，敢于挑战，勇于创新，用一颗积极、阳光、向上的心，去面对学生、面对家长、面对同事、面对社会，传递爱和正能量，培养学生会学习、会生活的能力，创造幸福，实现梦想。

《保持积极的心态》

《梦想与坚持——做一个有信念的教师》

陈洪义/著

悦读《做有追求的教师》感悟

听众朋友好！又到了和大家分享美好的时候。从今天开始，让我带领大家走进湛江本土教育专家陈洪义老师的新著：《梦想与坚持——做一个有信念的教师》。

陈洪义老师，湛江市教育局历史教研员，中学历史高级教师，广东省特级教师，广东省教师工作室主持人。4月12日，我收到陈老师的亲笔签名赠书，内心的喜悦溢于言表。今天，让我们读一读陈老师在第一章《做有追求的教师》第二节《师者，当如是》里的几段文字吧！

陈老师说："因为一个信念，我选择了教师这个职业。因为这个信念，在辛苦的、烦琐的教育工作中，我感受着成长的幸福。我带着信念行走在教育路上，在思考中不断充实自己，不断探索教育教学规律，做一名教育路上有幸福感的教师。这就是我作为师者的初衷。"

曾有人问："人为什么而活？又是什么在支撑着人们努力奋发？"我知道是信念。只有信念能产生巨大的力量，支持着人们生活，催促着人们奋斗，推动着人们进步，因而人们创造了一个又一个奇迹。

教育本身就是一种需要信念的活动，因为教育的对象是人。什么是教师的信念？教师信念的源泉又在哪里？"教师的信念是教育场景中应该坚守的基本教育观念、教育的思想和教育的理想。"教师的信念，是教师信奉和坚守的理念，是教师自觉行动的指南，是克服职业倦怠和无意识教育行为的动力，其中还包含着责任与使命、爱心与真情、坚持不懈与持之以恒。教师信念的根源在于教师自身对教育职业的爱，正如一句歌词所说："因为爱，所以爱。"可以说，教育是爱的事业，没有爱就没有教育。雅思贝尔斯在《什么是教育》中说，教育的本质是"一棵树摇动另一棵树，一朵云推动另一朵云"。教育实践告诉我们，这一棵树能否摇动另一棵树，这一朵云能否推动另一朵云，关键在于我们对教育是否有爱。

陈老师说："回想自己二十多年的教育人生，我的内心无比激荡，我一直虔诚地扬起师爱之桨，让爱倾注在教育的每一个环节。用心做好班主任，用心备好每一节课，用心做好课题研究，用心搭建教研平台，用心对待每一位学生和同事……因为用心付出，因而得到的是一个充实而快乐的人生。尤其是在新课程改革的大潮中，我要用自己的信念点燃激情，高扬教改之桨，在教育的路上有温度地前行。"

读书感悟

透过陈老师的这几段文字，我的眼前仿佛出现了一位有着坚定的信念又非常勤勉的教师，自信地站在讲台上，用自己一颗对教育永远火热的心，把自己的爱毫无保留地奉献给每一位学生和身边的同事。做这样的教师是幸福的，身边有这样的教师楷模，我们也是幸福的。

《做有追求的教师》

悦读《在上课中幸福成长》感悟

听众朋友好！又到了和大家分享美好的时候。让我们继续走进湛江本土教育专家陈洪义老师的新著：《梦想与坚持——做一个有信念的教师》。今天，我想和大家一起分享的是节选第二章《在上课中幸福成长》之第四节《让每一堂课都有公开课的精彩》。

陈老师说，每一位教师的成长或多或少都与公开课有关。在公开课中，我们可以获得很多意想之中和意料之外的收获。所以，拒绝公开课就是拒绝成长的机会。

公开课是教师专业成长的助推器。有人比喻说："常规课好比家常菜，一说到要上公开课，就像家里要来客人了，自然要精心准备一番。时常听到客人说，不必那么麻烦，你们平时吃什么，我们就吃什么吧！话虽这样说，可是我们仍然免不了要准备几个拿手好菜！也许，这就是常规课和公开课的区别吧。"这个精心准备"好菜"的过程，也正是教师幸福成长的过程。"我们就是在听公开课的过程中成长的，也是在做公开课的过程中成长的。"对于公开课在教师专业成长中的作用，许多教师深有体会："哪位教师有机会上公开课，他的成长就快一些。哪所学校的教师有机会上公开课，哪所学校教师的成长就快一些。"许多教师都有相同的感慨：参加一次公开教学比赛像脱了一层皮，但比完之后，自己获得的成长往往都有质的飞跃。

陈老师认为，公开课的教学要立足常态、求真求实，这样才会真正展示公开课的魅力。名师之所以成为名师，就是他们把每一堂课都当成公开课对待，精心准备，努力让每一堂课都焕发不同的精彩，逐步形成自己的教学特色和教学风格。

所以，积极主动上公开课，精心准备公开课，细致打磨公开课都没错。在这个过程中，教师会获得很多来自各方面的成长的建议与思考，这些是成名、成家的宝贵财富。

关于公开课，陈老师要我们注意几点：

第一，要把它定位在课上而非公开上，要在课上做文章，而不是在公开上做文章。在课上做文章意味着要遵循课堂教学和学生认识活动的基本规律，反映教学的实际情况和师生的真实水平，把公开课回归到真实的日常教学上来，拉近公开课与常态课的距离，让大家觉得可看、可学、可用，体现公开课的教学价值。

第二，要把公开课定位在课例研究上。公开课是开展课堂教学研究的重要载体和形式，要积极发挥公开课的研究价值，通过公开课推动教师基于专业对话和学术批评的交流，强化理论与实践的互动，体现公开课的研究价值。从研讨角度而言，所有公开课都必须有研讨的主题和方向，这样才能有针对性，公开课的研讨才能有所深入，参研教师也才能因为有效而乐于此道。

第三，要以积极的心态对待公开课。授课教师要把公开课看成学习、研究的过程，看成自我锻炼、自我实现和自身专业素质提升的重要平台，体现公开课的发展价值。从这一点上讲，参与公开课，不管是执教者，还是观课者，都必须围绕主题有充足的课前准备，围绕主题做足课前的功课才能在上课或观课时做到有的放矢。

读书感悟

我们往往被公开两个字吓住，听了陈老师对公开课的理解，忽然觉得豁然开朗：我们关注的不应该是公开，而应该关注和重视的是课。课是研究的课例，只有把课真正研究了，我们上的公开课才有意义。

让我们都来争取上公开课吧！让我们把自己的每一堂课当成公开课来上吧！

《在上课中幸福成长》

悦读《在班主任的历练中成长》感悟

听众朋友好！又到了和大家分享美好的时候。让我们继续走进湛江本土教育专家陈洪义老师的新著：《梦想与坚持——做一个有信念的教师》。今天，让我们读一读陈老师写的第三章《在班主任的历练中成长》，感受一下第四节《让家长会多一丝感动》的内容吧！

我们的家长会如何召开？每一年的家长会是不是一个模式？有没有让家长感觉到厌烦？陈老师说："让家长会多一些实用，多一点人情味，给家长和学生多一些触动和感动，让家长和自己的孩子之间彼此了解，沟通无痕，亲密无间。"

一位诗人说过："为什么我的眼睛里蕴藏着泪水？因为我的爱是这样深沉……"有人说，我们的生活中缺少了感动，生活就会变得像一潭死水，没有变化，没有生气，每天就那样朝九晚五。在这朝九晚五里，一个人的才气和进取心就那样悄悄地、日复一日地磨灭掉了。

让家长会多一份感动，无论教师、家长和学生都会因为感动而走得更近——家长会因感动表现出大度；教师会因感动更有信心；学生会因感动更上进。要让家长会多一份感动，就需要我们在设计和准备家长会时心中装着几点。

一、把家长会的权利下放给孩子们

一个教师的生命在学校，一个教师的活力在学生。和学生在一起，我感觉到自己的精神永远是年轻的。我仅仅是给了学生和家长一次机会，他们却给了我整个世界的惊喜。所以，把家长会的权利下放给学生，他们所爆发出来的工作热情让人永远想象不到，他们想到的点子让人永远充满惊喜。

二、一会一主题

家长会要有明确的主题，切忌胡子眉毛一把抓，从集体到学习，从文娱到劳动，看似面面俱到，家长听了却如过耳之风，什么也没明确。一般来讲，一学期就开一次家长会，且是目标具体的家长会。例如，学生干部家长会、学习困难的学生家长会、进步趋势明显的学生家长会，等等。主题明确，那么家长必定会以极大的热情配合学校对学生进行教育。所以，家长会主题明确了，效果就会更加明显。

三、主题与形式完美结合

很多班主任在开家长会时只重视准备会议的内容，忽视了形式的研究与选择，最后效果一般。所以，要想活动效果好，必须考虑主题与形式完美结合。

"因为感动，所以感动。"家长会上班主任和家长可以"亲密接触"。一次成功的家长会，不仅能促进班主任与家长很好地沟通，而且家校合力将对老师日常的教育教学工作起到"四两拨千斤"的作用，其重要性不言而喻。

陈老师在一次成功的家长会案例中讲了四个故事。大家不妨自己来读读吧！你一定会从简短的故事里受到启发。

故事一：苏轼和佛印。有一次苏轼问佛印："你说说，我看起来像什么？"佛印说："像一尊佛。"苏轼非常气愤，便反唇相讥，对佛印说："你看起来像一堆屎。"回到家里，苏轼非常高兴地对苏小妹说："我又赢了佛印。"苏小妹问他赢了什么，苏轼就把事情的经过说给她听，结果苏小妹说："大哥，你又输了，而且这次输得更惨，因为你心中有什么，你就看到了什么。"这个故事给我们的启发是：同样一个事实，经不同心态的诠释，便形成了不同的世界。

故事二：牧师出题。一位牧师，有一个聪明的儿子。有一天，这位牧师正在书房深思问题，儿子进来了。儿子说："爸爸，你出一道题考考我吧。"牧师正在思考问题，一下子反应不过来，不知出什么题好。于是，他就拿起书桌上的一张世界地图，把它撕碎，然后要儿子把它拼好。没想到，不到两分钟，儿子已经拼好。牧师非常惊奇，连大人也不可能在两分钟内完成，小孩儿如何能完成？儿子告诉父亲："地图后面有一个人的头像，把人头拼好了，地图也就拼好了。"这个故事给我们的启发是：观念对了，行动也就对了。

故事三：跳蚤与爬蚤。有一位教授做了一个实验，他把一只跳蚤用一个玻璃瓶盖住，一段时间后打开这个玻璃瓶，结果这只跳蚤就跳了玻璃瓶的高度；教授又换了一个矮一点的玻璃瓶，结果跳蚤就跳了矮玻璃瓶的高度；教授不断降低玻璃瓶的高度，跳蚤也不断降低了跳的高度，到最后，跳蚤成了爬蚤。这个故事给我们的启发是：自我设限，其害无穷。

故事四：宗元与道谦。小时候，道谦的成绩比不上宗元，道谦尤其害怕作诗。有一次，道谦对宗元说："你要帮帮我。"宗元说："你饥饿的时候，我吃饱了，不能解决你的问题。"这个故事给我的启发是：始于行动，成于行动。

读书感悟

陈老师在这一章中，传递给我们的是开家长会的方法——让家长会多一丝感动。用小故事，明大道理。家长是我们老师最大的资源。拥有了家长的力量，我们就拥有了教育的力量。以情动人，以事感人，以理服人。优秀的教师，智慧就在这里。

《在班主任的历练中成长》

悦读《体验教研的乐趣》感悟

听众朋友好！又到了和大家分享美好的时候。让我们继续走进湛江本土教育专家陈洪义老师的新著：《梦想与坚持——做一个有信念的教师》。今天，让我们在陈老师写的第四章《体验教研的乐趣》中了解一下《研究型教师的特征》吧！

陈老师说，每一位教师从一走上教师岗位开始，无论愿意还是不愿意，自觉还是不自觉，都在有意或无意地进行着教研活动。"教而不研则浅，研而不教则空。"教与研不是两张皮，教的每一个环节、每一个细节都可成为研的内容。教的过程即研的过程，教与研是一张皮的两面。

教研型教师又叫研究型教师，指在教育教学活动中能以研究的形态创造性地开展教育教学工作，积极反思、勇于创新的教师。

如何成为一名教研型教师？

第一，有教育教学改革的热情和意识。有热情，有激情，就有主动性，就有创造性。

第二，有问题意识和解决问题的愿望。在教育教学过程中，经常会出现一些意想不到的事情，有问题意识和解决问题愿望的教师往往能创造性地解决问题，制造出典型的案例。

第三，自我反思和批判的意识和能力。有人说："自我反思和批判是教师快速成长的阶梯。"这句话一点也不假。所以，无论教学还是教研，经常做出成绩的往往是年轻教师。年轻教师没有过多经验的束缚，敢于创新、敢于突破、自我反思和批判的意识比较强。

教研型教师还需要具备以下基本素养：

第一，养成终身学习的习惯。

第二，具备团队教学研究精神。

第三，掌握研究的基本方法。

苏霍姆林斯基对教研型教师有过这样的勉励："如果教师想让自己的劳动充满乐趣，使天天上课不至于变成一种单调乏味的义务，那么教师就应当走上研究这条幸福的道路上来。"事实证明，只有做一名教研型的教师，才能使教育过程成为实现和提升生命价值的过程，才能在教育过程中通过激发学生的生活热情，挖掘学生的巨大潜能，塑造学生的健全人格来实现自己的精神追求，丰富自己的情感生活，释放自己的智慧光辉，实现自己的幸福理想。

读书感悟

常常记得苏霍姆林斯基说的这句话："如果教师想让自己的劳动充满乐趣，使天天上课不至于变成一种单调乏味的义务，那么教师就应当走上研究这条幸福的道路上来。"很多老师还没有意识到这一点，或不知道如何开展教学研究。做教学的有心人，凡事多问几个为什么，多动笔记录和反思，多阅读和写作……也许，你就在不知不觉中，成为研究型教师。

《体验教研的乐趣》

《真心是教育的底色》

谭永焕/著

悦读《情知结合：营造真心课堂》感悟

听众朋友好！又到了和大家分享美好的时候。从今天开始，我带领大家走进湛江本土教育专家谭永焕老师的专著：《真心是教育的底色》。

谭永焕老师，湛江市第十八小学校长，广东省特级教师，广东省"百千万人才工程"名校长培养对象，广东省教育学会理事，湛江市小学语文学科带头人。他长期致力于小学语文的改革与实践，凝练出"真心教育"的教学理论，大力倡导"关注学生一生发展"的办学思想，提出了"善待顽劣，静听花开"的育人理念和语文教学"三点论"。

今天，让我们来感受一下谭老师的真心教育理念吧！

情知结合的"情"指的是广义的情，即情意，"知"指的是认知。现代心理学理论认为，教育是一项充满感情和爱的事业，现代教育不仅要培养智慧的人，还要培养情感健康的人。因此，学校教育不仅要满足学生适应自身发展的认知需求，还要满足学生丰富多彩的精神需求。

情知结合教育有以下几个特点：

一、以生为本

以生为本，简而言之就是指教师在教学中要把学生当作有思想、有感情、有权利、有尊严的人。要求教师充分尊重学生的个性，时刻把学生的利益，尤其是学生的成长和发展放在心上，努力引导和培养学生。

情知结合的教育致力于把"能不能""懂不懂""会不会"的问题与"愿

不愿意""喜不喜欢""相不相信"等问题统一于整个学校教育和课堂教学之中，充分体现教师对学生个性与人格的尊重。谭老师认为，在情知结合的教学中，教师不会以高高在上的姿态或以家长式的作风对学生发号施令，而是充分信任并尊重学生，时刻谨记"以生为本"的教学原则，学生的权利与尊严得到了维护与尊重，也就更"乐学""愿学"了，这必将取得更好的学习效果。

二、师生和谐

在情知结合的教学中，教师与学生是一种平等的关系，是一种相互尊重的关系。教师与学生间的关系是和谐的。在这种教学模式中，教师是作为一个指导者而存在的，而学生是学习的主体，这两种角色互不干涉又相互联系。

三、情知共进

情知结合的教育，顾名思义，就是在教学中同时对学生的"情"与"知"都给予关注和重视。在情知结合的教育中，教师不再只注重对学生认知，即智能方面的培养，不再只关注学生的成绩，而开始注重对学生非智能因素的培养。学生的认知与情意是共同发展的，教师在培养学生认知能力的同时，不再忽略对学生情意方面的培养。

四、情感强烈

教师要时刻保持对教学的热情。这一点在文科类教学中尤为重要。如果教师尚无"教"的热情，那又如何让学生有"学"的热情？教师要始终保持一颗爱学生的心。在学生有问题或者出错时要包容和爱护学生，在学生有优异的表现时要不吝于赞美之词。教师对学生的赞美往往能使学生增强学习的信心，使学生获得积极的情感体验。

读书感悟

　　一直认为，教师并不要教会学生多少知识，更重要的是要挑动学生内心的情愫，能满怀热情和激情投入到学习和生活当中去。所以，我们一定要记住：教师不仅要在学业上培养优秀的人才，更要在情感上关注与引导学生，使学生在知识层面和情感层面都能得到健康向上的发展。

《情知结合：营造真心课堂》

悦读《营造有感情的课堂》感悟

听众朋友好！又到了和大家分享美好的时候。今天，我们继续走进湛江本土教育专家谭永焕老师的专著：《真心是教育的底色》。

课堂情感的营造对于教学而言是非常重要的，没有情感的教学是冰冷而死板的，这样的教学最终能够达到怎样的效果我们可想而知。谭老师认为，情知结合的教学中很必要的一点就是要进行情意教学。

一、抓重点词句，挖教材情感

抓重点词句，挖教材情感。顾名思义，就是教师在教学过程中要注重对文本的解读。谭老师认为，在教学中应该注重对重点词句的讲解。重点词句是表达文章中心的要点，抓住这些重点词句进行讲解，既能将要点讲清楚，又能让学生以便捷的形式理解课文。

可以从发挥想象、质疑问难、联系生活、比较揣摩四个方面来实施。

二、以己之情，激学生之情

要激发课堂情感，教师就要有丰富的课堂情感体验。其中，最重要的就是要用自己的情感感染学生，做到以情传情。以己之情，激学生之情是指在教学过程中，教师不但要关注自己的课堂情感体验，还要以自己的课堂情感体验感染学生，以此激发学生的学习情感。

可以通过语言传达、外观传达、板书传达等方式达到预期效果。

三、启发想象，入情入境

营造有感情的课堂，其中很重要的一点就是激发学生的想象力。只有激发了学生的想象力，让其展开想象，才能使之更好地体验课堂情感。如果学生不具备想象能力，学习就是"死"学习，不可能获得良好的学习效果。

比如，巧用插图，丰富想象。课文插图作为教材的有机组成部分是不可忽视的课程资源。它是文本内容的图解，是形象化的课文语言，是直接推动学生进一步展开丰富的阅读想象的"催化剂"，是培养学生感悟语言和扩展想象力的重要凭据。

比如，抓住空白，启迪想象。艺术的作品形式要求精炼而不失含蓄，这就要求作者最好不要对情节做面面俱到、事无巨细的描写，应给读者留一些想象与补充的空间。在教学中，教师应尽量唤起学生头脑中储备的相关知觉表象进行加工、组合，再引导学生或补充课文内容，或延伸故事情节，或创造新的自然、社会环境，从而加速他们的再造想象向创造想象的转化。补充课文留白是一种很好的培养学生想象力的教学手段。这种教学手段在丰富课文内容的同时，又能培养学生的想象力。

如此营造充满感情的课堂和追求真知的课堂，才是情知结合的教育。

读书感悟 -

常常有"陶醉其中"的感受。我知道，那是我在课堂上"入情入境"了！只有达到这种境界，才能和作品、作者、学生的心灵相通。"充满激情""忘我""畅快淋漓""陶醉"等词语都可以用上而并不过分。而且，哪怕此时的自己处在感冒或身体不适时，都会忘记病痛或减轻症状。我想，这才是真正的、有活力的课堂吧！

《营造有感情的课堂》

- -

悦读《减负教学——减轻负担，提高实效》感悟

听众朋友好！又到了和大家分享美好的时候。我们继续走进湛江本土教育专家谭永焕老师的专著：《真心是教育的底色》。今天，我们读一读第六章《减负教学——减轻负担，提高实效》，了解一下如何做到真正为学生减负。

谭老师认为，为了更好地推动素质教育的实施，切实减轻中小学生的课业负担，必须从国家、学校、教师、家庭等层面入手，切实推进"减负教学"的落实。

在教师层面上，我们可以从以下四个方面进行关注：

一、教师要树立正确的教育观

每位教师都应该树立正确的教育观，尊重学生的人格和个体差异性，同时关注学生在教学过程中的主体地位，确立学生的主体意识。教师应转变妨碍学生创新精神和创新能力发展的教育观念，特别是教师单向灌输知识，以考试分数作为衡量教育成果的唯一标准以及过于呆板和封闭的教育模式。

二、教师要不断钻研教材

教材是教学的范例，同时也是促进学生增长知识和技能的载体。教师不应只是知识的代言人，不能简单、机械地教教材，对教材形成工具依赖。课堂应该是教师展现教学智慧和体现教学思想的平台。因此，教师在教学中应是用教材教，而不是简单地教教材。教师要不断钻研教材，拥有自己独特的教学智慧，保持对教材的批判性审视和理解，不能让教材代替自己对学科知识的理性思考，要做一个鲜活的思考者和课堂的主导者。

三、教师要构建开放的教学模式

在减负教学过程中，突破传统教学模式的禁锢，实现教学过程的全方位开

放显得尤为重要。开放的教学模式首先体现在课前的开放。教师可以事先给学生布置和安排预习内容，让学生进行自学，遇到不懂的问题可以查阅相关的资料，通过社会调查和实践等方式完成。其次是体现在课中的开放。教师尽可能把学习的主动权交给学生，充分发挥学生的主体作用，充分调动学生参与的积极性和主动性，鼓励学生主动思考、交流、质疑、解疑。最后体现在课后的开放。应鼓励学生把在课堂上还没解决的问题转向课外，让学生在实际的生活情境中解决问题，培养学生发现问题、解决问题的能力。

四、教师要关注与学生的互动

课堂是一个师生互动的平台，应建立积极有效的、多维的师生互动模式，让课堂气氛活跃起来，进一步调动学生的学习积极性和主动性。互动意味着师生间互相尊重、平等交流、互相倾听，彼此形成一个"互动学习共同体"。

读书感悟 -

合适的教育才是最好的教育，培养一个健康、快乐的学生，远比培养一个优秀卓越的学生重要。唯有这样，教育才能真正实现减负，做到减负轻量，提高实效；唯有这样才能使学生挣脱作业的束缚，还学生一个快乐幸福的学习生活。

《减负教学——减轻负担，提高实效》

《给教师的建议》

苏霍姆林斯基/著

悦读《教师的时间从哪里来？
一昼夜只有24小时》感悟

听众朋友好！又到了和大家分享美好的时候。苏联当代著名教育家苏霍姆林斯基是一位具有30多年教育实践经验的教育理论家。他的名字已经刻入我们每一位教师的心底。他为中小学教师写的《一百条建议》，在日新月异的今天，仍然具有时代性、先进性。书中每一条建议，既有生动的实际事例，又有精辟的理论分析。今天，让我们走进《教师的时间从哪里来？一昼夜只有24小时》。

苏霍姆林斯基说，这句话是他从一位女教师的来信中摘抄下来的。是的，"没有时间啊！"——这是教师劳动中的一把利剑，它不仅伤害学校的工作，而且损及教师的家庭生活。教师跟所有的人一样，也要做家务，也要教育自己的孩子，因此就需要时间。一些十分确切的资料可以证明，许多中学毕业生害怕报考师范院校，因为他们感到干这一行职业的人没有空闲时间，虽然每年有相当长的假期。

那么，能不能使教师的工作中有一些空闲时间呢？——这个令人很伤脑筋的问题往往是不得不用这个说法来表达的。事实上也确实如此：语文、数学教师每天在学校上课三四小时，加上备课和改作业五、六小时，另外每天还得至少有两小时被课外工作所占用。

怎样解决这个时间问题呢？这个问题也像学生的智力发展问题一样，是涉及整个学校生活的综合性问题之一，它完全取决于学校的全部活动是怎么安排的。

这里最主要的要看教师工作本身的方式和性质。一位有30年教龄的历史教师上了一节公开课，课题是《苏联青年的道德理想》。区培训班的学员、区教育局视导员都来听课。课上得非常出色。听课的教师和视导员本来打算在课堂进行中间写点记录，以便课后提些意见的，可是他们听得入了迷，竟连做记录也忘记了。他们坐在那里，屏息静气地听，完全被讲课吸引住了，就跟自己也变成了学生一样。

课后，邻校的一位教师对这位历史教师说："是的，您把自己的全部心血都倾注给自己的学生了。您的每一句话都具有极大的感染力。不过，我想请教您：您花了多少时间来备这节课？不止一个小时吧？"

那位历史教师说："对。这节课，我准备了一辈子。而且，总的来说，对每一节课，我都是用终生的时间来备课的。不过，对这个课题的直接准备，或者说现场准备，只用了大约15分钟。"

这段答话开启了一个窗口，使人窥见了教育技巧的一些奥秘。像这位历史教师这样的人，苏霍姆林斯基说，在他们的区里只知道有30人左右。他们从来不抱怨没有空闲时间。他们中间的每一个人，谈到自己的每一节课，都会说是终生都在备这节课的。

怎样进行这种准备呢？这就是读书，每天不间断地读书，跟书籍结下终生的友谊。潺潺小溪每日不断注入思想的大河。读书不是为了应付明天的课，而是出自内心的需要和对知识的渴求。如果教师想有更多的空闲时间，不至于把备课变成单调乏味地死抠教科书，那就要读学术著作。应当在所执教的那门科学领域里，使学校教科书里包含的那点科学基础知识，只不过是入门的常识。在科学知识的大海里，教师所教给学生的教科书里的那点基础知识，应当只是沧海之一粟。

一些优秀教师的教育技巧的提高，正是由于他们持之以恒地读书，不断地补充他们知识的大海。如果一个教师在他刚参加教育工作的头几年里所具备的知识，与他要教给学生的最低限度知识的比例为10∶1，那么到他有了15年至20年教龄的时候，这个比例就变为20∶1、30∶1、50∶1。这一切都归功于读书。时间每过去一年，学校教科书这滴水在教师的知识海洋里就变得越来越小。这里的问题不仅在于教师的理论知识在数量上的增长。数量可以转化为质量：衬托着学校教科书的背景越宽广，犹如强大的光流照射下的一点小光束，那么为教育技巧打下基础的职业质量的提高就越明显，教师在课堂上讲解教材（叙述、演讲）时就能更加自如地分配自己的注意。例如，教师在讲三角函数，但是他的思路主要不是放在函数上，而是放在学生身上。他在观察每一个学生怎样工作，某些学生在感知、思维、识记方面遇到哪些障碍。他不仅在教书，而且在教书过程中给学生以智力上的训练。

教师的时间问题是与教育过程的一系列因素和方面密切相关的。教师进行劳动和创造的时间好比一条大河，要靠许多小的溪流来滋养它。

读书感悟

我们常常会把"没有时间"作为不读书、不学习的理由。其实，只要给自己定下目标，并进行有效的约束，是可以将很多时间节省下来达到事半功倍的效果。每天把需要完成的任务按主次记录下来，每天学会放下手机和走出微信，只是合理分配时间查看，我们的读书、学习时间就挤出来了。

《教师的时间从哪里来？一昼夜只有24小时》

悦读《谈谈对后进生的工作》感悟

听众朋友好！又到了和大家分享美好的时候。今天，我们继续分享苏霍姆林斯基的建议：《谈谈对后进生的工作》。

在我们的创造性的教育工作中，对后进生的工作是最难啃的硬骨头之一，这样说恐怕没有哪一位教师不赞同。有那么一些学生，他们理解和记住教材所花的时间，比大多数的普通学生多两三倍；头一天学过的东西，第二天就忘；为了防止遗忘，需要在教过教材后三四个星期（而一般是三四个月）就进行巩固性的练习。

30多年的教育工作使我深信，对于这种学生，把学习仅仅局限于背诵必修的教材是特别有害的。这种做法会使他们养成死记硬背的习惯，变得更加迟钝。我曾试用过许多手段减轻这些学生的脑力劳动，结果得出一条结论：最有效的手段就是扩大他们的阅读范围。是的，必须使这些学生尽可能地多读些书。我总是注意给每一个后进生挑选一些供他们阅读的书籍和文章，这些书刊都是用最鲜明、最有趣、最引人入胜的形式揭示各种概念、概括和科学定义的含义。应当让这些学生的头脑里产生尽可能多的关于周围世界各种事物和现象的疑问，让他们带着这些疑问来问我。这是对他们进行智育的十分重要的条件。

在"后进生"所读的书籍里，在他从周围世界里所遇到的事物中，应当经常发现某些使他感到惊奇和赞叹的东西。在对"后进生"的教育工作中，我总是努力达到这一要求，并且也向所有的教师提出这个建议。用惊奇、赞叹可以治疗大脑两半球神经细胞的萎缩、惰性和虚弱，正像体育锻炼可以治疗肌肉的萎缩一样。现在还很难说明，当学生面前出现某种使他惊奇和赞叹的东西时，他的头脑里究竟发生着什么变化。但是，千百次的观察使我们得出结论：在学生感到惊奇、赞叹的时刻，好像有某种强有力的刺激在发生作用，唤醒着大脑，迫使它加强工作。

有一个叫费佳的学生是我永远难忘的。我教过他5年——从三年级到七年级。费佳遇到的最大障碍是算术应用题和乘法表。我断定这学生简直是来不及记住应用题的条件。他的意识来不及形成关于作为条件的依据的那些事物和现象的表象：当他的思想刚刚要转向另一件事物的时候，却又忘记了前一件事物。在其他年级里也有和费佳有某种相似之处的学生，虽然他们的总数不算多。我给这些学生编了一本特别的习题集。习题集里约有200道应用题，主要是从民间搜集来的。其中的每一道题就是一个引人入胜的小故事，它们绝大多数并不需要进行算术运算，解答这种习题首先要求动脑筋思考。下面，从我编的《给思想不集中的儿童的习题集》里举出一道习题为例。

　　有三个牧羊人，由于天气炎热而疲倦了，他们在一棵树底下躺下休息，接着就睡着了。调皮的放牧助手用橡树枝烧成的炭灰，把睡熟的人的额头上都涂上了黑。三个人醒来后，都哈哈大笑，每一个人都以为另外两个人是在互相嘲笑的。突然，有一个牧羊人停住不笑了。他猜到了自己的额头也被涂黑了。他是怎么想出来的？

　　起初，我们只是简单地读读这些习题，就像读关于鸟兽、昆虫、植物的有趣的故事一样。过了不久，费佳就明白了：这些故事就是习题。他对其中一道最简单的习题思考起来，并且在我的帮助下解答出来了。解题原来是这么普通的事，这一点使费佳感到惊奇。"这么说，这些习题中的每一道，也是可以解答出来的？"——费佳问道。于是，费佳整天整天地抱住那本习题集不放了。每解出一道题，他都感到是一次巨大的胜利。我给他的书和小册子是跟课堂上所教的内容有直接联系的，另一些书并没有这种直接联系，不过我认为读这些书是一种智力训练。

　　费佳的学业成绩赶上来了！他读的书越来越多。他后来在学习上还遇到过困难，但是，每一次困难都是靠阅读来克服的。

　　我从来没有、一次也没有给这样的学生补过课，那种补课的目的就是让学生学会在正课上没有掌握的教材。我只教他们阅读和思考。阅读好比是使思维受到一种感应，激发它的觉醒。

　　请记住：学生的学习越困难，他在学习中遇到的似乎无法克服的障碍越多，他就应当更多地阅读。阅读能教给他思考，而思考会变成一种激发智力的刺激。书籍和由书籍激发起来的活的思想，是防止死记硬背的最强有力的手段。学生思考得越多，他在周围世界中看到的不懂的东西越多，他对知识的感受性就越敏锐。而你，当教师的人，工作起来就越容易了。

读书感悟

　　也许我们从来没往这方面想，越是"后进"的学生越要阅读，越要扩大阅读。我们想到的只是一味地给"后进生"补教材。我们更没想到的是，唤醒学生大脑、迫使它加强工作的是学生发自内心的惊奇和赞叹！有了这样的刺激，就可以把深潜井里的泉水挖掘。

《谈谈对"后进生"的工作》

悦读《第一次学习新教材》感悟

听众朋友好！又到了和大家分享美好的时候。今天我们继续分享苏霍姆林斯基的建议：《第一次学习新教材》节选内容。

学生学业落后、成绩不及格的根源之一，就是第一次学习新教材没有学好。

这里说的"第一次学习新教材"，是由不知到知，由不懂到理解事实、现象、性质、特征的实质而迈出的重要的第一步。

有经验的教师，在第一次教新教材的课上，总是力求看到学生是怎样独立地完成作业的。在这种课上，一定要有学生的独立工作，使学生在独立工作过程中思考事实，得出概括性的结论（这里指的是自然学科的课和语法课）。

还有很重要的一点，在思考过程中就已经包含着运用知识的因素。这里也应当对"学习困难的"学生进行工作。应当走到这些学生的每一个人跟前去，看看每一个人遇到什么困难，给每一个人提出专门为他准备好的作业题。有时候在课堂上就能看出，有必要给某一个学生布置一点家庭作业。那么，有经验的教师通常就当堂布置给他。学习较差的学生的脑力劳动的效果如何，首先取决于他在第一次学习新教材时，即当堂能否正常地、有系统地工作。千万不要让他光是听别的学生流利地回答，把黑板上的东西照抄下来。一定要设法让他独立思考，促使他（要做得耐心、机智）在每一节课上，在脑力劳动中取得哪怕一点点进步也好。

我在教语法的时候，总要设法做到，使学生在第一次学习新教材的课上和直接在课后，就不许在自己的书面练习中有错误。可能，这话听起来有些荒谬，但这是真理：只有要求学生在课堂上不犯任何一个错误，他才能够成为读写无误的人。如果能够做到在课堂上没有错误，才能做到在家庭作业中没有错误（或少犯错误）。语文教师工作困难的基本原因之一，就是学生在课堂上所做的书面作业里就有错误。而教师的缺点正在于，他并没有提出这个目标：一定要使课堂上没有错误。

然而，实际上怎样达到使学生书写无错误，从而打下牢固的知识基础呢？这一点取决于许多因素。也许，首先取决于学生的阅读是否流利。要做到正确无误地书写，学生先要学会流利地阅读。也有其他方面的条件，即还取决于课的结构，课堂上的工作方法和方式等。我在备语法课的时候，尽量预先估计一下，在什么地方，在哪一个词上，学生可能犯错误以及这个学生具体地可能是谁。对任何一个"可疑的"词，我都预先加以详细地解说。

我向大家建议：在第一次学习新教材时，不要让任何一个学生对事实、现象、规律性做出肤浅的理解，不要使学生在第一次学习新教材时就在语法规则上犯错误，不要使学生在第一次学习数学规律性时就解错例题和应用题，等等。

读书感悟

平时我们说得最多的就是：第一印象的重要性。可常常忽略了学生在第一次学习新教材的重要性。面对学生屡次重犯的错误，常常束手无策而不断埋怨：老师说了那么多次，可是学生还是错。其实，就是第一印象在作怪。因此，我们要牢记苏霍姆林斯基的观点：不要让学生在第一次学习新教材时出错。

《第一次学习新教材》

悦读《评分是有分量的》感悟

听众朋友好！又到了和大家分享美好的时候。今天，我们继续分享苏霍姆林斯基的建议：《评分是有分量的》节选内容。

苏霍姆林斯基说："不应当把知识的评定作为某种孤立的东西从教育过程中分离出来。只有当教师和学生之间的关系建立在互相信任和怀有好意的基础上时，评分才能成为促使学生进行积极的脑力劳动的刺激物。"可以说，评分是教育上最精细的工具之一。根据学生对教师所给的评分所抱的态度，我们就可以准确无误地作出结论，断定学生对教师的态度如何，是否相信和尊重教师。现在，就知识评定的问题向教师提几点建议。

第一，评分宁可少一些，但是每一个评分都要有分量、有意义。在我的教育生涯中，从来没有凭学生在一节课上的回答就给学生打分数。我给的评分总要包括学生在某一时期内的劳动，并且包含着对好几种劳动的评定——包括学生的回答、对学生的回答的补充、书面作业、课外阅读以及实际作业等。我用一段时间来研究学生的知识，学生也感到这一点。到了一定的时间，我就对他说："现在我要给你评分了。"于是，又开始了研究他的知识的下一个阶段。这样，学生也很明白：他的任何情况都逃不出我的注意。也许，读者会有人提出疑问：难道教师能把这一切都记在头脑里吗？也许，有些人会感到，要把有关学生脑力劳动的一切情况都记住有困难。但是，我总觉得记住这些是一件最重要的事。难道把值得注意的事也忘记了，还能够对学生在教育中进行教学、在教学中进行教育吗？

第二，如果学生由于这样或那样的原因和情况而没有能力掌握知识，我是从来不打不及格分数的。如果学生感到没有努力的方向，觉得自己什么也不行，这对他的精神是最大的压抑。心情苦闷和精神抑郁，这种情绪会对学生的全部脑力劳动打下烙印，使他的大脑好像变得麻木起来。只有那种明朗的、乐观的心情才是滋养着思想的大河的生机蓬勃的溪流。郁郁不乐、情绪苦闷所造

59

成的后果，就是使掌管情绪冲动和思维的情绪色彩的皮层下中心停止工作，不再激发智慧从事劳动，而且还会束缚智慧的活动。我总是尽一切努力使学生相信自己的力量。如果学生愿意学习而不会学习，就应当帮助他哪怕前进很小的一步，而这一步将成为他的思维的情绪刺激（认识的欢乐）的源泉。

教师在任何时候也不要急于给学生打不及格的分数。请记住：成功的欢乐是一种巨大的情绪力量。它可以促进学生好好学习的愿望，无论如何不要使这种内在的力量消失。缺少这种力量，教育上的任何巧妙措施都是无济于事的。

第三，如果学生的知识还比较模糊，在他们关于所学的事物和现象的表象中还有些不明确的地方，教师就根本不要给予任何评分。在我所教的第一个班里，有一个学生，我对他的精神生活进行过精细的研究。我从他的眼光里就能看出，他对于我所提问的东西是否理解。如果这个学生的眼光表明他还没有做好回答问题的准备，那么我就不评定他的知识——应当首先设法让学生学会知识。

读书感悟

在这节苏霍姆林斯基所说的建议中，他一共提了四点建议，我只选择了三点和大家分享。其中，我最有感触的是第二点："如果学生由于这样或那样的原因和情况而没有能力掌握知识，我是从来不打不及格分数的。"学生需要的是鼓励，而不是打击；需要的是兴趣，而不是压抑。发现学生没有掌握好知识，我们应该想方设法教会他，让他掌握好，然后再给他好的分数，让他体验到自己掌握好知识后获得的成就感和喜悦感。只有这样，学生才会对自己越来越有信心，越来越对功课产生兴趣，让学习处于良性循环状态中。所以，我也呼吁大家：不要给学生打不及格的分数。

《评分是有分量的》

悦读《阅读是对"学习困难的"学生进行智育的重要手段》感悟

　　听众朋友好！又到了和大家分享美好的时候。今天，我们继续分享苏霍姆林斯基的建议：《阅读是对学习困难的学生进行智育的重要手段》。

　　苏霍姆里斯基说："这里指的是那些很艰难、很缓慢地感知、理解和识记所学的教材的学生：一样东西还没弄懂，另一样东西就该到要学了；刚刚学会这一样，另一样就已经忘记了。"有些教师相信，要减轻这些学生的学习，只有把他们的脑力劳动的范围压缩到最低限度。有时候，教师对学习有困难的学生说："你只要读教科书就行了，不要去读其他的什么东西，以免分心。"这种意见是完全错误的。学生学习越感到困难，他在脑力劳动中遇到的困难越多，他就越需要多阅读。正像敏感度差的照相底片需要较长时间的曝光一样，学习成绩差的学生的头脑也需要科学知识之光给以更鲜明、更长久的照耀。不要靠补课，也不要靠没完没了的拉一把，而要靠阅读、阅读、再阅读——正是这一点在学习困难的学生的脑力劳动中起着决定性的作用。

　　有一位姓特卡琴柯的优秀数学教师，他教的中学生就没有不及格的。这位教师的创造性劳动的一个最突出的特点，就是他善于合理地组织这里所说的这种阅读，通过阅读来发展学生的智力才能。特卡琴柯从五年级教到十年级，他教的每一个年级都有一个绝妙的小图书馆，里面有不止100种书籍，这些书都是以鲜明的、引人入胜的形式来讲述他觉得是世界上最有趣的一门科学——数学的。如果没有这些图书，那么他的某些学生是永远也不会达到及格的。例如，在教方程以前，学生们就读了几十页关于方程的书，这种书首先是些引人入胜的故事，讲的是方程怎样作为动脑筋习题在民间的智慧中形成的。

　　问题不仅在于阅读能挽救某些学生免于考试不及格，而且在于借助阅读发展了学生的智力。学习困难的学生读书越多，他的思考就越清晰，他的智慧力量就越活跃。

经过周密考虑，有预见、有组织地让学习较差的学生阅读一些科普读物，这是教师要关心的一件大事。实质上，在学校生活实践中称之为"对后进生个别施教"的工作，其要点正在于此。

读书感悟

　　估计大部分教师或家长都是这样认为的，学生学习吃力，我们就不要给他再增加其他学习任务了，能把课本中的知识掌握好就非常棒了！事实上，我们看到的是，学生的学习依然很吃力，很困难。于是，我们就会想尽一切办法地给他补课，让大人和学生都身心俱疲，还收效甚微。苏霍姆林斯基的建议，让我们忽然明白：原来，学习困难的学生，更需要阅读！读书越多，学生的思考就越清晰，智慧力量就越活跃。那么，我们就一起来试试吧！

《阅读是对"学习困难的"学生进行智育的重要手段》

悦读《争取学生热爱你的学科》感悟

听众朋友好！又到了和大家分享美好的时候。今天，我们继续分享苏霍姆林斯基的建议：《争取学生热爱你的学科》节选内容。

哪个学校里有一位优秀的数学教师，数学就会成为学生最喜爱、最感兴趣的学科，就会在许多学生身上发现杰出的数学才能。

哪个学校里的各科教师的教学，好像汇合成了一种各自都在争取学生的思想和心灵的善意的竞赛，那么这个学校的智力生活就会显得生机蓬勃。这种竞赛表现为：每一位教师都在尽量唤起学生对自己所教学科的兴趣，使他们入迷地酷爱这门学科。教师都善于点燃起学生对自己的学科的热爱的火花。那么，在这样的环境中，一定会使每一个学生的天赋素质得到发展，使他们的爱好、才能、志向、禀赋确立起来。

如果一个学生没有爱上一门具体的学科、一个具体的科学知识的领域，那就没有个性的智力充满性和精神生活的丰富性。

有一些学生，很长时间都没有对任何事情表现出特别的兴趣。如果学校里没有一种各科教师都来争取学生的思想和心灵的气氛，许多学生的兴趣就永远得不到开发。学校里这种对学习和知识无动于衷，没有为自己找到任何感兴趣的事情的学生越多，教师就越不可能有"自己的学生"，就很难把酷爱知识的火花从自己心里移植到学生的心里。在学生对待知识的态度上，最令人苦恼和感到担忧的，就是这种无动于衷的精神状态。学生在某一门学科上学业落后、考不及格，这倒并不可怕。而最可怕的是他那冷淡的态度。

努力唤醒那些无动于衷的、态度冷淡的学生们的意识吧！一个人不可能对任何事物都不感兴趣。接近那种无动于衷的头脑的最可靠的途径就是思考。只有靠思考唤醒思考。那些对知识和脑力劳动无动于衷、漠不关心的学生，每一位教师都应当把自己所有的"智力工具"拿出来试验一番。把他从智力的惰性状态中挽救出来，就是要使这个学生在某一件事情上把自己的知识显示出来，在智力活动中表现出自己和自己的人格。

有经验的教师都在努力做到这样一点：在他的学生热爱的那门学科方面，教师知道的东西要比教学大纲要求的多十倍至二十倍。一个人体验到他能驾驭任何一门学科的知识，这是一般智力发展的最强有力的刺激之一。如果学生有了一门喜爱的学科，那么教师不必为他没有在所有学科上取得高分而不安。应当使人更为担心的，倒是门门成绩优秀却没有一门喜爱的学科的学生。多年的经验使我确信，这种学生是不懂得脑力劳动的欢乐的平庸之辈。

读书感悟

　　兴趣是最好的教师。如果我们没有把学生对自己担任的这门学科的学习兴趣激发出来，那么，学生的学习就是被动的学习。被动学习得到的效果仅仅是教师教多少知识而已，甚至教师教的知识都成为过眼云烟。教师如果通过自己的力量，去争取学生热爱自己的学科，那么，学生就会在接受的同时，还会主动地探究、思考、创造，学生自己和教师，都会或多或少地得到惊喜，得到意想不到的收获。不但事半功倍，而且精彩无限。因此，在教学中，教师不要仅仅停留在承担传授知识的教书匠的角色上，而要用心地、智慧地成为一名挖井人。每一位学生，都是一口值得深挖的井。

《争取学生热爱你的学科》

悦读《要教会儿童利用自由支配的时间》感悟

听众朋友好！又到了和大家分享美好的时候。今天，我们继续分享苏霍姆林斯基的建议：《要教会儿童利用自由支配的时间》节选内容。

对儿童来说，时间是怎么度过的，这和成年人的情况完全不同，——我们永远不要忘记这一点。谁不考虑童年的这一特点，他就很难理解儿童的心情，经常会碰壁。

请你记住，在每一步路上，儿童的面前都可能展现出某种新的、未知的东西，这东西使他入了迷，占据了他的全身心，他不仅顾不得想别的事，就连时间的流逝也感觉不到了。就这样，儿童沉浸在童年的这种平稳的、缓慢的、但又不可阻挡的河流里。他会忘记了他今天的家庭作业还没有做，而这一点又是毫不足奇的事。请你不必惊奇，我亲爱的同事，当你问到儿童的作业时，他常常会直截了当地回答你："我把做作业的事忘记了。"他说到这一点时，好像自己并没有过错。你还不必惊奇：在课堂上，儿童盯住了树影投在教室墙壁上的跳跃的光点，看得入了迷，所以对你所讲的东西一点也没听进去。是的，他没有听你讲课，这是真实情况，因为他沉浸在童年的河流里，他对于时间的感知跟成年人完全不一样。你不要大声斥责他，不要把他当着全班同学的面搞成不注意听讲、坐不安稳的坏典型，——你要做的完全不是这样的事。我劝你轻轻地走到他跟前，握住他的双手，把他从他那童年的美妙的独木舟上引渡到全班学生乘坐的认识的快艇上来。而更为重要的是：你也不妨有时候去乘一乘儿童的船，跟他们在一起待些时间，用儿童的眼光来看看世界。

我，作为一个成年人，也会被某种有趣的东西所迷住。我也很难摆脱那件使我入迷的和使我得到满足的事。可是，在我的下意识的深处，却有一种思想使我不得安宁：我还有工作，谁也不会替我把它做掉的。这种来自下意识的信号，会帮助我们控制时间的利用。而儿童缺乏这种控制力。所以，他会忘记时间。应当教给他怎样利用自由支配的时间。

怎样教呢？硬性要求他进行思考，向他指出对一件事情着迷时不许忘记功课吗？把他跟吸引人的事物隔离开来，不许他接触吗？

不要这样做。不要违背儿童的天性，教给儿童利用自由支配的时间，这就意味着：尽量做到让有趣的、使儿童感到惊奇的东西，同时成为儿童的智慧、情感和全面发展所需要的、必不可少的东西。换句话说，应该使儿童的时间充满使他们入迷的事，而这些事又能发展他们的思维，丰富他们的知识和技能，同时又不会破坏童年的情趣。给儿童提供自由支配的时间，并不是说让他们有可能爱干什么就干什么。放任自流会养成无所事事、懒散疲沓的不良习气。

教会儿童利用自由支配的时间，不是靠口头解释，而是要靠组织活动，靠示范，靠集体劳动。

读书感悟

当我们发现学生上课走神或没有完成作业时，我们一定少不了批评和指责。从苏霍姆林斯基的观点来看，那是因为我们没有走进学生的心灵，没有用学生的眼光来看世界。我们应该这样做："轻轻地走到他跟前，握住他的双手，把他从他那童年的美妙的独木舟上引渡到全班学生乘坐的认识的快艇上来。"儿童像大人一样，需要拥有自由支配的时间。我们不但不能用大量的学习任务绑架和占有他们的时间，更重要的是，我们要"靠组织活动，靠示范，靠集体劳动"来"教会儿童利用自由支配的时间"。

《要教会儿童利用自由支配的时间》

悦读《怎样使学生注意力集中》感悟

听众朋友好！又到了和大家分享美好的时候。今天，我们继续分享苏霍姆林斯基的建议：《怎样使学生注意力集中》节选内容。

我带领27个幼儿到草地上去参观，目的是让他们看到各种植物是怎样传播自己的种子的。他们要看的那些植物长在草地的一个较远的角落里。要想让所有的学生都围拢来看这些植物，我就得用注意力很细的丝线把学生都拴到我的身边来，这就好比是一根根无形的"缰绳"。在他们眼前的这些植物中间，还有几十种各式各样的、非常有趣的事物，只要一个学生的注意转到其中的一件事物上，那根丝线就断了。于是，我给他所讲的和指给他要看的东西，他就再也不看、不听了——思想开了小差。譬如说，一只花蝴蝶翩然起舞，有4个学生好奇的小眼睛就盯住了那只蝴蝶，于是4根丝线就断了。或者，脚底下突然蹦出了一只小青蛙，于是又有几根丝线被扯断了……

这种情形在课堂上也是常见的。怎样才能把这一群坐立不宁、好奇心很强、随时都会跑去追赶蝴蝶的小家伙吸引在你的身旁呢？当你开始给少年讲解一些枯燥的、无趣味的知识，而他的头脑里却正在想着别的什么有趣的、吸引人的、激动人心的东西的时候，你该怎么办呢？

控制注意力的问题，是教师工作中最精细的而且研究得还很不充分的领域之一。要能控制注意力，就必须懂得儿童的心理，了解他的年龄特点。多年的学校工作经验告诉我，要能把握住儿童的注意力，只有一条途径，这就是要形成、确立并且保持儿童的这样一种内心状态——即情绪高涨、智力振奋的状态，使儿童体验到自己在追求真理、进行脑力活动的自豪感。

我们要动用智育的一整套手段来创造这种状态。要创造前面所说的情绪高涨的状态，单单依靠在上课时采取某种特殊的方式，比如说选用恰当的直观手段，那是不能达到目的的。这种状态的形成取决于许多因素——取决于思维的素养和情感，取决于学生的见闻的广度，等等。

掌握注意力——这是教师对学生的思维施加的一种非常精细而微妙的作用。例如，我知道，学生要学一年生物学，其中有许多初看起来毫无趣味的教材——蠕虫的机体构造、生机活动，等等。我要让学生集中注意力听讲关于蠕虫的教材，我就得培养我所需要的学生的情绪状态，于是就推荐他们读一些关于自然界、土壤的有趣的书。当我讲解那部分初看起来毫无趣味的教材时，我的话针对着学生的思想，好像在触动他们的思想，于是我所讲解的东西就在学生的意识里引起兴趣。这种兴趣首先是靠内部的刺激和诱因而引起的。学生过去在阅读时头脑里留下的思想，这时候好像又苏醒了、更新了，它竭力向我的思想靠拢，学生不单是在听讲，感知新教材，而且是在自己的意识的深处搜索某些事实和现象，对它们进行思考。

不随意注意应当与随意注意相结合。当学生一边听讲一边思考的时候，才能出现这种结合。而要做到这一点，则必须使学生意识里有一点"思维的引火线"。也就是说，在所讲的学科中，应当使学生有某些已知的东西。在感知教材过程中，学生的思考越积极，他学起来就越轻松。通过阅读而做好准备的注意力，是减轻学生脑力劳动的最主要的条件之一。只要在课堂上能把学生的不随意注意与随意注意结合起来，他们就不会感到疲惫不堪。

那些除了教科书以外，什么也不阅读的学生，他们在课堂上掌握的知识非常肤浅，并且把全部负担都转移到家庭作业上去。由于家庭作业负担过重，他们就没有时间阅读科学书刊，这样就形成一种恶性循环。

读书感悟

怎样使学生注意力集中，之前我们能想到的，仅仅停留在用直观手段提高学生对学科的兴趣。现在，我们知道了，不管哪门学科，都要学生通过阅读或预习，事先对知识有某些已知的东西，拥有一条"思维的引火线"，让学生在一边听讲时一边思考，达到不随意注意与随意注意相结合的境界，才能让学生始终保持情绪高涨、智力振奋——即注意力高度集中的状态。

《怎样使学生注意力集中》

悦读《给刚参加学校工作的教师的几点建议》感悟

听众朋友好！又到了和大家分享美好的时候。今天，我们继续分享苏霍姆林斯基的建议：《给刚参加学校工作的教师的几点建议》节选内容。

我还记得，我在学校工作的头10年时间过得多么缓慢。到了后来，时间就过得快了。而现在觉得，好像一个学年刚开始，一眨眼就结束了。我把这种个人的感受说出来，是为了向新参加工作的教师提醒一条非常重要的道理：无论年轻的时候充满了多么热烈而紧张的劳动，但是在这个时期里，总还是能够找到时间，来逐渐地、一步一步地积累我们的精神财富——教育的明智。

在年纪尚轻的时候，应当先做些什么，才不至于在老之将至的时候悔恨呢？

要做的事很多，但首先必须点滴地积累作为一个教育者的智力财富和教育的明智。

请建立自己的藏书吧！我每天都去向它们请教：真理在哪里？怎样去认识真理？怎样才能把人类积累、获取的道德财富，从年长一代的心灵和智慧中传授到年轻一代的心灵和智慧中去？这些书也是我生活的教师，我每天都带着这样一些问题去求教它们：怎样生活？怎样才能成为自己的学生的楷模？怎样才能使理想的光辉照进他们的心田？

我建议年轻的朋友每个月买三本书：

（1）关于所执教的那门学科方面的科学问题的书。

（2）关于可以作为青年们的学习榜样的那些人物的生活和斗争事迹的书。

（3）关于学生的心灵的书。

这样每过一年，教师的科学知识都应当变得更丰富。希望到了参加教育工作满十年的时候，教科书在教师眼里看来就浅易得像识字课本一样。只有在这样的条件下，教师才可以说，为了上好一节课，一辈子都在备课的。只有每天不断地补充自己的科学知识，教师才有可能在讲课的过程中看到学生们的脑力劳动：占据教师的注意中心的将不是关心教材内容的思考，而是对于学生的思维情况的关心。这是每一个教师的教育技巧的高峰，应当努力向它攀登。

　　教育——这首先是关心备至地、深思熟虑地、小心翼翼地去触及年轻的心灵。要掌握这一门艺术，就必须多读书、多思考。教师读过的每一本书，都应当好比是在其教育车间里增添了一件新的、精致的工具。

　　教育者还必须具备一种对美的精细的感觉。教师必须热爱美、创造美和维护美（包括自然界的美和学生的内心美）。要知道，如果一个人喜爱栽种和培植果树，如果一个人喜爱在亲手栽培的、繁花盛开的果树间来到蜂房跟前，倾听那蜜蜂的嗡嗡的鸣声。那么，他就找到了一条通往人的心灵的捷径——这就是在创造美的劳动中跟人的精神上的交往。

　　教师在学校工作的每一年里，都应当使其教育劳动的"工艺实验室"不断地充实起来。教师必须积累供全班学生和个别学生使用的大量习题和例题。这一切都需要年复一年地进行积累，并且按教学大纲的章节加以编排。

读书感悟

　　我对苏霍姆林斯基说到的"无论年轻的时候充满了多么热烈而紧张的劳动，但是在这个时期里，总还是能够找到时间，来逐渐地、一步一步地积累我们的精神财富——教育的明智"这个观点太有同感了！所以，我真希望教师，千万别让时间从你身边悄悄溜走。爱因斯坦说过这样一句话："人的差异在于业余时间。"如果我们每天都阅读、思考、记录，那么，我们就会一天比一天更加丰盈自己，我们的内心会变得更加强大，我们的脸上会更加自信，我们的课堂会更精彩，我们的学生会更受益——我们，也会更优秀！

《给刚参加学校工作的教师的几点建议》

悦读《教给儿童用左、右手都会工作》感悟

听众朋友好！又到了和大家分享美好的时候。今天我们继续分享苏霍姆林斯基的建议：《教给儿童用左、右手都会工作》。

人的发展的历史过程造成这样的结果：那些与思维相联系的，在手指尖上体现出思维的最"聪明"的劳动操作，都是由右手来完成的。左手在完成创造性劳动过程时只起着辅助性作用。我们用右手来握工具，用右手来捏钢笔和铅笔，画家用右手来创作出不朽的绘画作品。

人单靠右手就上升到了已经达到的智力素养的高峰。但是，如果所有的人单靠右手掌握的那些极精细的劳动动作能够同时也是左手的功劳，那么某些人的劳动技巧、劳动艺术和智力发展就能改善得更加迅速。这里谈的不仅是劳动教育，还有另一个先决条件的问题，而且是说，在手和脑之间有着千丝万缕的联系，这些联系起着两方面的作用：手使脑得到发展，使它更加明智；脑使手得到发展，使它变成创造的聪明的工具，变成思维的工具和镜子。多年的经验证明，如果最精细、最聪明的劳动动作不仅是右手的，而且也是左手的功劳，那么上述这些联系的数量就会增加，聪明的经验就会由手传导到脑，而这些经验是反映各种事物、过程和状态之间的相互作用和相互关系的。

我在七年的时间里教给学生（由7岁到14岁）用双手工作。他们学会了两手各拿一把刀具，学会了用右手和左手装配复杂模型的部件，学会了用左手和右手在木料车床上工作。我看到，在这些学生的活动中，创造性的因素逐年地有所发展。这些学生的创造性的典型特点，就是不断产生新的构思和具有发明创造精神。会用双手从事劳动的能工巧匠们，似乎在同样的一个现象中，能够比只会用右手工作的人看到更多的东西。在用工具加工材料时，我的这些学生表现出的特点，就是劳动动作极其精细、柔和，可塑性大。他们都爱上了自己从事的聪明的创造性劳动。

读书感悟

　　著名教育家陶行知说："人有两个宝，双手和大脑。双手会做工，大脑会思考。用手又用脑，才能有创造。"这首小诗说的双手和大脑之间的联系，与苏霍姆林斯基在这一章中谈到的内容有着异曲同工之妙。

　　脑科学告诉我们：人的左手和大脑的右半球直接联系，而右手则与左半球直接联系。左半球是语言中枢，主管语言和抽象思维；右半球有一种高度发达的空间感和模式感，主管音乐、绘画、雕刻等艺术能力以及情绪。所以，我们在教学、生活中，一定要有意识的训练学生学会用左手工作，试着让学生用左手负担一些右手的工作，以利于学生思维的提高。比如：我们可以让学生用双手画画、做手工；用餐时可以采用左手拿叉、右手拿筷；玩游戏时可以用左手夹玻珠；还有弹琴、打字，等等。只要有了这种意识，学生的左手使用率就会大大提高了。

《教给儿童用左、右手都会工作》

悦读《关于写教师日记的建议》感悟

听众朋友好！又到了和大家分享美好的时候。今天，我们继续分享苏霍姆林斯基的建议：《关于写教师日记的建议》节选内容。

我建议每一位教师都来写教育日记。教育日记并不是什么对它提出某些格式要求的官方文献，而是一种个人的随笔记录，在日常工作中就可以记。这些记录是思考和创造的源泉。那种连续记了10年、20年甚至30年的教师日记，是一笔巨大的财富。每一位勤于思考的教师，都有他自己的体系、自己的教育学修养。如果有高超技巧的、有创造性的教师，在结束他的一生时，把自己在长年劳动和探索中所体会到的一切都带进了坟墓，那会损失多少珍贵的财富啊！我但愿把许多本教师日记搜集起来，保存在教育博物馆和科研机构里，当作无价之宝。

我记日记已经记了32年。当我作为一个小学教师刚刚踏进校门，开始自己教育生涯的第一天，有一件事引起我的深思。我们村里有一位医生，大家都说他是个性情古怪的人。我看到，当这位性情古怪的医生给刚入一年级的学生量身高和体重的时候，他把所有的数据都详细地抄录下来。我跟他交谈起来，翻阅了他的记录。使我大为惊奇的是，他写这种记录已经写了27年。

"这些记录对您有什么用处呢？"我问。

"啊，这是一件很有趣的事，"医生回答说，"请看，27年来，孩子们的身高平均增长4.5厘米。是啊，我能再多活30年该多好啊……"

在当时，还没有任何人想起过儿童身体加速成长的问题。战争开始时，这位医生得了重病，他把自己的记录交给了我。这样，我从学校工作的第一天起，就开始记录关于儿童身高、体重和他们的智力发展情况的资料。现在，我的手头就拥有一个村子的儿童在59年内的发展情况的资料。在我看来，这些资料是非常宝贵的。

一连32年，我在儿童入学的最初两星期内记录有关他们的知识面和表象的

73

资料。每一年让学生回答的都是相同的问题。

在日记里，关于后进儿童的记载占有重要的地位。我认为，善于觉察这些儿童的课堂内外的行为上的极其细微的变化，是十分重要的。把所观察到和记录下来的情况加以深入思考，对教师的工作有很大帮助。例如，考虑到有些学生的智力过程的能动性有所降低，他们的智力眼界相对地受到局限，我就作出一些结论，譬如应当让这些学生读哪些科普读物，等等。

记日记有助于集中思想，对某一个问题进行深入思考。例如，我在自己的日记里空出几页，专门记载自己关于知识的巩固性的想法。把这些记载加以研究、对比和分析，就能看出知识的巩固性取决于许多先决的前提和条件。日记能教给我们思考。

读书感悟

魏书生老师说："坚持写日记，便是坚持道德长跑，能使人的心灵求真，向善，爱美。"我们如果能够做到坚持每天记录，若干年后，你会发现，这些记录变成了你的财富。这些财富，你用钱买不到，你用多长时间换不回。而且，你会惊喜地发现：你已经养成了每天临睡前思考总结的好习惯，你在不断提升自己，你的思想更加成熟。或许，你的容颜也在悄悄地发生着变化。因为，你的脸上，写满了自信。

《关于写教师日记的建议》

悦读《教师，要爱护儿童对你的信任》感悟

听众朋友好！又到了和大家分享美好的时候。今天，我们继续分享苏霍姆林斯基的建议：《教师，要爱护儿童对你的信任》节选内容。

我们的工作，就其本身的性质和逻辑来说，就是不断地关心儿童的生活。教师任何时候都不要忘记：你面对的是儿童极易受到伤害的、极其脆弱的心灵，学校里的学习不是毫无热情地把知识从一个头脑里装进另一个头脑里，而是师生之间每时每刻都在进行的心灵的接触。儿童是脆弱而无助的。每当我看到第一次跨进校门的儿童时，我常会联想到那刚刚开放的、带点紫红色的桃花，要使这朵花结出果实，园丁要付出多少心血和劳动啊！早在入学后的最初几个月，就经常会有巨大的痛苦落到儿童身上："别的同学都学习得很顺利，而我掌握不住那些知识；别人得的是五分或四分，而我得的是两分；我什么都不行，我是一个毫无用处的人。"这真正是一种悲剧性的情境，它会使儿童的心变得粗暴起来，对什么都无动于衷。为了避免那些不愉快的谈话，特别是为了逃避惩罚，儿童就开始耍滑头，说谎话。学生没有完成作业，或者在课堂上回答得不好，怕教师给他记分，就说"我的记分册丢了"，而实际上是把记分册藏起来了。看到这些是令人痛心的。记分册成了一种吓人的东西，儿童把它看成一条鞭子，教师会借助母亲或父亲的手去使用这根鞭子。

我从来不给学生打不及格的分数。如果他们有什么地方做得不好，我就对他说："你试一试重做一遍，只要下点功夫，你就一定能做好。现在还没有给你打分数，你再努点力，就一定能得到好分数。要是你有哪一道题不懂，明天上课前到学校里来，咱们一起想一想。"上课前的半小时，这是我跟学生一起进行最有趣的脑力劳动的时间，同时也是我上面所说的跟学生的心灵相互交往的幸福的时刻。在这半小时里，学生是带着他的苦恼来找我的。要知道，学生不会做功课，没有收获，是他真正的痛苦。不知道你是否体验过，跟他们一起思考，究竟是怎么一回事？清晨，在校园里一棵繁花盛开的苹果树下，我跟

三年级学生尤拉坐在一起。我们面前有一道应用题，必须把它解答出来。我帮助这孩子随时拨正他的思路的航向，终于，他发现了真理，内心充满了喜悦，他觉得他在认识的道路上提高了一步。他感到幸福，他的苦恼消失了。跟学生在一起思考的这种时刻，也给我带来了很大的欢乐。我向你们担保，年轻的朋友：正是在这种时刻，学生的信任才充分展示出来。如果我跟他一起解除了他的苦恼，他就绝不会欺骗我。我叫他自己把分数写进记分册，这给他一种自豪感和尊严感。

非常重要的是，要让学生始终能看到自己的进步。不要有任何一天使学生花费了力气而看不到成果。

读书感悟

我常常在想，本性善良的孩子，为什么会说谎？为什么会让家长越来越失望？其实，都是我们大人在无形之中给孩子施加了压力，让他感到无法达到大人的要求而迫不得已地给自己找一些理由或极端的行为去逃避。读了苏霍姆林斯基的建议，让我知道：当发现孩子在某个问题上不懂时，我们一定不要放过，更不能责备，而是要想办法让孩子解决问题。当孩子看到你耐心地让他终于学会了这个知识时，他会发自内心地喜欢你，感谢你，信任你。

《教师，要爱护儿童对你的信任》

悦读《一个"差生"的"思维的觉醒"》感悟

听众朋友好！又到了和大家分享美好的时候。今天，我们继续分享苏霍姆林斯基的建议：《一个"差生"的"思维的觉醒"》节选内容。

我永远不会忘记一个叫巴甫里克的学生。对于像他这一类的学生，有些教师抱着善意的同情，另一些教师采取漠不关心的态度，但都一致认为："看来，这学生没有能力掌握知识。"我还记得，在刚入学的时候，巴甫里克是一个多么活泼的、好动的、好奇心强的学生，而过了不久，他就变得沉默寡言，过分地守纪律、听话和胆小了。

在入学后的最初几个星期里，巴甫里克就感到，他和别的学生有些不同：一年级的学生能够很容易地把单个的字母拼成音节并且朗读出来，而他不知为什么要费很大的力气才能把这个字母跟另一个字母分辨开来；其他学生只要把一首关于美丽的冬天的短诗用心地听两三遍就能记住，可是他无论如何也记不住。女教师专门为他一个人把那首短诗一连读了好多遍，他也用心地记忆，竭力回想那些词句，但是……还是徒劳无功。

女教师愤怒地说："为什么你不好好学习？像这样，我在放学后还得陪着你补多少课啊？"他全身瑟缩着，愁眉苦脸地站在那里。

女教师给巴甫里克做的鉴定是："思维迟钝的儿童。"

女教师认为，学生在课本面前坐得越久，他就会变得越聪明。

女教师认为，巴甫里克的智力发展只有读好教科书这一条路可走。

然而，就在巴甫里克上初中的时候，生活中出现了一点新的东西：在许多课堂上，已经不像在小学时那样只要求听讲和记忆，而且还要求动手做一些事情。这种课给巴甫里克带来了欢乐。使他最感兴趣的是植物课。那位植物学教师善于安排课堂教学，他不仅要求学生像平常所说的那样"掌握教材"，而且让学生去自己获取知识。他要每一个学生都缝一个布口袋，做几个纸袋，以便装各种各样的"生物材料"，准备上课时使用。学生们从布袋里掏出的东西，有各种枝、叶、根、茎、花和种子。所有这些，都让学生用放大镜仔细观看，加以比较，并且画下来。

直到这时，全体教师才第一次听说，原来巴甫里克是一个非常聪明好学的学生。而他的智慧，用自然学科教师的话来说，是"表现在手指尖上"。一位教师说："这是有经验的园艺工也很少能做成功的。"巴甫里克的"转变"，对许多教师来说，包含着深刻的启示。它迫使人们去认真地思索教学和教育上那些尖锐的、使人激动不安的问题。我们逐渐地看出，巴甫里克身上那种害怕、拘束、犹豫的表现消失了。

教师们把巴甫里克发展中的这一变化称为"思维的觉醒"。

毫无疑问，这个学生的思维的觉醒、迅猛的智力发展、对知识的兴趣的增强，这一切都是跟那位生物教师善于成功地开发出他的天才和创造性劳动的禀赋有着直接联系的。

巴甫里克在学习上也一年比一年取得更好的成绩。中学毕业后，巴甫里克进了农业学院，后来成为农艺师，现在已经在一个国有农场里顺利地工作好几年了。

读书感悟

太多太多这样的"差生"最终成材的例子。从巴甫里克的身上，我们要清醒、理智地面对看起来不会学习的学生——他，她，不是差生，而是思维还没觉醒；从女教师的身上，我们要吸取教训，"通往广场的路不止一条"，当这条路行不通时，我们一定要试试别的出路；从植物学教师的身上，我们醒悟到，原来，多让学生动手有这么神奇的力量！

《一个"差生"的
"思维的觉醒"》

悦读《要保持"水源的清洁"》感悟

听众朋友好！又到了和大家分享美好的时候。今天，我们继续分享苏霍姆林斯基的建议：《要保持"水源的清洁"》节选内容。

儿童和少年具有一种天然的社会直率性，那就应当明白地、毫不拐弯地告诉他们：什么是好，什么是坏，什么是白，什么是黑。教师要马上拿出公正的表态来，丝毫含糊不得！我们不仅不能有一时一刻忘记这一点，而且要使这种第一次的社会经验在儿童和少年的生活中保留一辈子。比如说，一年级的女孩子玛娅跑来告诉我：维佳找了一根棍子，在草坪上乱打，而草坪里正开着许多花……她跑来找我并不是为了告维佳的状。假若我马上就处罚维佳，就会使玛娅处于为难的境地，使她的感情受到伤害。她来报告这件事，是为了证实真理。我首先应当表态的是：维佳的举动是坏行为！于是，我们一起去找维佳，保护那些花。这在玛娅看来，是正义精神取得了胜利。同时，这也是一块磨刀石，让儿童对恶的、不妥协的精神磨得更加锋利。千万注意，不要让儿童的思想和心灵接触到不正义的事情时抱着漠不关心的态度。这是迈上道德发展的更高境界的一个台阶。

我回想起很早以前发生的一件事。我跟学生们在一次远足旅行的归途中，向邻村一位慈祥的老奶奶要点水喝。她邀请我们到果园里去，拿出苹果和烤土豆款待我们。我们向她表示了感谢，然后出发了。走了半公里多路的时候，我们突然想起：刚才在我们坐的地方，把一些烤土豆的皮丢在地上没有收拾。

"应当回去收拾……"，上面提到的那个玛娅思忖着说。"当然，应当回去，把一切收拾干净。"我立刻表示支持。学生们成群地跟着我向回走，只有斯乔巴一个人没有动。他说："我要坐在这儿歇一会儿……"但是，当他听到学生们齐声愤怒地指责他的话时，他想休息一下的愿望就打消了。

我们应当让儿童在童年时代成百上千次地体验这种正义的思想取得胜利的心情，感到自己是这种胜利的参与者。只有儿童才善于对不良行为表示愤慨，就像我带的这些学生对斯乔巴的偷懒和不顾别人利益的思想表示愤慨一样。如果已经到了少年时期，你再想激起他们对类似行为的愤慨，那就不会收到任何效果，因为已经错过了那个年龄期。

读书感悟

　　特意从苏霍姆林斯基的这章中节选了这两个例子来告诉我们年轻的教师，当学生来向你"告状"时，我们不要想着马上去批评被"告"的同学，而是要先向学生"告状"的事件做出正确的判断，然后和被"告"同学一起纠正不正确的行为。只有这样，才能达到两个目的：一是保护了学生和学生之间的友谊；二是纠正了不良的行为，传递了正能量，也就是保持了"水源的清洁"。

《要保持"水源的清洁"》

悦读《思考之室——我们的阅览室》感悟

听众朋友好！又到了和大家分享美好的时候。今天，我们继续分享苏霍姆林斯基的建议：《思考之室——我们的阅览室》节选内容。

一个人终其一生能够读完的书不会超过2000本，而且其中相当大的一部分是应当在上学的年代里读过的。因此，我非常严格地挑选供少年们阅读的书籍。

真正的阅读能够吸引学生的理智和心灵，激起他对世界和对自己的深思，迫使他认识自己和思考自己的未来。没有这样的阅读，一个人就会受到精神空虚的威胁。无论什么都不能取代书籍的作用。为什么有的少年在学完功课以后就在家里待不住了呢？为什么他不肯跟人最好的朋友——聪明的书本单独在一起度过几个小时呢？为什么总的来说，少年不喜欢一个人独处而很自然地总想跟别的人在一起呢？为什么很少遇到这样的情况，就是少年学生读书读得入了迷，惋惜时间不够用，不能再多读一些好书呢？

因此，必须教给学生读书，教他在读书的同时认识自己，教他从书籍里受到教育，并且生活在书籍的世界里。

我们的"思考之室"开放了。开放这天，我们集体阅读了俄国士兵斯采沃尔的故事。斯采沃尔是一个俄国士兵，他在拿破仑进犯俄国的时候被法国人俘虏。当斯采沃尔被人在左臂上烙上一个N字形的印记时，他充满了对敌人的蔑视和仇恨，抓起一把斧子，砍断了这只"被弄脏了的"手臂。这个故事使少年们深为感动。我力求在少年们的想象里形成一幅文明人最高幸福的图画：这就是跟书籍交往的幸福，智力的和审美的享受的幸福。

如果有一本好书成为少年的朋友，那么他读得越多，就会越清楚地认识到：要知道得多，就要多用功。

我努力做到使每一个少年都有一本心爱的书，使他反复阅读、反复思考这本书。这样做并不是为了他必须把读过的东西记住并且用来回答教师的问题，而是为了使他为自己的命运而感到激动。我坚定地相信，少年的自我教育是从读一本好书开始的，并且表现为他能用最高的尺度——那些英勇的、忠于崇高思想的人们的生活来衡量自己。而如果在少年的精神生活里只有上课、听讲和单单为了识记而死抠书本，那么这种自我衡量、自我认识就是不可能的。

由读书引起的精神振奋的状态，是一个强大的杠杆，借助它能把大块的知识高举起来。在这种状态下，脑力劳动的强大的源泉——不随意注意和无意识记，就会被打开而汹涌奔流。精神振奋和受到鼓舞的情绪越强烈，就会有越多的知识进入人的意识。在一学年的过程中，就所学教材的性质来说，总有几个时间是要求紧张地使用随意记忆的，而我们的学生在这些时间里却在"思考之室"里花很多时间读他们所喜爱的书籍。

读书感悟

　　苏霍姆林斯基给他的阅览室取名为"思考之室"，目的是为了强调书籍的巨大的精神力量。的确，我们教师的任务不单单是让学生上课、听讲、完成作业，我们更重要的任务是通过讲故事，引导学生走进好书中，通过阅读，产生思考，获取力量！

《思考之室——我们的
阅览室》

悦读《我怎样研究和教育学习最差的学生》感悟

听众朋友好！又到了和大家分享美好的时候。今天，我们继续分享苏霍姆林斯基的建议：《我怎样研究和教育学习最差的学生》节选内容。

每一年都有几个这样的学生进入我们学校。拿出十个词让他识记，即使经过多次重复，他记住的也不超过三四个。心理学家们把他们称作"发展暂时受阻的儿童"。这些学生的思维处于一种受抑制的、静止不动的、"僵化的"状态之中。

我调查了两千多个家庭，了解儿童的遗传、日常生活、营养和精神生活的情况。我终于看到：这些智力不正常的原因，是一层一层地累积起来的。最初是一个原因在起作用，后来又加上第二个原因。最初的原因往往是儿童在婴幼儿时期生过什么病。但是，如果没有第二种不良的影响——儿童早期受到了不正确的教育——来加重这种状况的话，在许多情况下还不至于造成严重的后果。后一种状况成了使儿童在发展方面落后的主要原因。就是不健康的、经常发生冲突的家庭关系，特别是家长的酒精中毒症。在这种家庭里，儿童智力落后的征兆起初并不显著，但是很快就会变得十分突出了。其次，家庭智力生活的局限性和惊人的贫乏性，也是儿童智力落后的原因之一。家庭情感生活的贫乏总是跟智力生活的局限交织在一起的。有一些5、6岁的儿童，从来没有对任何事情表现过惊奇、赞叹和欢乐。他们也没有幽默感，不理解喜剧性的场面和情境，很少放声地欢笑，而对别人开的玩笑则报以病态的反应。笑——是认识的渠道之一，是一种观点。世界随着这种观点而在人的面前展开它的多样性。

由此可见，我们最主要的任务是：不要对学习落后的学生进行不适当的教学。对于学习落后的学生，一定要让他坚持达到提出的目的，独立地解答习题。有时候，可以花两三节课的时间让他思考，教师细心地指引他的思路，而习题被他解答出来的那个幸福的时刻终于会到来。这会给他带来无可比拟的欢乐、自豪感和自信心。

当学生有了求知的愿望时，另外一个强有力的心理学手段——丰富学生的智力生活和情感生活——就能发生作用。在小学各年级，我们上一种专门的"思维课"。我们带领学生到自然界去——到花园里、树林里、湖岸边、田野里去。在他们面前展示出初看起来难以觉察的各种现象之间的几十种因果联系，学生深入地思考着生命的奥秘。

在这些课上，我们从来不提出要学生记住什么东西的任务。相反地，我们把记忆的目的尽量地暂时放开。放在首要地位的是让学生在新的发现面前感到惊奇和赞赏。学生认识的简单的依存性和联系越多，他的记忆力就变得越好。

另外，我们还要让他们阅读许多东西。学生们每逢傍晚就到我这里来听故事和编故事。诗歌创作也是一种细致而微妙的陶冶情感生活的训练。这里有响亮的笑声，有忧愁和欢乐，有对人的痛苦的同情和对恶的憎恨。在这些宁静的傍晚时刻，我们大家好像都变成了诗人，我们编了几千个故事。这个做法可贵的地方就在于，编故事的时候，学生的头脑不仅接受和存储信息，而且也输出信息。

创造性的手工劳动也是我们的"教学大纲"的重要组成部分。这是促进这些学生发展的重要手段之一。

人的头脑是自然界的一大奇迹。但是这种奇迹只有在教育的影响下才会出现。这是一种长期的、单调的、非常复杂和折磨人的艰难的播种，撒下的种子要过好几年才能长成幼苗。这件工作还要求特别尊重学生的人格。不应当让一个不幸的、被大自然或不良环境造成艰难境遇的学生知道他是一个能力低、智力差的人。教育这样的学生，应当比教育正常学生百倍地细致、耐心和富于同情心。

读书感悟

面对发展暂时受阻的学生，我们首先要有静待花开的思想准备，坚信：通过教师和家长的特别关注、百倍的细致和耐心，让他体验到解题正确后获得的欢乐、自豪感和自信心；让他感知大自然和书本中的神秘和趣味……从而让学生产生求知的愿望和增强记忆力，让受阻的大脑慢慢开发。

《我怎样研究和教育
学习最差的学生》

《小学语文课堂教学的 55 个细节》

李敏才/主编

悦读《如何教会学生在生活中用语文》感悟

听众朋友好！又到了和大家分享美好的时候。从今天开始，让我们一起走进《小学语文课堂教学的55个细节》，共同学习怎样做一个更好的"小语人"。今天探讨《如何教会学生在生活中用语文》。

语文实践最重要、最关键的是用。学生学了一些字词，学了一些句子，读背了一些诗文，如果仅仅是为了记住它，把它储存起来，必然导致死记硬背，使学生的思想僵化，才智被扼杀。积累和运用兼有，才是完整的语文能力。如何促使学生在生活中用语文呢？

一、引导学生做有心人，为生活中用语文提供保障

教师应从学生的生活中发掘语文学习的各种因素，把学生在生活中的许多不自觉地运用语文工具的机会，变成自觉的、有意识的语文能力训练，并千方百计为学生设置一个良好的语文学习环境，引导学生在生活中处处做"有心人"，主动寻找语文学习的各种时机，积极地把语文课堂教学中学到的东西在生活中运用于实践。

二、培养学生的观察能力，拓展生活中的语文资源

有计划地提出明确的观察目的、任务，使学生想观察、会观察、产生观察的兴趣。学生观察效果的好坏决定于观察目的是否明确。

指导观察的具体方法和技能，使学生乐于观察。一是要有计划、有次序，

告诉他们应该看哪些东西，从哪几方面看，先看什么，后看什么；二是要引导学生运用思维，分析比较，抓住事物的本质特征。

三、教会学生积累，为生活积累语文资源

首先，向学校生活拓展、积累资源。如：发生在师生之间、生生之间的有意义的事，学校举办的春游、演讲、竞赛等活动以及学校与社区、工厂等互动性活动，都可以让学生说一说、问一问、写一写、讲一讲、想一想。

其次，向家庭生活拓展、积累资源。家庭是语文学习的第一场所，也是语文运用的第一场所，教师应该把学生家庭生活中有意义的内容纳入语文中。

最后，向社会拓展、积累资源。社会是一片更加广阔的语文学习天地，也是学生运用语文的最大空间，因为每个人都是社会的一员。

四、鼓励学生思考语文，在生活中运用语文

通过学校生活、家庭和社会的积累，学生从中提炼出生活中的语文特性，内化为自己的经验。"有所思，就有所用。"经过思考、内化后将语文加以运用：用语言表达自己；用语言进行社会交往；用语言提炼生活的真谛。

有心的"小语人"请细看文章后面作者选用的案例，也许更能启发你如何具体操作。

读书感悟

生活是一部百科全书，包罗万象。在生活中学语文，才能培养学生的观察能力，学生才能积累更多的语文资源，才能鼓励学生更多地去思考和实践运用。所以，我认为，学生的老师，不仅仅是学校的我们，还有来自家长和社会的力量。只有在社会这个大空间里，我们的学生才能有如鱼得水的满足感。

《如何教会学生在生活中用语文》

悦读《怎样提高课堂交流的有效性》感悟

听众朋友好！又到了和大家分享美好的时候。让我们继续走进《小学语文课堂教学的55个细节》，共同学习怎样做一个更好的"小语人"。今天探讨《怎样提高课堂交流的有效性》。

学生对世界的认识，主要取决于他们的内部心理活动，内部心理活动是儿童发展的关键。因此，教师在课堂上要积极调动学生个体的主观能动性，激发学生的内在交流动机——学习兴趣。

那么，如何提高语文课堂上学生交流的兴趣，提高语文课堂交流的有效性呢？

一、做到"活"与"实"的统一

语文教学的教学方法、课堂气氛、学生活动要"活"，但"活"是形式、表象、手段，促使学生积极参与课堂交流，全面提高语文学习的兴趣，达到有效性才是"实"，"实"才是教学所要达到的目的。

1. 交流方式要"活"，所学知识要"实"

在课堂上，教师一方面要尽快改变传统的教学方式，努力调整自己的角色，实现以学生为主体；另一方面需注意课堂上每一个环节的实施是不是脚踏实地了？是不是从实际出发了？是不是探求实效了？

2. 课堂气氛要"活"，教学效果要"实"

孙维刚老师在他的书中写道："我们的信心，无论是学生的，还是老师的，都不是呐喊出来的，而是冷静地思考、深刻地思考的结果。是实在的、深沉的，而不是表面的、虚假的热烈。切不可把缜密探讨的一堂课，演成一幕闹剧。"因此，课堂上的"活"，不应是形式上的"活"，而应将"活"落实在促进学生的思维上，让学生的思维"活"。

3. 运用教材要"活"，培养"双基"要"实"

教师一定要熟悉新的课程标准，依据课程标准中的具体要求，把握课堂交流的方向，防止课堂交流偏离课堂目标。在此基础上，通过课堂交流，使课本上的知识"活"起来。适当补充、适当调整，科学艺术处理教材内容，着力处理好"活"与"实"的关系，做到从"活"入手，以"实"落脚，课堂教学才能在充满了生命活力的基础上扎实有效。

二、课堂交流时做到"智"与"趣"的和谐统一

这种"趣"是充满了机智的情趣。"趣"可以让人在笑声中理解与顿悟，在笑声中感受到机智的魅力。这不仅与教师风趣、幽默的个性语言有关，更多地与教师对教学不断地创新，在课堂上充满教学机智有关，是教师用教学机智与创新挥洒出的充满智慧的情趣。

三、课堂交流时，教师应有所保留，给学生预留想象创新的时空

支玉恒老师在教学《穷人》临到要结束该课前，留了七八分钟，鼓励学生提出不懂的地方。学生先后提出了不少有价值的问题，支老师根据不同内容、性质的问题，采用不同的处理方法，让课堂教学在师生互动中达到高潮。

四、课堂交流时如何通过对照比较抓住重点

有心的"小语人"请细看文章后面作者选用的案例，也许更能启发你如何具体操作。语文教学只是示例教学。课堂上不要面面俱到，要让学生学得充分，学得深刻。教师要善于质疑，设置悬念，让学生多角度、多方位地去思考和解决问题，才能培养学生思维的求异性。

读书感悟

　　常常发现，教师和学生在交流的过程中，忘记了时间，忘记了目标，一堂课下来，才发现任务没有完成。所以，我们要牢记四字要诀："活""实""智""趣"。只有这样，课堂交流的有效性才能凸显。当然，一堂课，也不能眉毛胡子一把抓，一定要有针对性的加强训练。

《怎样提高课堂交流的有效性》

悦读《识字教学中如何有效组织小组合作学习》感悟

听众朋友好！又到了和大家分享美好的时候。让我们继续走进《小学语文课堂教学的55个细节》，共同学习怎样做一个更好的"小语人"。今天探讨《识字教学中如何有效组织小组合作学习》。

在识字教学中，"小组合作学习"是让全班学生的识字兴趣、识字能力大大提高的一种有效识字方法。它能让学生在小组中增加锻炼的机会，通过组内同学的合作学习、互帮互助、"资源共享"，使不同层次的学生都能在原有的基础上有所提高，有所进步。每个班的学生都存在个体差异性：有的家长在其很小时就开始教他们认字、识字，有的在幼儿园或电脑、电视中认识了许多字，他们的基础相对好一些，如果在课堂上教师教的恰好是他们认识的字，他们就会注意力转移，错过识字的机会，长此以往必将落下许多生字，失去识字的兴趣；还有另外些基础较差的学生，识字能力不高，识字量不多。要让所有的学生都能对"识字"感兴趣，使识字教学不再枯燥乏味，就应尊重个体差异性，给予每个学生锻炼的机会。"小组合作学习"彻底改变了以往花去整堂课的大半时间来一字一字地教和一字一字地学，学生学得无精打采，教师更是讲得口干舌燥的旧的识字教学模式。它为识字教学带来了活力，还使每一个学生真正成为课堂的主人，都积极主动地参与到识字教学中，体现了小班化教学特点。在"小组合作学习"中，所有的学生都得到了锻炼、展示的机会，识字能力、思维能力、合作能力、集体意识都显著增强，尤其是那些学习有困难的学生更是尝到了成功的滋味，增强了学习兴趣，提高了学习能力。一定要避免出现的情况是：教师让大家分小组识字后，教室里立即一片嗡嗡声；在小组内每个人识字一两分钟后，教师喊"停"；然后请小组代表发言，学生一开口就是"我觉得……""我认为……"。这种合作小组只有形式，没有具体的分工与学习目标。这并不是真正意义上的合作学习，是流于形式的合作，甚至是"伪"合作，是教师用来表演的"道具"。

小组合作学习应建立在以下基础之上：

（1）建立融洽的师生关系，使学生大胆交流；

（2）提供自主、宽敞的学习空间，使学生有机会交流；

（3）发挥表扬和激励功能，使学生乐于交流；

（4）认真研究教材内容，组织有效交流。

事实上，具备了以上几点还不够。组织小组合作还要：

（1）有一个合理的分组，一般采用异质分组，即小组内各成员间形成性别、学习成绩、能力方面的差异。

（2）小组内应该有一定的分工，每一位学生都要被指定一种特定的角色，如领导者、激励者、记录者、检查者等。

（3）小组学习后要给一个关于识字结果的总结。比如，通过小组学习认了几个字，小组中哪个同学认得快，用的什么方法，哪个同学认得慢，为什么？通过总结既能锻炼学生组织语言的能力，又能将学过的字加以运用。

（4）还可以对不同小组的总结进行比较，或者采取小组之间竞争的方式激励小组识字学习。教师对小组的合作情况进行观察并及时进行指导。

读书感悟

　　识字教学是低年级教师比较头疼的问题。因为每堂课识字容量大、枯燥，学生仅限于短时记忆的效果。本节中概括的"小组合作学习"方法，值得实践和推广，但要避免流于形式的合作，甚至是"伪"合作，而应该是建立在有内容、有分工、有交流、有记录、有竞争、有实效的基础之上的合作。

《识字教学中如何
有效组织小组合作学习》

悦读《怎样在阅读教学中进行识字教学》感悟

听众朋友好！又到了和大家分享美好的时候。让我们继续走进《小学语文课堂教学的55个细节》，共同学习怎样做一个更好的"小语人"。今天探讨《怎样在阅读教学中进行识字教学》。

《语文课程标准》强调："语文是实践性很强的课程，应着重学生的语文实践能力，而培养这种能力的主要途径也应是语文实践，不宜刻意追求语文知识的系统和完整。"语文的实践主要来自语言文字的"听、说、读、写"。作为学生学习语文的主阵地——课堂，大多数教师习惯于讲解，把一篇篇文辞优美、内容生动的课文进行肢解，尤其将生字教学和阅读教学人为地割裂，将生字音、形、义的掌握和课文内容的理解当作系统的语文知识进行讲解。学生始终处于听讲、笔记、记忆的被动角色位置。教师讲得辛苦，学生学得乏味，语文课堂没有生命力可言。那么，如何在阅读教学中有效地进行识字教学呢？

一、读中生成，自主学习生字

以教师朗读、学生试读为切入点，让学生在读中生成、发现生字，运用不同的方法识记生字的音、形。过去，教师总习惯把一篇课文的第一课时定为生字教学课，往往人为地将生字教学与课文内容理解分开来，这种现状必须改变。

二、读中感悟，理解课文内容，促进识字、记字

其实，课文的内容本身并不难理解，关键是让学生感受到课文深层内涵，让他们学会思考，学会欣赏，特别是文中的情感能在朗读中表现出来。

三、教会学生在阅读中巩固识字

学生识字，认得快，忘得也快。因此，不断复现是巩固识字的重要方法，而把认识的字放到语言环境中巩固，效果会更好。阅读心理学认为，阅读不是

单纯的被动接受的过程，而是阅读主体积极参与的过程。教学中，教师一方面在课堂上要利用各种教学手段，要求学生采用多种形式反复朗读课文，随课文识字，即在语言环境中识字，做到字不离词，词不离句，便于理解字词的意思，有助于建立字词在音、形、义上的统一联系；另一方面，要鼓励学生在课外阅读中通过查阅字典、请教家长等各种方式主动识字，放手让学生去阅读，发挥学生学习的主动性，把识字的巩固由课堂延伸到课外，既有效地巩固了识字，又使学生及早接受独立阅读的训练，获得良好的语言习惯的培养。这样，通过课内、课外大量阅读，激发了学生的识字兴趣，拓展了识字空间。

四、在阅读课中识字应注意的问题

1. 生字不宜过早从课文中脱离

"字不离词，词不离句"是语文教学界前辈总结出的识字教学规律，至今仍然是指导识字教学的至理名言。建议教师在学生初读课文时，让学生认真通读一遍后，提出要求："把生字宝宝从课文中圈出来，自己读一读，再读给同桌小伙伴听。"这种检查生字的方法，借助了语言环境，对学生来说要容易接受一些。

2. 不宜进行烦琐的字形分析

人教版新教材一、二年级识字量大，强调在教学的不同环节增加生字的复现机会以达到巩固的目的，而非通过烦琐的字形分析来达成教学的目的。

3. 将识字与阅读活动融为一体

识字、写字教学是阅读教学的重要任务之一，但如果整节阅读课都进行识字教学活动，就有偏离教学目标之嫌。因为阅读教学不仅承载识字教学的任务，还担负着积累语言、朗读教学的任务。阅读教学中应将识字、朗读、积累语言有机融合，达到你中有我、我中有你的境界，而不能将三者割裂。

读书感悟

正如新课标所说，语文是实践性很强的课程，应着重学生的语文实践能力。所以，"读中识字"是语文教师一定要遵循的教学规律。"字不离词，词不离句"，这样的字词学习，才是充满生命力和充满情感的。

《怎样在阅读教学中进行识字教学》

悦读《口语交际课中如何让学生学会倾听》感悟

听众朋友好！又到了和大家分享美好的时候。让我们继续走进《小学语文课堂教学的55个细节》，共同学习怎样做一个更好的"小语人"。今天探讨《口语交际课中如何让学生学会倾听》。

在口语交际课中，学生只有会听、听懂、能听出问题，才能更好地互动应对，达到交际目的。同时，倾听也是一个人文明交际的综合素养的体现。一个不能等对方把话说完就急于表达的人，经常打断别人讲话、听不得反面意见的人，是缺乏修养，很难与人成功沟通的。那么，如何使学生"学会倾听"呢？

一、重激励，引发倾听兴趣

对于小学生来说，他们注意力集中的时间比较短，容易分心。因此，要采用多种激励方法，调动学生的积极性。

1. 言语激励绝对是一个好方法

及时表扬正在倾听的学生，如"你听得最认真。""你把别人说的话都听懂了，真了不起！"激励学生参与到倾听中来。也可抓其善听的"闪光点"进行表扬："你把他的优点学来了，说明你很会听啊！""这么一点小小的区别都被你找出来了，你的听力可真了不起！""你听出了他的不足，可真帮了他的大忙！"让学生能够品尝到成功的喜悦，获得成功的满足感。

2. 荣誉激励也是一个相当有效的方法

做惯了学生，如有机会转换一下角色，他们都特别喜欢。比如，"小小评论家""小医生""小博士"，等等。比如，在学习"爱吃的水果"时，教师可这样引导："谁愿意把你最爱吃的水果的形、色、味介绍给同学们？其他同学当评论家，听后评评谁说得好，会评的小朋友我们称他为美食评论家。"有时也可以增加一定难度，让他们把稍长的话再完整复述一遍，当"小播音员""金话筒"，等等。这些荣誉称号对他们来说都是非常有吸引力的。

二、善引导，提高倾听能力

学生有了听的兴趣，但不一定会听。因此，要把教会学生"怎样听"作为教学的主攻方向，在不断引导中提高其"听"的能力。

1. 课堂引导循序渐进

课堂上教师提问或同学讲话后，可以问问他们，"老师提的是什么问题""你的同桌说了什么"，或要求"把刚才两个同学说的答案再连起来说说"，等等。让学生就听的内容进行简单的重复，以此引导学生努力听懂别人讲话的内容并有意记忆，为进一步进行口语交际打下基础。在听懂的基础上，再引导学生听出一些要点，并加进自己的思考，尝试对对方的话作出自己的判断。如问学生"哪儿说得好""什么地方值得表扬"等，提高他们听的能力。教学中，还可从反面引导学生思考别人说的话还有哪些不妥。如果让我来说，我会怎么安排。让听者能避免犯同样的错误，培养规范的听说习惯；使说者能及时发现问题，并加以改正，培养勇于接受他人劝告的品质。教学中，还要让他们听差别不大的话语，如打招呼时"您好""你好"；诉说心情时"我想去看看"和"我多想去看看"，或内容相似的两段话等，比较异同。这样能提高学生听觉的灵敏度，培养对语言的敏感度，养成规范的听说习惯。

2. 课外引导走向多元

课堂训练是主渠道，但还需要大量的课外实践。日常生活是训练、培养学生"听"的能力的最大课堂。因此，我们要做一个有心人，引导学生走向多元化的生活，利用各种途径培养学生"听"的能力。比如说，听生活乐事，听学习内容，听自然声响，等等。

三、贵坚持，养成倾听习惯

一个良好的倾听习惯的养成，不是一朝一夕的事。所以，教师要从小抓起，从学生跨进校门的第一天就开始。更要从小处做起，抓住平时的一点一滴，注意环视周围，了解学生听的情况，做到及时表扬、及时提醒，持之以恒，才能引起学生对"听"的重视，促使学生养成倾听的习惯。

总之，教师要善于发掘一切可利用的教学资源，结合"说""读""写"

"思"种种活动，引导学生时时处处提高自己的倾听能力。

读书感悟

不管是成人，还是学生，都要学会倾听，并养成倾听的好习惯。只有认真倾听了，才能听懂和听出问题，才能应对自如和表达正确。从个人修养来看，即使自己想急于表达一个观点，也要等到对方把话说完，再有条不紊地表达。其实，很多时候，倾听的过程就是自己思考的过程。轮到我们发言的时候，因为有了刚才的思考，所以就有了胸有成竹的底气。

《口语交际课中如何
让学生学会倾听》

悦读《低年级语文阅读教学怎样设计》感悟

听众朋友好！又到了和大家分享美好的时候。让我们继续走进《小学语文课堂教学的55个细节》，共同学习怎样做一个更好的"小语人"。今天探讨《低年级语文阅读教学怎样设计》。

儿童步入小学就意味着阅读成为学生认识世界、发展思维、获得审美体验的重要途径。实现这一跨越必将对他们日后的阅读，包括阅读兴趣、阅读能力、阅读习惯等产生深刻的影响。根据《语文课程标准》提出的阶段目标，一年级的阅读教学应着重落实以下几个方面的目标：第一，喜欢阅读，感受阅读的乐趣。第二，学习用普通话正确、流利地朗读课文，切实过好认读关，体会文中的感情和语气。第三，借助读物中的图画阅读，了解课文中的意思，并达到乐于与人交流自己的感受和想法的目的。第四，感受语言的优美，积累自己喜欢的词句。

要顺利达成这些目标，教师应该采取以下策略。

一、加强认读，逐步提高

入学前，学生认识的字都很少。入学一段时间后，他们就逐渐能借助汉语拼音认读生字，从而为阅读奠定了一点基础。由于低年级学生缺乏注意分配能力，即使课文中没有生字，好多学生也会一字一顿地读，或者回读，难以形成连贯的语流。因此，教师应把"正确、流利地朗读课文"作为教学重点。课堂上要舍得花时间，让学生一遍又一遍地读，可采用自由读、同桌互读、指名读等多种形式。对于较难读的句子，教师可做朗读示范甚至领读。让学生在朗读实践中领悟，习得经验，切实过好认读关，从一字一字地读到以词或词组为单位进行阅读，扩大认读单元。

二、感受乐趣，启发对话

学生在读书的过程中加工处理课文的符号信息，与课文和作者对话交流，受到课文丰富内涵的影响。于是，学生体会到阅读可以跨越时空，将世界各地的风光尽收眼底，将古今中外的风土人情一一道来，其乐无穷。渐渐地，这种阅读的乐趣转化成需要，而需要又是人进行实践活动的原动力，是学生阅读积极性的源泉。因此，《语文课程标准》把"喜欢阅读，感受阅读的乐趣"作为低年级阅读教学目标的第一条。可见，低年级阅读教学必须从激发阅读兴趣开始。然而，文字毕竟比较抽象，初学的学生容易产生畏难情绪。在这种情况下，教师可借助课文插图、实物、音像手段等，让学生带着问题、带着猜想、带着向往进入阅读，启发学生与文本的对话。

三、自主阅读，感悟语言

学生主体性发展的过程是在教育影响下与客体环境积极的相互作用中主动建构的，而学生主体地位的确立又使体验、感悟这种心智活动成为可能。因为阅读是一种个体行为，学生是阅读主体，是阅读行为的发动者和操作者，而且自始至终决定着阅读的目的、任务、方式和效果。所以，学生在兴趣的激发下理应始终处在积极主动的位置。

读书感悟

很多时候我们发现，有相当比例的学生，到了小学快要毕业的时候，还不能完整地读通、读顺一篇课文，还不能有条理地写清楚一篇文章。问题出在哪？出在教师身上。老师过多地关注课文内容的理解、课文知识点的落实、练习题是否过关，而忽略了阅读兴趣的激发、语感的培养、语言的积累。只有让学生有充足的时间进行自主阅读，语言的独特魅力才可能在其身上绽放。

《低年级语文阅读
教学怎样设计》

悦读《低年级写话教学怎么教才有实效》感悟

听众朋友好！又到了和大家分享美好的时候。让我们继续走进《小学语文课堂教学的55个细节》，共同学习怎样做一个更好的"小语人"。今天探讨《低年级写话教学怎么教才有实效》。

《语文课程标准》对低年级写话的要求是："不必过于强调口头表达与书面表达的差异，应鼓励学生把心中所想、口中要说的话用文字写下来，消除写作的神秘感，让学生处于一种放松的心态。"这就是人们常说的"我手写我心"。同时强调写作与生活的联系，重观察、重思考、重真情实感，要求说真话、说实话、说心里话，不说假话、空话。鼓励想象和幻想，鼓励有创意的表达。淡化文体，重在激发学生练笔兴趣。低年级的学生还没有一定的生活经验和留心观察事物的习惯，所以写话练习还离不开教师的指导和帮助，教师应有目的地创设情境，激发学生兴趣，带领学生走进生活，体验生活的乐趣，开展丰富多彩的活动，是指导学生写话的突破口。

一、创设情境，走进生活

兴趣与情感是学生写话的前提。学生喜欢的是具有一定场景的活动，并且与他们的生活密切相关。比如，一位教师教学"把自己在春天里的发现写下来"时，为了激发学生的体验与感受，让他们有内容表达、乐于表达、敢于表达，确定了引导学生先走进生活，走进大自然，在具体的活动场景中让学生体验的思路。

二、师生合作，交际互动

有了生活的体验，有了感性的积累，接下来要让学生把自己的所看、所想表达出来。学生说的时候，教师不要当听众，要有必要的引导和评论。

一是如何让学生发挥想象。学生敢说不等于会说。所以，教师倾听学生的发言，同时要抓住典型的语句加以引导。

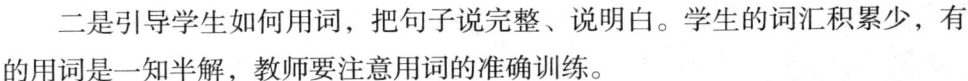

二是引导学生如何用词，把句子说完整、说明白。学生的词汇积累少，有的用词是一知半解，教师要注意用词的准确训练。

三是鼓励学生参与评价。学生的相互评价是相互的促进。教师可这样引导："你认为他说得怎么样？""他的哪个词用得好？""你是怎么想象的？"教师要延缓评价，先听学生的看法，再做评价。

三、多说少写，不拘一格

低年级的写话训练应走"由说到写""说写结合"的路子。写话训练重点不在"写"而在"说"，说得有条理，富于想象，表达了真情童趣，基本上就成功了一半。但要让学生把所说的话都写下来，对于低年级的学生来说是很难的。如何引导学生把说话的内容写下来，还要有一个过渡过程，那就是让学生讨论一下怎么写。

四、写后互评，评后再改

低年级学生的思维往往不注意细节，别看他说得很好，一用笔写，就急于求成，另外还有文字的障碍。所以，写作思路是跳跃式的，这里没说明白，就想到那里了，学生的写话多数不成章体。写好作文是一个反复的过程。所以，写后评改很重要。教师要先教给学生怎么修改。怎么改要发挥群体的智慧：首先是拿出典型的作文，引导学生逐段、逐句地评价，在讨论中让学生感悟怎么写是最好的，最让大家满意的；集体评改例文后，让学生相互修改，可自主地结对子，鼓励学生写评语，也可用表情符号来表达满意的程度；最后，让学生根据别人的意见，结合自己的感悟，再自我修改，重新抄写。

读书感悟

低年级的学生识字量不大，会写的字不多，这给低年级学生正常写话增添了许多莫名的烦恼。所以，我们要顺应儿童成长的规律，借助家长或者长辈的力量，让学生进行"口头日记"的撰写，即孩子说写话内容，家长或者长辈把孩子说的话录下来，最后家长可以把孩子的话进行一下微调，作为孩子的"第一本日记"保存。一有时间读作文书时，不如让学生读自己的"口头日记"。长期坚持，学生习作时，还愁写不出来东西吗？

《低年级写话教学
怎么教才有实效》

案例：

师（抓住时机引导学生）：你们找到春天了吗？

生：找到了，老师你看，那里的小草都发芽了，绿绿的多好看呀！

师（兴奋地走过去蹲下来，扒开枯萎的杂草，一片葱绿色露出来）：春天真的来啦！这嫩嫩的小草，穿着绿油油的衣服，还打着一把小伞呢！多可爱呀！你们想对它说点什么吗？

生：小草啊！感谢你，是你告诉我春天来临了。

生：小草啊！你快快长大，长大了，就把大地打扮得更美了。

师：你们还发现了什么？

生：我发现了柳树长出了绿叶，一片一片的。

师：一片片的像什么呢？

生：像一只只小蝴蝶停在上面。

师：嗯，你真会想象！

生：我发现小河里的冰雪融化了，清清的河水永不停息地向前流淌着。

师（启发）：你听到它的声音了吗？

生：我听到了小河在唱歌，春天在哪里呀？春天在哪里呀？（生幽默的样子逗得大家哈哈大笑。师生在这笑声中体验到春天的美好，体验到生活的欢乐）

师（再次提出话题）：同学们，今天我们来找春天，你们找到了吗？

生：找到了。

师：和春天握手了吗？

生：握手了。

师：你和春天说悄悄话了吗？

生：说悄悄话啦！

师：你想把春天带回家吗？

生：想！

师：你怎么带呀？

生：我们把春天放在心里啦！

案例评析：案例中的一问一答、一唱一和，不仅创设了气氛，还引导了学生想象。由此看来，作文就是生活，生活就是作文。如此的情境，如此的生活，学生还不愿写作文吗？

《诗意语文——王崧舟语文教育七讲》

王崧舟/著

悦读《诗意语文，追寻审美化实践智慧》感悟

听众朋友好！又到了和大家分享美好的时候。从今天开始，让我们跟随着王崧舟老师，走进他的"诗意语文"吧！今天学习《诗意语文——王崧舟语文教育七讲》中的第一讲《诗意语文，追寻审美化实践智慧》。

假如三年以前，有人问我，什么是诗意语文？我会这样回答：诗意语文是一种精神的语文，一种感性的语文，一种儿童的语文，一种灵魂的语文，一种生活的语文。

假如两年以前，有人问我，什么是诗意语文？我会这样回答：诗意语文不是一种另类的语文，而是力图使语文更形象一些，更抒情一些，更模糊一些，更精致一些，更灵动一些，当然还可以加更多的一些……

假如一年以前，有人问我，诗意语文是什么？我会这样回答：诗意语文是一种境界，它是自由对话的、唤醒意会的、精神契合的、追寻幸福的、实现自我的，是语文的最高境界，它就是让语文成为生命的诗意所在。

假如现在有人再问我，诗意语文是什么？我跟他说两句话：第一句话，我前面说的可能都是废话；第二句话，诗意语文就是诗意语文。我曾经说过：什么时候将诗意语文解释透彻了，什么时候也就宣告了诗意语文的死亡。

我们把更多思考"诗意语文是什么"变为"诗意语文如何是"，回到现象本身，回到实实在在的语文生活中来。

诗意语文用到的基本策略或者说最精彩的课堂现象就是"举象"。所谓"举象"，就是将语言文字还原成一定的形象、印象、意象。

语文教学说白了就是两件事情。第一件事情：由言到意。它是理解的过程，倾听的过程，走向视界融合的过程。第二件事情：由意到言。它是倾诉的过程，表达的过程，表现的过程，是思想情怀、内在体验种种转化为表现与存在的过程。

语文不是学出来的，语文在很大程度上是熏陶出来的。唯有熏陶，才能进入学生的记忆深处，进入学生的灵魂深处，成为其生命中的一个要素。

诗意语文在举象的基础上应建立语文课堂的情境、意境、心境，即"造境"。要让学生有自己的感受，有自己的体会，有自己的嚼头，这就是造境。

"一切景语皆情语"，一切境语也皆为情语。所以，造境要入情——这个"情"可能是情绪，那是一种情感状态，来就来了，像台风，像大潮；也可能是种情感，它是淡淡的，但是一直维持着，比如说一种忧愁的伤感；也可能是情操、情怀。

语文教育的灵魂在于"情"字。有人说，数学轻轻松松一条线，语文模模糊糊一大片；又有人说，数学是思维的体操，而语文是情感的舞蹈。所以，语文课，怎一个"情"字了得？

如果说入情是一种热处理，那么会意就是一种冷处理。会意，就是在特定的情境中感悟并体会文字所包含的意义、意蕴和意趣。对文字，我们要嚼它、品它，就像用文火熬汤，慢慢熬、慢慢熬，这个味儿才出得来。文章中重要的词、句、段落，只有这样去咀嚼、体验、会意。会意之后，你才会真正读出文字的魅力和神韵。

在特定的情境中，探求语言文字的声气、节奏和神韵，叫"求气"。"气"在哪里呢？气在丹田。有些学生不懂，在朗读的时候扯拉嗓子，用力地喊。其实，真正会朗读的，用的不是蛮力，而是绵力。文字和文字之间，句子与句子之间，有种关系存在，叫作字里行间。这种关系能够形成语言的节奏，语言的张力，这就是能量，这就是气。

在特定的情境中，开掘语言文字背后的价值取向、精神母题和文化传承，是"寻根"。如果语文教师有文化意识，就会把语文上得更深刻，更厚重，上得更富有感染力。

诗意语文是什么？我说诗意语文可以概括为这样几句话：

它追求思想的力量；

它充满感情；

它以具象为旨趣；

它总是在情境中；

它复活言语的内在之气；

它是文化的。

读书感悟

　　什么是"诗意语文"？王老师给了我们最全面的回答。在王老师的观点中，我们要了解这几个新名词：一是"举象"：就是将语言文字还原成一定的形象、印象、意象；二是"造镜"：诗意语文在举象的基础上应建立语文课堂的情境、意境、心境，即造境，要让学生有自己的感受，有自己的体会，有自己的嚼头，这就是造境；三是"求气"：在特定的情境中，探求语言文字的声气、节奏和神韵，叫求气；四是"寻根"：在特定的情境中，开掘语言文字背后的价值取向、精神母题和文化传承，是寻根。

《诗意语文，追寻审美化实践智慧》

悦读《剑气合一，在语文家园安身立命》感悟

听众朋友好！又到了和大家分享美好的时候。让我们继续跟随着王崧舟老师，走进他的"诗意语文"吧！今天学习《诗意语文——王崧舟语文教育七讲》中的第二讲《剑气合一，在语文家园安身立命》。

王崧舟老师在这一讲中向我们介绍了几招他的修炼方式，被他戏称为"葵花宝典"。

第一招，实录还原法。

实录，即课堂教学实录。收集课堂教学实录，特别是名师的实录，有代表性的实录，把实录还原成教学设计，然后把教学设计还原成教学理念。很累，但是非常管用。这是一种逆向修炼的过程。然后再往回走，把理念再还原成设计，把设计再还原成实录。就这样折腾来折腾去，"知我者谓我心忧，不知我者谓我何所求"啊！这样一个来回还原的过程，对于修炼自己，在课堂教学中有思想、有技术，帮助真的很大。

第二招，情境填空法。

什么叫情境填空法？王老师举了于永正先生的《新型玻璃》，这个例子非常清晰地告诉了我们操作的方法。（老师们自行阅读教例，慢慢领悟）

师：课文向我们介绍了哪几种新型玻璃？谁来说一说。

生：课文一共介绍了五种新型玻璃：第一种是"夹丝网防盗玻璃"；第二种是"夹丝玻璃"；第三种是"变色玻璃"；第四种是"吸热玻璃"；第五种是"吃音玻璃"。

师：说得多清楚，多有条理！不过，能说得再简洁一些吗？请你考虑一下。（这个学生面有难色，想坐下去。）

好，到了这个地方，你就得打住了，你不能再往下看了，你要做情境填空了。假如你是于永正先生，你会怎么做？如果你遇到了这样的情境，你怎么办？带着这样的想法看实录和光盘，缺什么你补什么。这招很管用。我们来看

于永正先生怎么做。

师：你先别坐下去，请你沉着冷静地想一想，我看你有这个能力。再好好想想，不要着急。

"我看你有这个能力"这句话很重要。什么是罗森塔尔效应？这个就是。但叫我上呢，叫我来个应急处理呢，我肯定到不了这个层次。这么一比，就比出差距来了，什么叫大师，什么是庸师。

生：（想了一会儿）课文一共介绍了五种新型玻璃，它们分别是："夹丝网防盗玻璃""夹丝玻璃""变色玻璃""吸热玻璃""吃音玻璃"。

好，赶紧打住，你别看了，情境填空，你什么反应？在这里定格，想想：如果是我，该有什么反应？看实录最怕无所用心、一泻千里啊！看于永正先生——

师：（竖起大拇指）说得妙，妙就妙在"分别是"三个字上。有了它，你可以少说整整十五个字，下面只说名称就行了。你真了不起啊！如果刚才你坐下了，不就失去了一次显示自己的机会吗？孩子，这样的机会可不多啊！

这就是大师级的人物啊！他怎么跟孩子进行对话的？这个就是情境填空法。机智、通变与智慧就是这样炼出来的。这一招，可以帮助你积累大量经典而生动的"课像"。课像是什么？我觉得课像是教学具象和教学抽象的统一体，是教学经验和教学思想的统一体，是教学细节和教学范式的统一体。你缺什么就填什么，练个三年五载，胸中装了成百上千个经典课像，你想不成功都困难。

第三招，微格解剖法。

教师可以研究候课，研究导入，研究提问，研究范读，研究导读，研究讨论对话倾听训练结课拓展，研究很多微格。教师要深入，就要研究微格。比如，诗意语文，有人说诗意语文太玄，我怎么看呢？第一，我觉得"玄"没有什么不好。老子说："玄之又玄众妙之门"。有些教师的课不能抓住学生的心，不能吊起学生的"胃口"，我看就跟他们不会冥思、不会玄想有关系。第二，诗意语文其实并不玄。诗意语文有很多实打实的招，只是教师看不出来罢了。比如，诗意语文的课的复沓，就是很管用的一招。复沓招数一用，场就出来了。课的层递技术，比如，课的渲染技术，课的通感技术，等等。举个简单的例子，光是针对学生的朗读，教师就可以选择许多个角度。比如，朗读状态、朗读方法、朗读质量、朗读内容、思维方式、情感体验、现场氛围、思想认知、文化背景、学习要求、动态变化，等等。

第四招，课感积淀法。

学音乐要有乐感，学美术要有美感，打球要有球感，学语文要有语感，上课要有"课感"。什么是课感呢？就是教师对教学现场的一种直觉，一种当下的把握，一种敏锐而别出心裁的驾驭。在教学过程中，对于那些突如其来的偶发事件，教师能不假思索地、迅速地、果断地作出反应，而且这样反应是高效的，是巧妙的。

举个例子，上《二泉映月》时，听完音乐，让孩子们谈谈感受，一个孩子说，太悲伤了；一个孩子说，太可怜了。可有一个孩子说，太美妙了。课感不好的老师会说："不会吧？我怎么就没有感觉到美妙呢？"弄得那个孩子下不了台。我说："你能从悲伤和可怜中听出美妙来，这是一种很高的境界啊。"这是什么？是课感。第一，化解了这种氛围上的不协调。第二，小心翼翼地保护了孩子的尊严。第三，把这样的感觉整合到了其他孩子的感觉中，丰富了乐曲的内涵。这就是课感，课的协调感。课感还有很多。比如，课的节奏感，课的情味感，课的层次感，课的风趣感，课的风格感，都需要去炼啊！

关注学生，触发课感；品味得失，领悟课感；反复实践，习得课感；积累经验，培养课感；精益求精，升华课感。

读书感悟

"葵花宝典"，按照王老师说的坚持去做，那么它就是"宝"；如果不当一回事，那么它就是"草"。实录还原法、情境填空法、微格解剖法、课感积淀法，招招有王老师的理念和技巧。让我们跟随着王崧舟老师的四招不断修炼自己吧！

《剑气合一，在语文家园安身立命》

悦读《"读"行天下，有境界则自成高格》感悟

听众朋友好！又到了和大家分享美好的时候。让我们继续跟随着王崧舟老师，走进他的"诗意语文"吧！今天学习《诗意语文——王崧舟语文教育七讲》中的第三讲《"读"行天下，有境界则自成高格》。

王老师说："一位语文教师，要不断成长、不断发展、不断超越，他的底蕴、他的境界、他的淡定和信念是最为根本的东西。"孔子说："君子务本，本立则道生"。这里的"本"是"孝和悌"，是做人之本、仁之本。而王老师说的"本"，就是能让教师在自己的专业里面真正立起来的东西，这就是自身的底蕴、对专业的淡定和信念、远大的职业境界。

什么是底蕴？打个比方，有点像水库蓄水。千岛湖，是杭州一个著名的风景点，蓄水量是180亿立方米，比西湖大3000多倍。三峡呢？390亿立方米的蓄水量，比两个千岛湖还要大。这就是底蕴，蓄水量越大，底蕴越深、越厚。

季羡林先生说："做学问，要达到三个贯通：中西贯通、古今贯通、文理贯通。"做到了这三个贯通，文化底蕴的基座就像金字塔的底座那样，会非常的宽厚，非常的坚实。文化底蕴怎么修？就是读书。底蕴是靠书堆起来的。书读得多，不一定底蕴就深厚，但是，不读书、少读书，是一定没有底蕴的。

读书，有三句话。第一，为己读书。真正的读书不是为别人，完全为自己，就像吃饭。第二，天天读书。人有三个生命，生理生命、社会生命、精神生命。精神生命就是通过读书来解决。黄庭坚说过，士大夫一日不读书，则尘俗生其间。一位教师，尤其是一位语文教师，在他的举手投足之间，在他的音容笑貌之间，能不能少一点市侩气，能不能多一点书卷气，取决于他能否做到天天读书。第三，随性读书。

钱钟书先生的夫人杨绛先生在回忆钱钟书读书生涯的时候，有过这样一句话，她说"钟书自从摆脱了读学位的羁束，就肆意读书"甚至"随遇而读"。那是一种多么迷人的读书境界啊！

对人的精神生活影响最为深远的莫过于读书：一个人的心灵结构在很大程度上取决于他所读的书的结构；一个人的思想境界从根本上说就是他的读书境界。这样读书，改变的不仅仅是我们的生存方式和生活方式，同时也深刻地改变了我们的思维方式、情感方式，甚至精神存在方式。

读书，是一种精神修行的方式。但，难在修行。我们一定要将思想、理念、人生的积淀和底蕴落实在行动中。我们的"行"必须"沉"到课堂里面去，"沉"到班级里面去，"沉"到学生中间去。底蕴的关键在行动，读书是行，上课是行，而行动的品质则取决于细节。细节决定成败。一个细节影响一个事件的完成质量和品位。很多时候，我们不是缺乏行动的能力，而是缺乏让行动精致化的能力。

在王老师认为的人生四境界中，你达到了哪种境界呢？一是功利境界。即我通过教书、通过上课来赚钱。二是道德境界。即我为了教育事业、为了孩子，兢兢业业、无私奉献，恪尽职守、教书育人。三是科学境界。即我不是为他人活着，而是为学问活着。在职业中重新发现了自己、发现了做学问的趣味。四是生命境界。即我不是在上课，而是在享受上课。在上课中，我迎来了一次生命与生命的交流，生命与生命的沟通，生命与生命的美丽邂逅！

让我们跟随着王崧舟老师的脚步，从道德境界开始，追求科学境界，直至达到生命境界吧！

读书感悟

以前，总以太忙没有时间阅读为理由，一月月，一年年，仅以很少的阅读量打发着自己。自从开通每周日推送"教师读书"这个栏目后，就养成了坚持读书的好习惯。于是，就特别认同王老师的观点："一位语文教师，要不断成长、不断发展、不断超越，他的底蕴、他的境界、他的淡定和信念是最为根本的东西。""一位教师，尤其是一位语文教师，在他的举手投足之间，在他的音容笑貌之间，能不能少一点市侩气，能不能多一点书卷气，取决于他能否做到天天读书。"

《"读"行天下，有境界则自成高格》

悦读《精神三变，我的备课叙事研究》感悟

听众朋友好！又到了和大家分享美好的时候。让我们继续跟随着王崧舟老师，走进他的"诗意语文"吧！今天学习《诗意语文——王崧舟语文教育七讲》中的第四讲《精神三变，我的备课叙事研究》。

王老师在这一讲中，专门以他备《长相思》这一课为例，告诉我们他备课中经历的"精神三变"。他说，上《长相思》时，遭遇了一次非常奇妙的体验，没备课，居然将课上完了，而且还上得棒极了！读完王老师的"备课叙事研究"才知道，王老师虽然说没写教案，但却为了上好这一课，花了大量的时间和精力，走进《长相思》，走近纳兰性德。

他说，德国的哲学家尼采提出，人的精神会有三个变化过程：先变骆驼，再变狮子，最后变成婴儿。所谓变成骆驼，就是意味着接受训练，听从指导，传承前人的经验和文化，即不断地吸收营养，留在驼峰里。等有足够的能量了，越来越厉害了，就变成狮子了，即自己做决定，自己听自己的，并且说一不二。然后，再由狮子变成婴儿。婴儿象征着"完美的开始"，婴儿态让人的精神重新回到了具有无限可能性的原点。这就是尼采的"精神三变"。

在王老师变"骆驼"的过程中，他通过网络，通过藏书，搜寻别人评鉴《长相思》的各种文字达一万多字。这些文字在王老师的眼前如精灵般摇曳，一波又一波地激荡起对《长相思》的新的爱恋，慷慨地为王老师提供了教学设计的种种灵感。半个月后，王老师完成了1493字的《长相思》文本细读。当文本细读融入了王老师对纳兰性德的精神世界、诗词境界以及对自我的生命感觉、价值偏好的种种追寻、反思和拷问的时候，王老师说："我忽然有了一种底气十足、神采飞扬的感觉。这种感觉棒极了！"

当王老师进入第二变"狮子般的唯我独尊"时，他深深体味到了那种什么都想摘、什么都难以割舍的尴尬。比如，诗词的意蕴如何开掘？词的字面意思如何明朗化、清晰化？诗人的情感张力和词的言语审美张力如何体会？如何解

决诗的"可解"和"不可解"的矛盾？王老师就在这样不断思考过程中，《长相思》的教学轮廓越来越清晰、越来越明朗、越来越丰满。

正式执教《长相思》时，王老师已经复归于婴儿状态，即更高层次、更高境界的一种"好"。尽管是在他自认为还未形成完整、连贯、一气呵成的思路中上的这节课，但效果竟然出奇的好！因为思路自然地、悄然地流淌出来了！

这次异乎寻常的备课经历，王老师惊喜地发现，自己的课堂教学正在由必然王国走向自由王国，过去许多刻意的、需要强有力的意志设计、驾驭的教学行为、教学策略、教学模式、教学构架已经内化为自己深层的、潜意识的、融入整体生命中的自然行为了。由教学习性走向教学率性，王老师说他进入了一种新的教学境界。而这，正是尼采所讲的精神的婴儿态，一个象征着"完美开始"的精神状态。

为了让听众朋友更好地学习王崧舟老师，后面附了《长相思》的课堂实录。感谢你的聆听！

《精神三变，我的备课叙事研究》

《长相思》课堂教学实录

杭州市拱宸桥小学　王崧舟

一、借助注释，读懂词意

师：同学们，在王安石的眼中，乡愁是那一片吹绿了家乡的徐徐春风。而到了张籍的笔下，乡愁又成了那一封写了又折、折了又写的家书。那么，在纳兰性德的眼中，乡愁又是什么呢？请大家打开书本，自由朗读《长相思》这首词，注意，仔仔细细读上4遍。

评：很大胆，让学生初读就读四遍，时间应该很充裕啊，日常教学应该切实可行。

读前两遍的时候，注意词当中的生字和多音字，要把词念得字正腔圆；读后两遍的时候，要注意把它念通顺，注意词句内部的停顿。明白吗？

评：每次朗读都有具体的要求，很好。

生（齐答）：明白。

师：自由朗读《长相思》，开始。

（生自由读课文《长相思》）

师（课件出示《长相思》这首词）：好，谁来读一读《长相思》？其他同学注意听，这首诗当中的一个生字，一个多音字，听他有没有读准了。

生（朗读）：长相思，清，纳兰性德。山一程，水一程，身向榆关那畔行，夜深千帐灯。风一更，雪一更，聒碎乡心梦不成，故园无此声。

师：读得字正腔圆，真好！风一更这个"更"是多音字，聒碎乡心的"聒"是个生字，她都念准了。来，我们读一读，风一更，雪一更，聒碎乡心梦不成。预备起。

生（齐读）：风一更，雪一更，聒碎乡心梦不成，故园无此声。

师：再来一遍，预备起。

生（齐读）：风一更，雪一更，聒碎乡心梦不成。

师：很好！谁再来读一读《长相思》？请你，其他同学注意听，特别注意，他在读词句的中间时是怎么停顿的，是不是读得有板有眼。

生（朗读）：长相思，清，纳兰性德。山一程，水一程，身向榆关那畔行，夜深千帐灯。风一更，雪一更，聒碎乡心梦不成，故园无此声。

师：真好，你们有没有注意到，这位同学，在读"身向榆关那畔行"的时候，哪个地方停顿了一下？

生：他在"身向榆关"的后面停顿了。

师：你有没有注意到，他在读"夜深千帐灯"的时候，哪个地方又停顿了一下？

生：他在"夜深"后面停顿了一下。

师：你们听出来了吗？

生（齐答）：听出来了。

评：现场利用学生出色的朗读指导诗歌的停顿，引出有板有眼的专业术语

111

师：对，这样读就叫有板有眼。我们读这两句词："身向榆关那畔行，夜深千帐灯。"预备起。

生（齐读）：身向榆关那畔行，夜深千帐灯。

师：再来一遍，"身向榆关那畔行，夜深千帐灯。"读。

生（齐读）：身向榆关那畔行，夜深千帐灯。

师：真好。同学们，读古代的诗词，不但要把它读正确，读得有节奏，还要尽可能读出它的味道来。（评：读出味道，已经上升到文学鉴赏中共鸣的高度上来了。）比如，《长相思》这个题目，我们可以有许多种读法，有的读《长相思》（快速而平淡地）有长的味道吗？有相思的感觉吗？

生（齐答）：没有。

师：比如，你这样读：《长相思》（缓慢而深情地），有感觉吗？有味道吗？

生（齐答）：有。

师：读词就要读出这样的味道来。你们试着读一读，争取读出你的味道和感觉来。

（生自由读《长相思》）

师：谁来读一读《长相思》？读出你的味道、你的感觉来。注意听，注意听，你听出了什么味道？什么感觉？

生1（朗读）：长相思，清，纳兰性德。山一程，水一程，身向榆关那畔行，夜深千帐灯。风一更，雪一更，聒碎乡心梦不成，故园无此声。

师：好一个"故园无此声"，有味道。谁还想读？

生2（朗读）：长相思，清，纳兰性德。山一程，水一程，身向榆关那畔行，夜深千帐灯。风一更，雪一更，聒碎乡心梦不成，故园无此声。

师：好一个"聒碎乡心梦不成"。来，我们一起读，读出你自己的味道和感觉来。

生（齐读）：长相思，清，纳兰性德。山一程，水一程，身向榆关那畔行，夜深千帐灯。风一更，雪一更，聒碎乡心梦不成，故园无此声。

评：很欣赏这段，这是语文老师特别希望达到的境界，反复吟咏课文又不落痕迹，也就是带着孩子们进入了文本，真正去体味我们的语言就是这么的一往情深，含蓄蕴藉，经得起再三的咀嚼，还很美。

师：真好！同学们，词读到这儿为止，你的脑海里面留下了什么印象和感觉，谁来说一说？

评：孩子们开始跟着老师再创造了。

生1：我感到纳兰性德非常思念家乡。

师：这是你的感觉。谁还有别的印象和感觉？

生2：我感觉到纳兰性德思念家乡，梦都睡不好了。

师：不是梦都睡不好，是觉都睡不好，根本就没有梦。同学们，梦都做不成，觉都睡不好，带着这种感觉，我们再来读一读《长相思》，把这种感觉读进去，读到词的字里行间去。

评：这几句一点儿也不花哨，但是很有质感，其实这就是洪七公赞美黄蓉烹饪手段了得的那种境界，没有虚头，没有猎奇，就是清清浅浅在文字上做工夫，我们学校的语文老师就是太想讲好课了，总是把一些看着很吸引人的噱头引入课堂，很热闹，但是不实在，能将肥鸡、大鸭子、鲜鱼做好吃不奇怪，但是能把豆腐白菜这种家常菜肴做出那个美味才更考验厨师的功夫。

生：（齐读）长相思，清，纳兰性德。山一程，水一程，身向榆关那畔行，夜深千帐灯。风一更，雪一更，聒碎乡心梦不成，故园无此声。

师：长相思，长相思，作者为什么会如此长相思呢？请大家默读这首词。读的时候，请大家仔细地看看书上的插图，仔细地看看书上的注解，然后试着去想想这首词大概在讲什么意思。明白吗？

评：嗯，利用好课程资源，尽量发挥教科书的功能，赞！

生（齐答）：明白。

师：好，默读《长相思》。

（生默读《长相思》，按要求思考词的大意）

师：现在王老师提两个问题，看看你对这首词大概的意思，掌握了没有。（板书"身"）第一个问题，听清楚了，作者的身，身体的身，身躯的身，作者的身在哪里？身在何方？

评：好问题，主问题不在多，绝对在于精，要能提携全篇。

生1：作者的身在前往山海关外。

师：请站着，山海关外。继续说，谁还有不同的看法？

生2：作者的身在前往山海关的路上

师：路上，请站着。继续说。

生3：作者的身在山海关。

师：你也站着。谁还有不同的理解？身在何方？

生4：他的身在山海关那边。

师：那边，山海关的那边。好，那么"山一程"呢？身在哪儿？还可能在哪儿？

生5：身可能在山上。

师：可能在怎么样的山上？

生5：非常高的山上。

师：在崇山峻岭上。那么，"水一程"呢？他的身还可能在哪儿？

生6：他的身可能在船上。

师：可能在船上，是的。那么"夜深千帐灯"呢？他的身可能在哪儿？

生7：他的身可能在营帐里面。

师：营帐里面，请站着。孩子们，这里站着七位同学。作者的身在哪儿？七位同学就是作者的身经过的点。他经过了崇山峻岭，经过了小河大川，他经过了山海关外，经过了军营的帐篷，还经过了许许多多的地方，这就是作者身在何方。

评：高手啊！绝顶高手！硬是化学生散漫的回答为神奇了。短短的诗篇摄入了太多的意象和神韵。

一句话，作者身在征途上。（板书：在"身"后面写"在征途"）

师：请坐。已经读懂了一半，下面我提第二个问题。（板书"心"）纳兰性德的心，心情的心，心愿的心，心在那儿？

生1：他的心在故乡。

生2：他的心在家乡。

师：用课文里的一个词，一起说，纳兰性德的心在哪儿？

生（齐答）：纳兰性德的心在故园。

评：挺有意思。老师其实是不满意家乡这个词儿的，因为它明显不如乡关、家园这些词有韵味。这是课堂中一个很常见的现象，学生就是说不出老师想让他们说出的那个词儿，王老师的提醒很及时很机智，用课文里的一个词儿，回归了文本。

师：好。（板书：在"心"的后面写"系故园"）孩子们，身在征途，心却在故园。把它们连起来，（板书：在这两句上画了一个圆圈）你有什么新的发现？新的体会？

生1：我发现了，他身在征途，却很思念故乡。

师：不错。你说。

生2：我发现纳兰性德既想保家卫国，又很想自己的家人。

师：你理解得更深了一层。

生3：我觉得纳兰性德肯定很久没有回家乡了。

师：你的心思真是细腻啊。

生4：我还觉得纳兰性德不管在什么地方，心里总是有家乡的。

生5：我觉得纳兰性德虽然远离家乡，可是心总是牵挂家乡的。

师：好，一个远离，一个牵挂。同学们，就是这种感受，这种感情，这种心灵的长相思。我们带着这样的感觉，再来读一读《长相思》。先自己读一读，试着把作者身和心分离的那种感受、那种心情读出来。

评：又是一种很有机智的朗读方法的指导！

（生自由读《长相思》）

师：好，咱们一起读一读《长相思》

生（齐读）：长相思，清，纳兰性德。山一程，水一程，身向榆关那畔行，夜深千帐灯。风一更，雪一更，聒碎乡心梦不成，故园无此声。

二、展开想象，读出词情

师（课件播放一段音乐后，在音乐声中有感情朗读）：长相思，清，纳兰性德。山一程，水一程，身向榆关那畔行，夜深千帐灯。风一更，雪一更，聒碎乡心梦不成，故园无此声。

评：教师自身的范读也很重要，王老师底气颇足，现在很多语文老师不敢范读了，其中的原因该引起我们的重视。

师：一起来，预备起。

生（齐读）：长相思，清，纳兰性德。山一程，水一程，身向榆关那畔行，夜深千帐灯。风一更，雪一更，聒碎乡心梦不成，故园无此声。

师：孩子们，请闭上眼睛，让我们一起，随着纳兰性德走进他的生活，走进他的世界。随着老师的朗读，你的眼前仿佛出现了怎么样的画面？怎么样的情景？（稍做停顿）山一程，水一程，身向榆关那畔行，夜深千帐灯。风一更，雪一更，聒碎乡心梦不成，故园无此声。

师：孩子们，睁开眼睛，现在你的眼前出现了怎么样的画面和情景？你仿佛看到了什么？听到了什么？你仿佛处在一个怎么样的世界里？

评：极好的问题，也不难。学生会有话说，在反复的朗读之后。

生1：我看见了士兵们翻山越岭到山海关，外面风雪交加，士兵们躺在帐篷里，翻来覆去怎么也睡不着，在思念他的故乡。

师：你看到了翻山越岭的画面。

生2：我看见了纳兰性德在那里思念家乡、睡不着觉的情景。

师：你看到了辗转反侧的画面。

生3：我看到了纳兰性德走出营帐，望着天上皎洁的明月，他思乡的情绪更加重了起来。

师：你看到了抬头仰视的画面。

生4：我看到山海关外，声音杂乱，士兵们翻来覆去睡不着，但是在他们的家乡没有这种声音，睡得很宁静。

师：你们都看到了。你们看到跋山涉水的画面，看到了辗转反侧的画面，看到了抬头仰望的画面，看到了孤独沉思的画面。

评：我很重视王老师的评价总结语，简练而富有诗意，语文老师本色表露无遗。

但是，同学们，在纳兰性德的心中，在纳兰性德的记忆里面，在他的家乡，在他的故园，又应该是怎么样的画面？怎么样的情景呢？展开你的想象，把你在作者的家乡看到的画面写下来。

（生伴随着乐曲《琵琶语》，想象写话）

师（在学生的写话过程中插话）：那可能是一个春暖花开的日子，在郊外，在空旷的田野上……那也可能是几个志趣相投的朋友围坐在一起，一边喝酒，一遍畅谈着……那也可能是在暖暖的灯光下，一家人围坐在一起，喝着茶，拉家常……那还可能是……

评：提示恰到好处。程度好的同学可能会被打扰。

（生继续在音乐声中想象写话）

师：好，孩子们，请停下你手中的笔，让我们一起回到作者的家乡，走进纳兰性德的故园。我们去看一看，在他的家乡有着怎么样的画面和情景。

生1：我看见了纳兰性德的家乡鸟语花香，纳兰性德的家人在庭院中聊天，小孩子在巷口玩耍嬉戏，牧童赶着牛羊去吃草，姑娘们就在门口绣着花，放学归来的孩童们放下书包，趁着风，放起了风筝，还有的用花编成花环戴在头上。家乡一片生机勃勃。

评：这个孩子很厉害，想象力超强，对家乡的风情描摹的很细致。

师：好一幅乡村乐居图啊。这是他看到的，你们看到了哪些？

生2：我看到了晚上，月光皎洁，星星一闪一闪的。他的亲人坐在窗前，望着圆圆的月亮，鸟儿也不再"唧唧喳喳"地叫，只听见外面"呼呼"的风声，花儿合上了花瓣，亲人是多么希望纳兰性德能回到家乡与他们团聚啊！

师：一个多么宁静多么美好的夜晚。你看到了——

生3：在一个晴朗的日子里，妻子正绣着锦缎，孩子们在门外的草地上玩耍，一会儿捉蝴蝶，一会儿又玩起捉迷藏的游戏。汉子们正挑着水，一家人做好饭后，围在一起，喝酒聊天。

师：故园的生活真是其乐融融啊！但是，此时此刻，这样的画面却都破碎了，这样的情景却都破碎了。（板书：在"身在征途，心系故园"上面写个大大的"碎"）

师：谁再来读读《长相思》？在这里，没有鸟语花香，没有亲人的絮絮关切，这里只有——

评：孩子们的感情被带入高潮了，诵读入情，已是必然。

生1（朗读）：山一程，水一程，身向榆关那畔行，夜深千帐灯。风一更，雪一更，聒碎乡心梦不成，故园无此声。

师：在这里，没有皎洁的月光，没有在皎洁月光下和妻子相偎在一起的那一份温暖，那一份的幸福，这里只有——

评：真是会煽情啊，但是我已经搞不清他们读得是第几遍了，估计都已经背会了！

生2（朗读）：山一程，水一程，身向榆关那畔行，夜深千帐灯。风一更，雪一更，聒碎乡心梦不成，故园无此声。

师：你是在用自己的心读啊！在这里，没有郊外的踏青，没有牧童的短笛，没有跟孩子们在一起的天伦之乐。这里只有——我们一起读。

评：老师还不满意，继续向青草更青处慢溯，在学生的心尖上继续施力。

117

生（齐读）：山一程，水一程，身向榆关那畔行，夜深千帐灯。风一更，雪一更，聒碎乡心梦不成，故园无此声。

师：长相思啊，长相思。山一程，水一程，程程都是长相思；风一更，雪一更，更更唤醒长相思。孩子们，闭上眼睛，想象画面，进入诗人那个身和心分离的世界，我们再一起读《长相思》。

生（齐读）：山一程，水一程，身向榆关那畔行，夜深千帐灯。风一更，雪一更，聒碎乡心梦不成，故园无此声。

三、互文印证，读透词心

师：同学们，《长相思》读到现在为止，我们已经非常真切地感受到了作者那一颗身在征途、心系故园的破碎之心。我想，读到现在为止，读到这个时候，你是不是该问一问纳兰性德了？你的脑子里冒出了什么问题，想问一问纳兰性德？

生1：纳兰性德，既然你这么思念家乡，为什么还要去从军呢？

师：问得好。谁还想问？

生2：纳兰性德，你快点回家吧！纳兰性德，你为什么不回家呢？

师：你为什么不早点回家呢？是吗？好，继续问。

生3：纳兰性德，如果你想回家！你就应该早点用心打仗。为什么不用心打仗？如果仗打不好，你还会死在途中。

师：是啊，你既然身在征途，你就应该一心干你的事业，为什么还要对故园牵肠挂肚、辗转反侧呢？

生4：你既然这么想念家乡，那你为什么不把想念家人的话写下来，让一个老乡帮你送过去呢？

评：其实，孩子们有的问题，还是比较傻得可爱的，但是，老师避开了解决这些问题，而是巧妙引出了纳兰的另外一首词。

师：孩子们，你们都问过了，是吧？你们可曾知道，这些问题，纳兰性德也问过自己。就在征途上，纳兰性德还写过一首词，题目叫《菩萨蛮》，其中有这样两句词，就是纳兰性德问自己的。（课件呈现两句词）谁来读一读？

生（朗读）：问君何事轻离别，一年能几团圆月？

师：问得好。孩子们，请你再想一想，除了纳兰性德在问自己外，还会有谁要问一问纳兰性德：问君何事轻离别，一年能几团圆月？还有谁？

生1：还有深深思念他的妻子。

师：对，你就是纳兰性德的妻子。你问一问纳兰性德？

生1（朗读）：问君何事轻离别，一年能几团圆月？

师：妻子问丈夫，那个"君"字改一下，改成——

生1：问"夫"。

师：对！你再来问一问。等一下，我们一起到一个地方去问，好吗？长亭外，杨柳依依，妻子站在送别的路上，问纳兰性德——

评：这儿又是王老师的过人之处，他太擅长创设情景了，这一招王君也很擅长，讲老王，讲白求恩都用得炉火纯青。

生1（朗读）：问夫何事轻离别，一年能几团圆月？

师：好一个深情的妻子啊！谁还会问纳兰性德？

生2：纳兰性德的儿子。

师：儿子。好，儿子问一问。你现在是纳兰性德的儿子。你来问一问，你把"君"字改成——

生2：父

师：父，好。长亭外，芳草萋萋，儿子拉着父亲的手问——

生2（朗读）：问父何事轻离别，一年能几团圆月？

师：毕竟是儿子，感受还不是很深。（笑声）

生3：还有他的父亲。

师：你就是他的父亲了。长亭外，秋风瑟瑟，白发苍苍的老人问纳兰性德——

生3（朗读）：问儿何事轻离别，一年能几团圆月？

师：老父来日不多了，不知还能见儿几面啊！还有谁也会问纳兰性德？

生4：还有他的哥哥。

师：虽然纳兰性德没有哥哥，但是你可以暂且做他的哥哥。长亭外，雨雪霏霏，

评：一看，就是通读过诗经的！

兄长递上一杯酒，问道——

生4（朗读）：问弟何事轻离别，一年能几团圆月？

师：是啊，孩子们，许许多多的人，他的老父，他的爱妻，他的娇儿，他

的兄长，还有他的朋友，都在问纳兰性德。

评：这儿，老师在时时刻刻把汉语的美展现给学生，排比铺陈，美不胜收。

我们再一起问一问纳兰性德吧：问君何事轻离别，一年能几团圆月？

生（齐读）：问君何事轻离别，一年能几团圆月？

师：轻离别？你们居然说我轻离别？（板书"轻"）我，纳兰性德真的轻离别吗？真的对离别无所谓吗？再读《长相思》，默读，你在哪儿体会到，我纳兰性德没有轻离别啊，我不是轻离别啊。

（生默读《长相思》）

师：我是纳兰性德，我想先问一问我的老父。老父，你说我是轻离别吗？

生1：不是，我从"风一更，雪一更，聒碎乡心梦不成，故园无此声"中看出你不是轻离别，而是为了保家卫国。

师：好一位深明大义的父亲。我想再问一问我的爱妻，我是轻离别吗？

生2：你不是，"风一更，雪一更，聒碎乡心梦不成，故园无此声。"你是为了保卫祖国，你离别家乡是为了到前线去杀敌，所以我不怪你。（笑声）

师：好一位贤良的妻子啊。是的，我何曾是轻离别啊，我是何等的重离别啊。可是，我身为康熙皇帝的一等侍卫，

评：终于透露了背景和作者的身份，王老师真能沉住气啊！

我重任在肩，我责任如山，我不得不离，不得不别啊！我舍不得离开年迈的老父，舍不得离开温柔的妻子，舍不得离开生我养我的故园啊！这一切的一切都已化在了《长相思》中。我们一起读！

生（齐读）：长相思，清，纳兰性德。山一程，水一程，身向榆关那畔行，夜深千帐灯。风一更，雪一更，聒碎乡心梦不成，故园无此声。

师：这就是为什么我身在征途却心系故园的原因所在，这就是我的那个梦会被破碎、我的那颗心会被破碎的原因所在。建功立业的壮志和理想，思念家乡的孤独和寂寞，就这样交织在一起，化作了纳兰性德的《长相思》。（课件出示题目并播放音乐）

评：理想和寂寞，壮志和孤独成就了一代词人。

师：山一程，水一程，程程都是——

生（齐读）：长相思

师：风一更，雪一更，更更唤醒——

生（齐读）：长相思

师：爱故园，爱祖国，字字化作——

生（齐读）：长相思（掌声）

评：我在想，为什么这些名师一上课就可以连着七八十分钟，学生有足够的时间跟着老师读透文本、声情并茂，而我们讲课从导入到结束一般只有四十分钟，如果再想让孩子们多读几遍课文，简直是难上加难，幸亏我们的随堂课更多，我们完全可以把这些大家的课堂实录咀嚼、消化、沉淀、反思、运用、光大。

悦读《文本细读，徜徉在语言之途》感悟

听众朋友好！又到了和大家分享美好的时候。让我们继续跟随着王崧舟老师，走进他的"诗意语文"吧！今天学习《诗意语文——王崧舟语文教育七讲》中的第五讲《文本细读，徜徉在语言之途》。

王老师一开篇就告诉我们，我们要练的第一个真功夫就是"文本细读"。课程改革走到今天，必须回到原点。课程改革的原点就是"教材教法"。"文本细读"，就是针对"教材教法"提出来的。

什么是文本细读？

"慢慢读，欣赏。"有一种从容的心态，不急不躁、不温不火，慢慢读、慢慢品、慢慢嚼、慢慢赏，才能读出味道。

"沉入词语。"在我们的习惯意识中，"词语"是语言最小的有意义的单位，细读文本，就是要细读到最小的意义单位。

"倾听文本发出的细微声响。"文本中的细微声响，就是文本从灵魂深处发出的声响，因为藏得深，所以声响细；因为传得远，所以声响微。来自灵魂深处的声响，我们只能选择倾听。

"徜徉在语言之途。"文本细读，倡导徜徉地读。你在开满鲜花的语言之途散步，目之所及，是人生的一道道风景，让人心旷神怡、流连忘返，进入一种内在的、生命的澄明之境。

当完成了这样的文本细读，教师去上课吧！面对课堂，面对学生，教师没有理由慌张，没有理由胆怯，要底气十足，左右逢源，游刃有余，出神入化。因为文本已经全部装在心里了。这个时候，教师可以在学生面前大喊一声：谁是语文？我是语文！

那么，教师如何真正实现自己的文本细读呢？

第一，教师用多少自信、多少毅力挑战自己的精神惰性，就有多少自信、多少毅力实现自己的文本细读。

第二，在进入文本时，重要的是要始终保持一种全然进入的敏感和警觉。一定要打开自己的生命，去教参之蔽、去教材分析之蔽、去他人言述之蔽，让自己的精神胸怀敞开、再敞开。

第三，教师有多种方式进入文本的可能和自由。"活在文本中"，是可以选择的一种进入方式。教师自己走进文本的世界，成为文本生活中的一个角色。进入文本，不再轻信，不再迷惑。在文本的言语之流中，教师总是不停地将它们打断，问："这究竟在写什么？为什么会这样写？为什么只能这样写？用意何在？启示何在？"在千万次地问中，文本被掰开了、揉碎了，最后被消化了、吸收了。前一种是感性的进入，后一种是理性的进入。而更多情况下，细读方式是教师自己的一种创造。

最后，细读文本的终极意义就是细读自己。我始终认为，文本是一个美丽的倒影，在这个倒影中看到的不是文本，而是自己。一个人的精神倒影有多深，对文本细读就有多深；一个人的精神倒影有多远，对文本细读就有多远；一个人的精神倒影有多美，对文本细读就有多美。因此，不是文本，而的文化视野、言语禀赋、审美旨趣、精神高度、生命境界决定着细读的品质。从这个意义说，细读不是从文本开始，而是从自己开始！细读也不是到文本为止，而是到自己为止！

读书感悟

我们常挂在嘴边的是"文本解读"。可是，王老师告诉我们，要"文本细读"。一个"细"字，包含多少元素！一要多花时间；二要自己感受；三要深入思考；四要顾及全面……一旦"细读"，就会"徜徉在语言之途""活在文本中"。站在讲台上的自己，就会更自信，更有底气。像王老师说的那样："面对课堂，面对孩子，我就是语文！"

《文本细读，徜徉在语言之途》

悦读《生命对话，走向语言的视界融合》感悟

听众朋友好！又到了和大家分享美好的时候。让我们继续跟随着王崧舟老师，走进他的"诗意语文"吧！今天学习《诗意语文——王崧舟语文教育七讲》中的第六讲《生命对话，走向语言的视界融合》。

教师和学生之间的对话，在教学中发挥着枢纽、核心的作用。王老师认为，师生对话的基本模式是"倾听——理解——应对"。

第一个环节是倾听。没有倾听，就没有对话。倾听，是生命的一种全方位的敞开：教师看学生的表情是倾听；教师关注学生的眼神是倾听；教师观察学生的姿势是倾听。我们在上课时最容易出现的问题是把倾听搁在一边，满脑子想的是自己下面教什么内容，课上到了什么环节，还有几个问题没回答完，还有什么练习没做完，尽想着自己的教，忘了倾听学生。教师只有真正地倾听了学生，他们的主体意义才能得到彰显和落实。

第二个环节是理解。没有理解就没有对话。目前，教师们出现的问题是把倾听当作评价学生的手段，即倾听是为了评价。学生读了以后，教师要评价学生一下；学生回答完了，教师也要评价学生一下。所以，教师把自己的注意力、自己的目光都聚焦在评价学生上。对话当然包括评价，但是评价不能涵盖对话的本质内涵。对话的本质内涵是什么？不是评价，是理解！教师只有试图理解他的言说，理解他的朗读，理解他的表现，理解他的行为方式，才有可能找到跟学生对话的"支点"。

最后是应对。应对又是理解之后作出的自然而然的反应。在应对的过程当中，教师要继续去倾听。什么叫对话？我们很多情况没有对话，只有单向的言说。对话要有什么？对话要有来回，有来无回不是对话。我们很多情况下，一个来回就解决问题了，这还不是对话。

儿童是天生的诗人，天生的哲学家。我们如果抱着一颗平等宽容的心对待儿童的言说，试图走进他的内心，那么你将会发现儿童的思想多么神采飞扬。

我们应该把自己的生命全然打开，去倾听、理解儿童的思想观点，也只有这样，我们的对话才能够产生真正的效应。所以，在课堂上，我们要为理解去倾听，而不是为评价去倾听。为了理解去倾听，把倾听和理解融合在一起，对话才有可能真正发生，精彩才有可能真正纷呈。

怎样实现倾听中的理解？关键是多问几个为什么。学生为什么这样想？学生为什么这样说？学生之所以这样想这样说，一定有他的道理、他的逻辑。

王老师说："对话，是心灵的抚慰；对话，是智慧的启迪；对话，是生命的赏识；对话，是价值的去蔽；对话，是真情的交融。"

教师要成功地应对学生，方向一定要敞开：我们可以针对他的学习状态敞开；针对学习方法敞开；针对学习质量敞开；针对学习内容敞开；针对思维方式敞开；针对情感体验敞开；针对思想认知敞开；针对话语表达敞开；针对动态变化敞开；针对语文知识敞开；针对文化背景敞开；针对学习要求敞开。向度越多、路径越多，教师就越从容、越洒脱。

有了对话，课堂就有了和风、有了蓝天、有了阳光。

读书感悟

我们知道了倾听的重要性，但真的没有想到，倾听不仅仅是为了评价，更重要的是理解！建立在理解基础上的对话，才是真的对话。语文课堂，需要这样的对话。

《生命对话，走向语言的
视界融合》

悦读《复活感性，回到语言的生命源头》感悟

听众朋友好！又到了和大家分享美好的时候。让我们继续跟随着王崧舟老师，走进他的"诗意语文"吧！今天学习《诗意语文——王崧舟语文教育七讲》中的第七讲《复活感性，回到语言的生命源头》。

为什么说语文是感性的呢？王老师说："首先，语文课程内容是感性的。语文是一种诗性的光辉，一种浪漫的情怀，一种自由的精神，一种高贵的灵魂，一种抒写生命、寄托生命、实现生命自身的尊严和价值的感性存在。第二，学生是以感性的方式掌握语文的。小学阶段的学生，他们的心理发展正处于感性时期。他们是在读书中学会阅读，在习作中学会作文，在口语交际中学会听说。积累、感悟和运用，是他们学习语文、掌握母语的不二法门。"所以，语文教学和语文学习必须以感性为主。

但事实上，大量的语文教育是理性泛滥。比如：含义解释、情节分析、要点归纳、主题概括、文法疏通、语料记忆、反复练习……教师纯理性地教语文，学生纯理性地学语文。语文的形象被淡化，语文的情感被稀释，语文的直觉被斩断，语文的想象被禁锢，语文的灵性被扼杀。在理性泛滥的今天，语文的感性教学显得尤为迫切。

从根本上说，感性教学是一个不断还原的过程。即从语言回到生活，从语言回到生命。感性教学、感性学习或者说语文之道，它的全部奥妙就在还原二字。我们的还原越真切、越生动、越细致、越深入，我们的语文学习就越能进入积极的状态。

语文大家夏丏尊先生曾经说过，语文学习最要紧的是引发一种对文字的敏感，也就是我们常说的语感。夏先生告诉我们，真的语文是感性的，真的生活是感性的，文字、符号，不过是一扇窗、一面镜子，透过它们，你必须看到大千世界、芸芸众生、风花雪月、喜怒哀乐。这才是教学语文的真法。

语文学习如果用科学的方法、数学的方法、知识的方法，是没有出路的。

学习语文，要用语文之道，把自己放进文本中去，和文本中的人物同呼吸、共命运，他笑你也笑、他哭你也哭……要融入，融洽，融合，融化。

语文教学要完成两件事。一是"由言到意"，即倾听、理解、吸纳；二是"由意到言"，即表达、创生、外化。这里的"意"，就是指语言文字的内容。

感性教学是一种形象化的教学，它要求我们还语文以画面、还语文以旋律、还语文以意象。

感性教学是一种情感体验的教学，语文需要倾注师生所有的情感。

感性教学是一种个性化的教学，它要求尊重个体、张扬个性，尊重学生对文本的独特体验。

感性教学是一种激发生命活力的教学，它视语文为一种独特的生命现象，学生的言语过程就是释放生命潜能、展现生命活力的过程。

正是感性，让语文回到了生命的源头；正是感性，给语文注入了"日出江花红胜火，春来江水绿如蓝"的大千气象！

读书感悟

我们的语文是感性的语文。太多语文教师因为有了考试这根指挥棒，常常在不知不觉中把语文课堂也像数学课堂一样，变成理性课堂了：含义解释、情节分析、要点归纳、主题概括、文法疏通、语料记忆、反复练习，等等。但教师一定要牢记：只有真正做到感性教学，文本才会"还原"。王老师说过，我们的"还原"越真切、越生动、越细致、越深入，语文学习就越能进入积极的状态。

《复活感性，回到语言的生命源头》

《让教育更明亮》

常生龙/著

悦读《教育的目的》感悟

听众朋友好！又到了和大家分享美好的时候。从今天开始，让我们走进常生龙老师的新著《让教育更明亮》。今天学习第一辑《教育的目的》。

英国哲学家、教育家怀特海说："学生是有血有肉的人，教育的目的是为了激发和引导他们的自我发展之路。"常生龙老师从《养成良好的习惯》《培养批判性思维》《为生活而学》《成为合格的公民》《走自我发展之路》《感受生命的气息》六篇文章来阐述教育的目的。今天跟大家分享常老师在这一辑中为家长和教师们总结的需要重点培养的七个行为习惯。

一、坚持到底

将一件事情坚持做到底，是非常困难的。常老师说，他给自己定的每天写1000字以上的博文、每周读一本书等，已经坚持了11年，其中所付出的辛苦，只有他自己体会得到。世界上没有一步登天的事，任何事情都不可能随随便便成功，没有坚持不懈的积累，那看上去小小的一步，可能就会成为无法逾越的距离。

二、孝敬父母

"百善孝为先。"孝是做人的起点。一个不爱自己父母的人，更不用说去爱其他人以及爱祖国了。一个有孝心的人，善于换位思考，始终是将父母装在心里的人。他在成长的过程中，善于照顾好自己，不让父母为自己操心。

三、说了就一定努力去做

言而有信，是一个人的立身之本。信守诺言是一个人应该具备的基本素质之一。"说了就一定努力去做"，意味着实事求是、不说瞎话。做人做事如果不能做到这点，那么受到损害的可能不仅仅是自身形象，有时甚至会带来灾难性的后果。

四、用过的东西放回原处

归位意识，体现在个人生活中，是整洁的生活状态；体现在公共场合中，是个人的公德心和对公共财物的责任心。养成"用过的东西放回原处"的习惯，什么东西放在什么地方就会一目了然，提高生活、学习和工作的效率。

五、认真写字

字如其人。字在一定程度上反映了一个人的个性特征。美国心理学家赫尔斯坦认为，笔迹是大脑传递给手指的意念。就像指纹一样，世界上没有完全雷同的笔迹，写字绝不仅仅是一种工具，更是一种思维方式。认真写字的习惯可以塑造学生的性格以及对事、对人、对生活的积极态度。

六、勤于阅读

阅读本身对人的影响是长远的、潜移默化的，不是读了几本书或者背了几本书就可以显现出来的，需要从量变到质变的过程。孩子小时候，培养他们的读书兴趣和习惯，好比盖房子打地基，或许一时还看不出来房子的样子，但是地基打好了，后面想怎么盖就怎么盖。很多家长要努力做到每天定时陪孩子读书，和孩子共读一本书并相互交流读书的感受与体会。

七、从错误中反思自己

人的智慧来自反思。学习是一个争取正确的过程，在这个过程中，必然会出现这样或者那样的错误。恰当的反思，能够使错误变成经验，成为继续学习的宝贵资源。

读书感悟

良好的行为习惯对个人的成长太重要。在我的成长历程中，常生龙老师对我产生的影响太大了！十年前，一次偶然的机会，我关注了常老师的博客。他每天早上六点多发布他的博客内容；每月读四至五本书，每读一本书写一篇读后感；每月在有影响的报纸、杂志发表三至五篇文章；每月给自己写一篇月总结，每年写一篇年总结。在他的博客里，我感觉到一种力量，促进我珍惜属于自己的每一分每一秒；在他的博客里，我还感觉到我拥有了一扇窗户，让我的视野更加开阔。一个人的成功，首先取决于他的良好习惯。让我们就从现在做起！

《教育的目的》

悦读《育人的规律》感悟

听众朋友好！又到了和大家分享美好的时候。让我们继续跟随着常生龙老师，走进更明亮的教育吧！今天学习《让教育更明亮》中的第二辑《育人的规律》。

教育家陶行知说："人像树木一样，要使他们尽量长上去，不能勉强都长得一样高，应当是：立脚点上求平等，于出头处谋自由。"常老师在这一辑中用《心理学的基本理论》《生命的节奏》《不同学段学生的特点》《学习的基本原理》《教学规律》《要相信孩子》六篇文章来阐述育人的规律。下面，我们一起学习了解一下教育现象中的几种心理学。

一、短时记忆

常老师告诉我们，短时记忆中有相当一部分信息会外溢。所以，我们在设计教学的时候，信息不能过多；如果信息过多，就要设法通过组块降低信息量，从而方便记忆。比如说"着"字，共有11笔画。像这样笔画比较多的一类字，学生刚开始学写的时候，往往是比较吃力的。因为信息点太多，他们不易记住。大多数教师采取的办法是让学生们反复书写，通过反复的强化增进记忆。小学语文特级教师薛瑞萍让学生们观察笔画比较多的字的结构特点，并和自己已经认识的字建立联系。关于"着"，学生们编出了这样的口诀："上边的羊尾往左甩，下面的眼睛看过来。"这样一来，学生们在认写"着"的时候，就从原本需要记忆的11个信息点减少为2个信息点"羊"和"目"，信息点少了，记忆起来自然方便多了。有些教师在讲评试卷时，一节课能讲解几十道选择题，看上去讲解的速度很快，但因为信息点过多，要让学生都记住是不大可能的。教师为此还常常责怪学生们，说已经讲过的内容，为什么还是不会，其实是教师自己不了解"短时记忆"的特点。

二、习得无助

什么是"习得无助"呢？心理学家用"电击笼中小狗"的实验来说明。小狗在电击时通过多次努力无法逃避后，于是造成即使笼门打开了小狗也不会逃避的结果。这就是"习得无助"。但是，如果先让小狗有逃离笼子的经验，再去做电击实验，小狗就会到处寻找可能逃脱笼子的方法。这个实验告诉我们：如果我们让学生不断地、成功地解决一些小难题、小挫折，这些小小的成功经验将大大地帮助学生们养成日后面对困境的坚强心态。有很多的事情，尽管家长、教师做得比学生要好，但一定不要越俎代庖，要给学生亲身实践和尝试的机会。没有这些小的成功的学习，学生是做不了大事情的。

三、破窗效应

在一幢建筑物里，若有一扇窗子的玻璃被打破了，却没有人去做任何的处置，很快就会再破第二块、第三块。当达到一定数量之后，破坏的速度更会呈倍速上升。这一现象被心理学家称为"破窗效应"。"坏"学生多到一定的数量，全班就会快速沦陷；"好"学生增加到一定的数量之后，班风就会快速地步上正规。很多班主任感叹说以前的学生好带，现在的学生不好带。这个现象其实也可以用"破窗效应"来加以解释。过去，学生在平时的生活中受到社会各方面的诱惑比较少，想读书的学生在班级里占多数。当教师把注意力放在想读书的这些学生身上的时候，也就是把注意力放在了多数学生的身上，这种关注促进了"正向破窗效应"的形成，班级里那些不想读书的学生也给带动了起来。而现在，家庭和社会给学生的学习压力很大，社会上方方面面的诱惑又是如此之多，使得很多学生内心里并不想读书。当班主任还是用老方法将注意力放在内心里想读书的人身上的时候，关注的自然是少数人。这种关注还有可能导致"负向的破窗效应"的形成，致使更多的人不想学习。若出现了这种情况，带班的难度就会越来越大。

当教师们了解了这些心理学原理后，就会因势利导，很多的教育问题也会迎刃而解了。

如果你打开这本书去阅读，一定会有更多的观点引发你的思考。

读书感悟

　　我和常老师文中描述的大多数老师一样，常常面对学生作业本或试卷上出现的错误，都会慨叹："不知讲了多少次，学生还是错。"其实，就是不了解学生"短时记忆"的特点。教师经常会把重点、难点、易错点多讲、反复讲，生怕学生听不懂、记不牢。殊不知，教师的良苦用心变成了无效劳动。我们要把握好一个度：适度；我们也别忘了一个法：方法。

《育人的规律》

悦读《家庭的责任》感悟

听众朋友好！又到了和大家分享美好的时候。让我们继续跟随着常生龙老师，走进更明亮的教育吧！今天学习《让教育更明亮》中的第三辑《家庭的责任》。

常老师在这一辑中用《把握生长的特点》《创设良好的环境》《全力陪伴》《父母的教养方式》《明晰自身的责任》《学会自我管理》六篇文章来阐述家庭的责任。下面我们来学习良好的家庭环境从哪几方面来营造。

一、家庭教育的基本方针

1. 能够给予的尽量给予

只要家庭条件允许，孩子需要什么，尽量予以满足。当然，买之前的沟通是非常需要的。

2. 在孩子做错事时清楚地告诉他不行

认真纠正孩子的错误，清晰地表达自己对孩子错误的不满，有助于孩子的健康成长，并可以采用训斥的方式，但要把握三个要点：一是不能没完没了的训斥；二是在孩子做错事情的时候立刻就训斥，以便当场解决；三是只就错误的部分和错误的行为训斥，不扩大范围，不全盘否定孩子。

在这一点中，我们要注意的是，孩子会出现叛逆行为，而导致孩子叛逆的原因是家长无视孩子的心情，不倾听孩子的话，粗暴地对待孩子。叛逆就是反击，如果你不出拳去进攻孩子，孩子自然无法反击。

二、做孩子的表率

托尔斯泰有句名言："孩子教育，百分之九十九的教育都归结到榜样上，归结到父母自己生活的端正和完善上。"如果父母为人诚恳，言行有礼貌、讲文明，孩子也会真诚待人，知书达理。如果父母对别人态度粗暴，行为失态，缺乏教养，想把孩子培养成一个有教养的人是不大可能的。孩子从父母那里学到的品质、人格、习惯和处世态度，对他一生的发展都会产生极大影响。

三、构建和谐的亲子关系

爱、温暖和亲密关系，会直接影响一个人的"应对机制"。一个活在爱里的人，在面对挫折时，他可能会选择拿自己开个玩笑，和朋友一起运动流汗宣泄，接受家人的抚慰和鼓励……反之，一个缺爱的人，在遇到挫折时往往得不到援手，需要独自疗伤，而酗酒、吸烟等常见的"自我疗伤方式"，则是早死的主要诱因。

四、呵护孩子的兴趣和求知欲

孩子的兴趣和求知欲，是与生俱来的本性。家长要为孩子创设各种各样的条件，帮助孩子去认识世界、体验多彩多姿的生活。

五、培养阅读的兴趣和习惯

培养孩子阅读的兴趣，养成阅读的良好习惯，实际上就是培养孩子终身学习的能力，这是为孩子一生奠基的工程。

六、合理的期望

父母过高的期望值容易带来失望，让自己和孩子都失去信心；过低的期望，会让孩子感到自己百无一用。对孩子的健康成长没有任何益处。

怎样判断自己对孩子的期望是否合理呢？下面的四个问题可以作为检验的标准：

"我有没有说清自己的期望呢？"

"我的孩子能明白我教的东西吗？"

"我提出的要求，孩子能清楚地做出来吗？"

"我希望孩子做的，我自己也做到了吗？"

如果你的回答都是"是的"，那就说明给孩子设置的期望值是合理的。

读书感悟

　　在这一章的学习中，我再次深刻地感受到，不管是家庭教育还是学校的教育，两大法宝起着决定性的作用，那就是爱和榜样！希望我们不断修炼自己，让自己在言行举止上更优秀，成为孩子和学生的好榜样，并用一颗永远年轻的心好好爱自己身边的每一个人。

《家庭的责任》

悦读《资源的整合》感悟

听众朋友好！又到了和大家分享美好的时候。让我们继续跟随着常生龙老师，走进更明亮的教育吧！今天学习《让教育更明亮》中的第四辑《资源的整合》。

常老师在这一辑中用《教育转型的挑战与机遇》《学校教育资源的供给》《家长资源的开发和利用》《用好各种社会资源》《让教育插上信息技术的翅膀》五篇文章来阐述资源的整合。下面，就把我在阅读中感受到的几个非常认同的观点罗列出来，和大家共同学习！

一、从学校管理走向学校治理

德国教育家第斯多惠说："应当考虑到儿童天性的差异，并且促进独特的发展。不能也不应使一切人都成为一模一样的人，并教以一模一样的东西。"所以，我们不能信奉"学校管理"，而要进行"学校治理"。通过考试等多种途径把学生划分等级，这是管理主义最典型的标志。在这样的环境下，学生们学会了顺从与乖巧以迎合家长和教师的心理。"治理"相较于"管理"，是一种多元、开放、互动的行为模式，更加注重发挥自主性、能动性和激发内生动力。

二、追求新鲜食材

常老师非常擅长从生活中选择我们身边的例子，让我们轻松地明白他要阐述的教育观点：凡是新鲜食材，无须添加作料，保持食材的原味，能让人吃得健康和快乐；放了一段时间的食材，必须通过各种作料来调味。他说，我们的教学也是一样，学生们身边随手可得的教学资源，不用做很多的铺垫，就可以让学生理解和领悟。所以，比较受学生欢迎的教师，除了自身知识渊博，善于在课堂上旁征博引之外，还有一个非常重要的特征，就是善于从日常生活中找寻学生身边的教育资源，让其成为教学的情境甚至是知识的载体。

三、构建和谐，为生活而学习

我们要倡导为生活而学习，通过学习让我们的生活更加美好。我们每天的工作和生活，都随时随地要面对和处置各种各样的问题。解决问题从根本上看是人与人之间的关联性。无论是师生间，还是学生和同伴间，或是学生和世界间，是彼此的关联性启迪人们想要解决问题。在一个集体中，如果相互之间非常和谐、友善，建立起了非常亲密的关系，每个成员在心态上就会比较平和、放松。当遇到一个问题的时候，大家就会主动地出主意、想办法，一起探索问题的解决方案。所以，在学校里构建和谐的师生关系、生生关系，鼓励学生与世界建立和谐的关系，其价值就会越来越被凸显出来。

四、形成家校共育的合力

家庭是学校重要的合作伙伴，家长资源是学校重要的教育资源。学校在教育实践过程中，应本着尊重、平等、合作的原则，积极争取家长的理解、支持和主动参与，让家长资源成为学校教育一道亮丽的风景线。家庭教育和学校教育之间要架设一座沟通的桥梁，通过家长和教师之间的真诚对话和交流，引导学生、家长、班级集体的共同成长。

读书感悟

在读到《资源的整合》这章时，我常常为一些优秀的教师善于从日常生活中找寻学生身边的教育资源而赞叹不已！这样的情境，学生是那么轻松而愉快地接受，并记忆深刻！所以，我们要用心观察、用心体会、用心感悟身边的一草一木、一人一事，为生活而学习。正如怀特海所说，学习那些能够和人类的感知、情感、欲望、希望以及能够和调节思想的精神活动联系起来的知识，才是最有价值的。

《资源的整合》

《影像中的教育学》

陈大伟/著

悦读《教育信念与教师幸福》感悟

听众朋友好！又到了和大家分享美好的时候。从今天开始，让我们走进陈大伟教授的新著《影像中的教育学》。今天学习第一辑《教育信念与教师幸福》。

陈教授在这一辑中用中外八部电影《美丽的大脚》《一个都不能少》《叫我第一名》《自由作家》《蒙娜丽莎的微笑》《凤凰琴》《烛光里的微笑》《生命因你而动听》来阐述"点亮教育信念之光""教育的初心与实践""教师的理想与变革的实践""幸福是一种能力""为生命留下痕迹"五大方面的内容。其中，我想和大家分享的是陈教授在"为生命留下痕迹"这方面向我们阐述的观点。

陈教授这样建议一线教师："如果你非常忙碌，只有时间看一部教育电影，那我建议看《生命因你而动听》，而且越早看越好。"陈教授喜欢这部电影有三点理由：第一，它表现了主人公霍兰从初入职到退休完整的教师生涯，以教师的一生为背景；第二，它展现了教师通过自我努力找到工作意义、实现人生价值的过程；第三，它呈现了教师生活的复杂性、多样性，刻画出了立体、丰富的教师形象。

一、和当下的工作谈场恋爱

试着和自己的工作恋爱，你便有可能深深地爱上她。当教育态度改变后，就会带来教学方法的改善，又会引起教学效果的改善。由此，也会带来人生体验、生活信心的改变。当电影主人公霍兰改变自己的教育态度后，是这样与妻子分享上课新体验的："同学们争相发言，真好玩。课堂上很热闹，这样的教学很过瘾。"当自己把责任转变成自己的理想后，就会达成理想的工作状态：这样的工作是我想做的，我能在这项工作中找到自己的意义和价值……

二、教育的产品是课程

看到霍兰脸上的笑容，我们能体会到他心中的幸福。教师的幸福来源于学生的改变。如何实现学生的改变？教师需要借助课程来促进学生的发展。课程是教师为学习者的发展而创设的教育环境和教学活动。

从影片中得到关于课程与教学变革的以下几点启示：

第一，穷则思变。

霍兰意识到原有方法没有效果，学生没有兴趣时，他反思和批判自己，"一直以来我们用错了方法"。此路不通，就要改变——变换教学的内容和方法。

第二，要让学习变得愉快、变得好玩儿。

我们要把学生"健康快乐成长"列为教学的基本规范。学生在正常的气氛下与在压抑的气氛下解决问题的理智活动有显著差异：情绪正常的学生能更好地感知知识信息，反应敏捷、思维活跃。一位教师，如果能够让学生在自己的教学活动中觉得好玩儿，并在学生的生命中留下美好而温暖的记忆，才算是优秀的教师。

第三，将教学和学生的生命活动关联起来。

最好的一种教学，是牢记学校教材和现实生活之间相互联系的必要性。不是单纯教书本上的知识，而是致力于发现教学内容的生存、生活、生命意义。学习的指向不是知识，而是用知识充实和丰盈自己的生命，改善和创造自己的生活。

读书感悟

"为生命留下痕迹"！让学生"成为更好的人"！因为我们，学生"过上更好的生活""和当下的工作谈场恋爱"！当我们的心中充盈着这些理想，并快乐地奉献着自己努力去实现这些理想后，在明天、在未来，看到梦想成真的这一刻，我们刻满皱纹的脸上，露出的，是最幸福的笑容。

《教育信念与教师幸福》

悦读《教育目的与理解学生》感悟

听众朋友好！又到了和大家分享美好的时候。让我们继续走进陈大伟教授的新著《影像中的教育学》。今天学习第二辑《教育目的与理解学生》。

陈教授在这一辑中用中外九部电影《爆裂鼓手》《卡特教练》《三傻大闹宝莱坞》《孩子那些事儿》《看上去很美》《音乐之声》《美丽人生》《当幸福来敲门》《摔跤吧！爸爸》来阐述"坏教育与好教育""教'学生'而不是教'考生'""如何对学生因材施教""研究与理解孩子""教育需要保护孩子""做专业的教育"六大方面的内容。下面，我就节选以下内容和大家一起学习。

陈教授告诉我们："学生是在学校里，在师长和同伴的影响和帮助下，学习生存本领、获得生活智慧、追寻生命意义的人。寻到这样的答案，头顶灿烂的星空，心怀诗意的远方，去呵护、陪伴学生，与他们一同书写新的传奇。"所以，我们要明确教育目的，我们要理解学生。

一、教育是为成人，而不是为成功

电影《爆裂鼓手》中的弗莱彻心中只有成功没有成人，我们看到的是师生之间的冲突与报复；而电影《卡特教练》中的卡特却是在引导学生成功之前，首先考虑的是让他们成人，我们看到的是师生之间的了解与信赖。所以，我们从弗莱彻身上，看到了教师的禁忌：第一，教育不能追求控制。理想的师生关系应是相互尊重、平等相待、彼此信赖和支持的关系，而不应是高高在上的压服和控制。第二，教育要避免欺骗。学生是可以批评的，责怪的，但学生是不可以欺骗的，因为欺骗是最深重的伤害。第三，教育不能造成伤害。第四，教育不能培养仇恨。

143

二、教育是教学生，而不是教考生

《三傻大闹宝莱坞》影片中宣扬了知识的意义和价值。主人公兰彻比其他人自觉，是因为他清楚求学的目的、知识的意义；他比其他人优秀，是因为他能把学习知识和运用知识结合起来，学以致用，用知识创造和改造自己的生活。从兰彻身上，我们知道了教书就要抓住从教"考生"到教"学生"的关键是：转识成智，即把学生培养成有生活智慧、能运用生活智慧的人，能在实践当中学会实践，在运用当中学会运用。

三、理解学生，学生的表现是异，而不是差

差异、差异，你看到的是差还是异？当我们看到差，就会不自禁地把人分成三六九等，就会觉得一些学生不合标准，是笨学生、坏学生。当我们看到异，就会发现世界上有不同的花草，有不同的景象，有不同的人。某些不符合要求的学生并不是差，而是在生理、心理、习惯和兴趣等方面体现出异，我们需要理解和包容这种异。现实中很多教师认为，你就应该照我说的去做，然后用统一的标准去严格要求不同的学生。

读书感悟

　　教学生学会生存的本领，获得生活智慧；让学生先成人，后成功，充分理解学生之间的差异，学生都不同，但学生都很棒！我以为，这样的教育思想和理念一定要常在心里念叨，不断提醒自己的责任和重担，才会成为学生受欢迎的教师，成为真正意义上的教师。

《教育目的与理解学生》

悦读《春风化雨的教育课程》感悟

听众朋友好！又到了和大家分享美好的时候。让我们继续走进陈大伟教授的新著《影像中的教育学》。今天学习第三辑《春风化雨的教育课程》。

陈教授在这一辑中用外国八部电影《地球上的星星》《跳出我天地》《摇滚校园》《小猪教室》《浪潮》《拉扎老师》《更好的世界》《死亡诗社》来阐述"'星星'的启示""发现和开发孩子的潜能""教师既不能无所作为也不能任性胡为""课程改革的论证和家校沟通""课程内容的合理性追求""对死亡的讨论与引导""体验、选择与教育平衡"七大方面的内容。下面，我就节选以下内容和大家一起学习。

一、让学生健康快乐地成长

电影《地球上的星星》中的伊夏因为存在阅读障碍，而被老师认为懒惰、迟钝、愚蠢，并受到老师的辱骂、嘲笑甚至体罚。所以，在伊夏眼里，黑板上的字全都变成了可怕的虫子；老师化成了一条蛇，向他扑来……陈教授说："当学习和老师变得如此恐怖的时候，真正的学习怎么可能发生？当教育让学生不愿学习、不能学习的时候，教育是否在走向反面？"

所以，我们必须正视：

第一，我们不得不痛苦地承认，现在的学生学得不快乐、学得太痛苦。我们不能不拿出改变的决心和行动。

第二，学生需要用快乐的学习激发对未来美好生活的向往和追求。没有学习的快乐就很难找到生活的快乐。

第三，学习热情和学习状态将极大地影响学习效果。快乐的课堂生活、积极而热情的学习状态更有利于学生的成长和进步，更有利于学业成绩的提升。

不要让学生们经受伊夏那样痛苦的学习体验，不要让学生们把书本当成毒蛇猛兽，不要让学生们害怕走进教室。教育应该让学生健康快乐地成长，这是我们的责任，需要我们共同努力。

二、重视学生身体参与的教学

电影《死亡诗社》中的基廷老师为学生所喜爱，是因为他理解学生的需要，和学生的心贴得很近；是因为他采用了体验式的教育教学方法。他鼓励学生在运动中感受和体验生命的律动。"让生命的律动充满你的灵魂"成了基廷的教育宣言。

但从我们目前的教育现状看，我们的教育主要还是以书本、教师、教室为中心，学生被限制在教室里，被捆绑在课桌上，眼中只有教材和作业。这样的教育很难培养出身与心协调发展、感性与理性共同进步、能适应未来生存和推动社会进步的一代新人。

让我们解放学生的身心，让学生通过身心的各种活动，动脑、动手、动耳、动口，在尽可能大的空间里感受和体验人与自然、人与社会以及人与自身的关系吧！

读书感悟

我一直坚信，学生只有在轻松、美好的人文环境下，才能完全释放自己的身心，让笑容挂在脸上，让神采飞扬，让思维敏捷……老师也只有心怀善良、宽容、理解，才能真正走进学生的内心，知道学生的需求，了解学生的心理，说出亲切的语言，露出关切的眼神，伸出温柔的双手……才能创设春风化雨的理想课堂！

《春风化雨的教育课程》

悦读《教育活动中的管理与引导》感悟

听众朋友好！又到了和大家分享美好的时候。让我们继续走进陈大伟教授的新著《影像中的教育学》。今天学习第四辑《教育活动中的管理与引导》。

陈教授在这一辑中用外国五部电影《热血教师》《放牛班的春天》《超脱》《心灵捕手》《弦动我心》来阐述"实施教学与管理的条件""教育立场与教育公正""应对挑衅的策略""走进对方心灵的艺术"四大方面的内容。下面，我就节选以下内容和大家一起学习。

一、教师的自觉与热情

陈教授认为，电影《热血教师》中的克拉克老师的成功并不完全取决于他那著名的"55条基本班规"，更取决于他的教学信心和勇气以及他与学生建立的信任关系。克拉克老师面对困境中的学生，能感同身受，并有着比其他教师更强的教育自觉、更多的教育敏感、更深刻的教育怜悯。克拉克这样描述自己选择当教师的原因："当我看到自己投入全部身心和热情后一群孩子所发生的变化，我便知道一个人可以真正改变他人的生活。这种信念推动着我在教育这个领域坚持下去。"

二、教育立场与教育公正

电影《放牛班的春天》中的马修老师之所以能够打开学生封闭的内心，就在于他能够站在学生的立场感受他们的痛苦，理解他们的需求，同情他们的处境，宽容他们的错误，维护他们的利益和尊严，关怀他们的成长。他的教育立场是：宽容和保护学生；体谅和教育学生；成就和发展学生。他常常问自己："我能为学生们做什么？"陈教授认为，每一个教育工作者，每一个社会人，都应该这样问自己。在教育公正方面，我们要做到：第一，不要无中生有，伤及无辜；第二，不要小题大做；第三，不要让学生互相检举；第四，不要将错就错。

三、应对挑衅的策略

在教育实践中，我们常常会遇到一些桀骜不驯的学生，他们不仅欺凌同学，而且挑衅老师。教师应该怎么办？电影《超脱》中的亨利老师做出了回答：学生欺负同学，教师一定要站出来阻止和惩戒；学生挑衅教师，教师要有所克制和忍让。

那么，怎样让学生愿意学习呢？陈教授通过一个故事，告诉大家：怎样除去荒地上的杂草？用绿油油的庄稼！怎样除去邪念？培养美德。所以，怎样让学生心甘情愿地、全情投入地参与学习？答案是：用有意义和有价值的教学内容点燃他们的兴趣；用丰富多彩、兴味盎然的学习活动占领他们的空间。

四、走进对方心灵的艺术

陈教授说："电影《心灵捕手》展示了教师走进学生心灵，让学生认识自我、发展自我、实现自我的过程和艺术。"并从以下六点告诉我们：

（1）遭遇挫折以后要选择坚持。

（2）生命需要感受和体验。

（3）期待和倾听是一种关怀。

（4）自身经历是最好的教育资源。

（5）发现真实的自我。

（6）教育的意义在于教育者的自我教育和自我完善。

读书感悟

《热血教师》中的克拉克老师面对被其他老师惩罚站在垃圾桶里的孩子，他没有和其他老师一样视若无睹，而是主动地过去和孩子打招呼，并用巧妙的方式给他打气，给备受打击的孩子自信。我特别欣赏他的这种教育敏感、教育怜悯和教育智慧。我们只要眼中有学生，心中有孩子，就会站在孩子的角度思考问题和寻找解决问题的方案。也只有这样，我们的教育才能顺利实施。学生的心中，也就有了我们。

《教育活动中的管理与引导》

《教育：一场惊人的旅行》

史金霞/著

悦读《如果我会发光，就不必害怕黑暗》感悟

听众朋友好！又到了和大家分享美好的时候。从今天开始，让我们走进史金霞老师的新著《教育：一场惊人的旅行》。今天阅读第一辑《如果我会发光，就不必害怕黑暗》。

史老师在这一辑中分为三章《一棵树栽在溪水旁》《读书这么好的事》《创造属于自己的世界》向读者朋友娓娓道来。在这里，可以读到史老师的成长历程；可以读到她和学生们的故事；可以读到教师和学生阅读的方法……我最喜欢第三章的主题：《创造属于自己的世界》。下面，就整理"怎样做一个出色的语文教师"与大家分享。

一、达到境界：首先是教育

史老师认为：一位教师不管教什么科目，都不应该仅仅把传授学科知识作为出发点和终极目标。"师者，所以传道授业解惑也。"一位教师，如果把自己定位为"授业之师"，势必会目光短浅、急功近利，会在教学工作中背离教育。我们追求成为一个合格的教师，首先应该追求成为一个人——一个具备独立精神、自由思想的、完整的人。真实的教育，应该是连接教师和学生的心灵与思想，师生共同成长，彼此促进，真正达到教学相长。一位语文教师，必须要有专业自觉；要教语文，更要用语文去教。让语文课成为一门有意义的课，成为学生的梦想和快乐的期望，成为思考开始的地方，成为可以透露出智慧和人性的角落，成为我的心和他们的心融会交流的家园。

二、拓宽视野：读书如呼吸

以前说，要想学生有一杯水，教师必须有一桶水；教师要有自来水，要做河，要做海。但这仅仅把教师定位为传授者，学生为接受者。现在，一个教师，尤其是一位语文教师，应该做一个领航者、一个赶海人，引领学生，激发学生，使之求知若渴，求智如饥，保持热情，并且获得求知的信心和能力。

叶圣陶说："语文老师不是只给学生讲书，要是引导学生看书、读书的。"读书是每个人一辈子的事情；写作是一个人自己的事情。

三、锻炼胆识：立人的课堂

史老师提倡的阅读有"四要、四不要"。"四要"是：要提出自己的看法认识；要敢于提出异见；要敢于坚持自己认为有根据的道理；要突现自己个性的智慧，动自己的头脑，而不依赖他人。"四不要"是：不要迷信书本；不要迷信权威；不要迷信教师；尤其是不要意图在我这里找到唯一的标准答案，我的观点只代表我个人。史老师的观点旨在培养学生独立思考的能力，使之具备批判精神。当然，独立思考并不是不参考别人的意见。史老师在提倡独立思考的同时，也让学生铭记布拉格公民论坛的《对话守则》：学会倾听，学会交流，学会尊重。

史老师说："心中有人的课堂，才是有温度的课堂；有思想的课堂，才是有重量的课堂；有个性的课堂，才是活的课堂。"

读书感悟

读着史老师的孩子和学生为她写的序，让我看到了一位如姐姐的妈妈，看到了一位如知己的老师。史老师的语文教学——不拘一格；史老师和学生的关系——民主、平等。从史老师罗列出来的"每课一读"，我深深愧疚自己的才疏学浅；从史老师学生写出来的"摘评"和"点评"，深深感受到当史老师的学生是多么的幸福！

《如果我会发光，就不必害怕黑暗》

悦读《通向一切高度和深度的东西就是爱》感悟

听众朋友好！又到了和大家分享美好的时候。让我们继续走进史金霞老师的新著《教育：一场惊人的旅行》。今天阅读第二辑《通向一切高度和深度的东西就是爱》。

史老师在这一辑中分为三章《对得起生命的礼物》《再不要义愤填膺吃孩子》《与更好的自己相遇》向读者朋友诉说着自己爱的心里历程和自己最真实的读书分享。下面，就整理史老师的一些观点与大家分享。

一、首先是一个母亲

史老师说，所有的工作狂都是自私的。当一个母亲全部身心都投入到工作之中去的时候，她就是世界上最丑陋自私的女人。所以，她提出：要像爱学生一样爱自己的孩子。每一个孩子都是珍贵的，每一个孩子都是上帝的杰作。蹲下来和孩子说话，孩子的眼睛最明亮，孩子的心灵也最博大，他们往往能够直抵最深刻的问题之根本。因为纯粹，所以直接。作为母亲，要陪孩子一起长大。

我们要告诉孩子，要以感性去热爱生活，以理性去解决问题。在生活的历练中，获得越来越多的解决问题的能力与勇气，而不是遭遇更多地被问题所困的沮丧和无奈。

二、学《我是一支爱写作的铅笔》的作者史沃普怎样做老师

在这本书里，我们看到了这样的一位教师：史沃普老师在三年之间"教导一群小朋友创意写作"，真实地展示了他是如何找到属于他自己的"独特角色"与"独门绝招"。但是，史沃普不仅仅是写作教学，而是在通过写作教学进行教育。他关注的核心，不是学生们写作量的变化，而是每一名学生的成长。

所以，作为一名教师，只有基于教育的教学才有意义。没有教育，再好的教学，也不过是精致的技艺，绝对不能孕育出一个人的成长。人的能力是天生的，假如不给它展现的机会，它就会白白浪费掉。所以，必须让学生有机会接触各种活动，去发现他的能力。

史沃普老师神奇的地方在于：他做的都是最基本的常识。比如，保存记忆，长于学习，能够反思，懂得尊重。史金霞老师在阅读此书后认为，作为一位教师，首先必须理解的是教育——所教授的科目，是借以施行教育的途径，它不是教育本身；首先必须理解的是成长——所面对的学生，是与自己共同成长的可能性，他们并不属于教师。

史老师认为：一位好的教师，需要的不仅仅是爱心，还需要智慧，需要技巧，需要学养，需要专业素质，更需要不断学习的能力、持续反省的能力、不断完善成长的能力。希望我们一起努力，成长为最好的自己。

三、教育，需要花开、温暖与明亮

教育，并不是要让学生将来如何成功和优秀，更重要的是要提升他们的生命质量，活出一个自己。每名学生都像一朵花，开放有时，凋落有时，颜色各异，芬芳不同。我们应该让学生像花朵一样，各按其时，各归其类，成其美好。

读书，是为了成就美好的自我，是为了改变民族的未来，是为了营造和谐的环境，是为了创造更加美好幸福的人生。

所以，史老师希望，语文是向着温暖与明亮的。温暖，就是要有爱，有人性，有乐趣，有成长；明亮，就是要有理智，有希望，有生活，有力量，有担当。

读书感悟

读完第二辑，我做的第一件事就是在当当网购买《我是一支爱写作的铅笔》，想学习史老师推荐的史沃普，他的神奇在什么地方。再次强调和认同观点：教育和成长比教学和技艺更重要，即育人比知识更重要。那么，教师，除了从思想上改观之外，更重要的是教育态度和专业成长。

《通向一切高度和
深度的东西就是爱》

悦读《谁此时孤独，就永远孤独》感悟

听众朋友好！又到了和大家分享美好的时候。让我们继续走进史金霞老师的新著《教育：一场惊人的旅行》。今天阅读第三辑《谁此时孤独，就永远孤独》。

史老师在这一辑中分为三章《为什么需要批评》《教师的尊严与幸福》《为了生活是桩美好的事而生活》谈了"语文味"：教师的尊严，教师的幸福，生命的意义。我整理了两部分内容与大家分享。

一、"语文味"和古诗文教学

评议语文课，常会有人以"语文味"作为衡量标准。史老师认为，"语文味是个伪命题"，即不真实的命题。史老师的宗旨是：热爱语文，教书育人。她说，一位教师，不管是什么学科的教师，其首要的责任与最终的目的，不是授业，更不是考试，而是教育。让师生的生命成长，作为语文课程的中心，既要关注学生对于考试的需求，更要解决师生在成长中的问题，这是一位语文教师应该具有的意识，应该承担的义务。

史老师还认为，背诵和默写是古诗文教学的"头宗罪"。小学，应该是培养兴趣；中学，应该是学会审美和鉴赏。但如果层层欠账，到高中还把重点放在填补基础知识上，靠识记与背诵为要务的古诗词学习，就是焚琴煮鹤，即把琴当柴烧，把鹤煮了吃，糟蹋了美好的古诗文。

所以，史老师希望我们能够遵循认知的基本规律，潜心研究古诗文的教学方法，把学生当作可以交流的活生生的人，关注学生真实的情感体验，洞察学生丰富的心灵世界，和学生一起步入古诗文的园圃，观看一朵花的开放，嗅闻一瓣落英的馨香，让学生在愉悦中吟诵体悟，在体悟中铭记成长。慢慢地读，缓缓地背，带着憧憬和想象，一句一句，微微陶醉地写下诗行。

二、追求诗意的世界

王小波曾写道："一个人只拥有此生此世是不够的，他还应该拥有诗意的世界。"一位教师，怎样才能拥有诗意的世界呢？

诗意，首先来自对现实生活努力建设、创造的勇气，创造一个不应该注定重复被设置的现实。诗意，还来自对不可预知、不可把控生活的渴望，勇敢地迎接一个不可测的充满无限可能的未来。

这样，才可以实现一个人生命的多样化。

在人生的道路上，我们所追求的一切，财富、学问、家庭、爱情、事业等，其实都是一种生命的激情。这种生命的激情就是，证明我在活着，我在认真地、努力地、勇敢地、充满诗意地活着。

一个有诗意的人，注定拥有更丰富的世界。

读书感悟

合上史老师的书，大脑仍在旅行。史老师为什么以《教育，一场惊人的旅行》为题撰书？我想，凡是读了此书的读者，一定能读懂史老师心之所向。教师，与教育紧紧相连；教师，与成长密不可分；教师，与诗意一起前行。心中有爱，眼里有光，就不会孤独。在前行的路上，有惊喜，有收获，有快乐，有幸福。任何一段旅程，都会有精彩；任何一处风景，都会清新自然。

《谁此时孤独，就永远孤独》

《优秀小学语文教师一定要知道的7件事》

窦桂梅/著

悦读《前言：解读优秀语文教师》感悟

听众朋友好！又到了和大家分享美好的时候。如何成为一名优秀的语文教师？相信这是每一位语文人常常在脑海里思考的问题。从今天开始，就让我们走进窦桂梅老师的《优秀小学语文教师一定要知道的7件事》。今天阅读《前言：解读优秀语文教师》。

窦老师说，"一手好字、一副好口才、一篇好文章"只能算是语文教师的基本功，"爱岗敬业、无私奉献"也只能算是"高大全"的虚假形象。什么样的教师，才能称得上是一名优秀的语文教师？窦老师罗列了15点，让我们对照自己，向着优秀，走在路上。

1. 永葆激情——生命与激情同在。这是一种生活姿态。不因年龄的增长、环境的转换、地位的升降而改变，并最终由表象内化为一种精神气质。

2. 张扬个性——特色就是卓越，卓越就是魅力。人云亦云不云，老生常谈不谈。静心观察，潜心思虑；锐意改革，开拓自省；创意教学，形成风格。站在课堂上，你就是语文。

3. 业精于勤——每一种幸福的背后，都有一个咬紧牙关的灵魂。看那课堂上的挥洒自如，背后不知有多少难眠之夜。成长需要机遇，但机遇决不能依靠等待。

4. 读书养气——教师专业化的发展，要求我们有底气、大气、灵气，即精深的专业知识，开阔的人文视野，深厚的教育理论功底。于是，教师与学生携手，既追求涉猎广泛，更倾心结交经典。

5. 合作共进——激烈的竞争环境，强调个人发展，更要求真诚的团队合作。沟通心灵、理解他人；倾听意见，分享经验；心有多宽，路有多远。

6. 内省致远——内省言行、反思超越是教师专业素养的需求。将教师的言行内化为学术的性格，在言说和行动中思考，在反思和批判中成长。

7. 海纳百川——谦逊好学，有容乃大。学生闪烁的智慧，同行钻研的激情，前辈课业的严谨，都是通向现在和未来美好教育境界的阶梯。无论是现在还是将来，谁走在前面，谁就是我的老师。

8. 公共情怀——拒绝"坐井观天"、目光窄仄，走出"围场"，关注时事，放眼世界，紧跟时代文明的脚步。引学生走进广袤的生态之园，聆听思想的拔节，呼吸生命的气息，使课堂成为思维激荡、灵感勃发的语文的"场"。

9. 笔耕不辍——勤于阅读，述而也作。让冲动趋于理智，让实践拥有理论根基。这既是积累经验的方式，更是逼迫自己勤于阅读和思考的强劲动力。

10. 关注细节——语文课就是一堆细节。细节决定成败，关怀彰显力量。迅捷果断、暴风骤雨固然有魄力，平静细心、春风化雨更富魅力。写字的姿势，看书的距离……这需要的都是教师的平静和耐心，等待和浸润。

11. 善待教材——教材是例子，对于经典的文字，一定要怀着虔诚的心情；教材也是引子，有些课文无须多情挖掘，重要是引发、升华。古人学文，须沉潜讽咏、咀嚼滋味；今日学文，也要一字一句玩味义理、推敲辨析。

12. 尊重写字——字，是人的第二容颜。汉字是尊严，书法是国粹。而今，键盘代替了笔墨。若说笔顺不必强求，造型、运笔不必苛求，是否亵渎了祖宗造字的苦心？学好汉语，应从写好第一个汉字开始。

13. 黄金分割——过分强调"自主、合作、探究"，而形成学生绝对自主化倾向，势必造成学生永远停留在没有阻力的平地上简单滑行。教师要勇敢地拒绝各种"看起来很美"的形式，考虑怎样实现"讲"与"不讲"的黄金分割。

14. 理性视点——就目前的教育热点，这边刚倡导"合作"，那边就旋起了"小组学习"风；这边"多媒体教学"，全国便普开"课件花"……我们应关注的是学生的真实收获，而非评委们的打分牌。风行的理念，不是唯一的判断标准。读而见义，品而生疑，辩而晓明。风起云涌之时，要用理性的视点坐看潮起潮落。

15. 把握自己——教育，不变的永远不会变，改变的必将会改变。语文创新不是推倒历史，更不是在沙漠上建高楼。反思审视过去，继承发展现实，创新开拓未来——永远把自己定位在教育海洋中一枚微不足道的海星，既不妄自尊大，也不妄自菲薄。

读书感悟

- -

　　15点，每一点都字字珠玑，直击心灵深处。所以，分享"前言"的内容，既让我们不错过，也让我们随时可以温习。当我们一路坚持下来的时候，一定会看到前面的风景——如此美好！

《前言：解读优秀语文教师》

- -

悦读《认识语文的本质》感悟

听众朋友好！又到了和大家分享美好的时候。如何成为一名优秀的语文教师？相信我们能从窦桂梅老师的《优秀小学语文教师一定要知道的7件事》这本书中找到答案。今天阅读《第1件事：认识语文的本质》。

窦老师说，汉语——我们的母语，是专属于我们心灵、情感、思维和生活的表达方式，能跨越地域的界限，能疏通五千年的文明脉络。那么，语文教师，对母语该有怎样的敏感与审美？让我们的儿童高高兴兴地做一个说中国话，读中国文字长大的人？

一、对母语，要有敬畏与传承的意识

站在讲台上，语文教师就是语文，应该是母语的化身。每位语文教师，都应道成肉身，羽化成蝶，使自己成为母语的代言人。尽管所呈现的语文可能或美或丑，或枯或润，但教师整堂语文课所要形成的磁场必须是语文。带着孩子们行走的语文教师们，必须肩扛这样的自诘：语文课究竟应该怎么上？语文课到底要教给学生什么？学生应该怎样学语文？为什么学生学了十几年的语文，还写不出一篇通顺的文章，不能准确表达自己的思想？母语教育的核心内涵是一种"生命意识"，是对生命的关注和敬畏。语文教师必须以此作为一切思考、研究、实践的出发点和归宿。

二、语言的基本构成是字词

语文教师要让自己的言行充满"语文味"，既要有散文的辞采，又要有诗人的哲思。语文教师要在自己心灵最柔软之处，牵起一根琴弦，以母语温润澄净的音符时时撩拨，使自身之于母语，有如渊鱼之于池水，水乳交融而又冷暖自知，并由此引发学生的审美共鸣。

1. 把汉字的根留住

语文教师必须有这样的敏感：每一个汉字、每一个词语都应当在我们的课堂上绽放出母语乃至中华民族文化的魅力。但我们的课堂上，存在诸如这样的问题：明明是低年级的课堂，却很少有教师指导写字；即使有，也没有很细致地引导学生观察生字在田字格中的位置；没有细致指导该怎样把生字写美观；教师甚至连一个笔画的示范过程也没有；教师采取了好多手段和形式认字，但写字的环节却被严重忽略。我们要记住：画面不能代替黑板，点击不能代替书写。

2. 咬文，还须嚼字

咬文嚼字，是母语学习的传家宝。重点在"悟文品字"，"悟"由"心"和"吾"组成，从左向右看就是"思考的我"，从右向左看就是"我的思考"。所以，咬文嚼字的关键是悟字当头，品在其中。

三、母语教学中的取和舍

1. 返璞归真

课堂教学呈现出的"玉璞"自然淳朴的可贵，是源于语文教学意识的"归真"。我们常说人要像个人，家要像个家。语文姓"语"，失去这块"璞"，就失去了语文的"真"。

2. 返本开新

如果说返璞归真是对语文本身的"回家"，"返本开新"讲的就是语文学习方式的回归与拓展。"我们走得太远了，以至于我们忘记了为什么出发。"我们要继承，更要发展。今天的语文课堂一定是追求有思想、有灵魂的课堂，展示的一定是为师者背后的课程理念或文化背景，即以"立人"为核心，以促进儿童语言和精神的共同成长为目标，从教材自身出发，整合各种阅读资源、生活资源和文化资源，进行一种开放而活泼的母语学习。

3. 反躬自省

面对鲜活多变的课堂，教师何以能拥有处变不惊、举重若轻的专业自信？驾驭课堂的能力哪里来？答案是研究教学，除此别无他路。课堂功夫，并不是读书功夫，这就好比"阅读"和"阅读教学"是两回事一样。语文教师要时刻留心体会如何把学习获得的能量转化为课堂智慧，在课堂教学的洗礼中，获取扬弃是非的能力。对自己的教学，"吾日三省吾身"，敲骨吸髓般地切磋琢磨——常常就在这一次次的反思中，问题就可以水落石出地呈现出来。

读书感悟

　　窦老师在章末引用了歌词结束《认识语文本质》这章的阐述："最爱说的话永远是中国话，字正腔圆、落地有声，说话最算话；最爱写的字是先生教的方块字，横平竖直、堂堂正正做人要像它……"作为一名语文老师，我们的任务就是教学生会写字、会说话、会写作。永远不要忘记我们的"本"，和学生一起在语文的海洋里自主、欢快地遨游。

《认识语文的本质》

悦读《学生，教学的全部意义》感悟

听众朋友好！又到了和大家分享美好的时候。如何成为一名优秀的语文教师？让我们继续从窦桂梅老师的《优秀小学语文教师一定要知道的7件事》这本书中去寻找答案。今天阅读《第2件事：学生，教学的全部意义》。

窦老师说，教育永恒不变的意义，就在于学生。如果没有了儿童，就没有了教育，教师也就失去了存在的意义。让我们小心轻放孩子的心，悉心倾听孩子成长拔节的声音。

一、小心轻放孩子的心

"我是教语文的"，还是"我是用语文教人的"？一位教师的回答，不仅反映出他对语文教育的认识，也体现了学生在其眼中的位置。"教语文的"，总摆脱不了一种狭隘的匠气。"我是用语文教人的"，则更体现了以学生为本的人本教育思想。语文教育的核心就是"用语文"让学生获得"人生的意义"，努力实现人的真正"人文"。在课堂中，特别是低年级课堂中，类似小红花和"你真棒"的鼓励形式比比皆是。我们能否用语文的方式表达欣赏？用一个成语赞美他，用一句名言鼓励他，有条件的送一本书激励他……这样，既是对学生的评价，也是一次促进学生吸纳语言的过程。让我们用客观的"语言文字"激起每一个孩子学习和成长的热情，激起他们对荣誉的尊重。我们常常因为"小红花"骄纵了一部分学生，也伤害了另外一些无辜的学生。尊重每一名学生，是教师从事教育的第一原则。孩子没有差距，只有差异。优秀的教师每做出一项决定都要自问：这种做法会使谁最舒服，谁最不舒服？我们的课堂教学，切不可将竞技奖惩的原则过早地引入到小学生的语文以及其他学科的学习中。课堂就像一棵能开花的大树，每一名学生都是大树上的叶子，都需要阳光和水分。这样一个个等待滋润的孩子，不论智力水平高低，都应该得到我们温暖的呵护和照耀，应当让每一个孩子的心中都开出属于自己的鲜艳的花儿。

二、为儿童的声音把脉

今天的孩子要学会倾听。但是，为人师表的教师需要率先学会"倾听"学生的声音。我们在与学生交往时，对"听"的严重忽视甚至漠视依然普遍存在。这小小的倾听正是让学生学会尊重别人，学会真诚处事，学会关心，学会合作的最好途径。所以，有的时候，"倾听"比"表达"更重要。

窦老师还告诉我们，教师不仅要学会倾听，更重要的是，还要给学生做语言医生。教师的耳朵是听诊器，能够及时诊断出"病症"。面对症状，适时对症下药，用恰当的引导将问题化解，避免学生形成错误的认识。学生发言中的问题，是语言运用的问题，更是思维的问题。如果学生的认识达到了一定的深度并且相对比较全面的话，他们的发言就不会出现问题了。所以，教师的引导和点拨同样也应从语言角度切入，进而延伸到思维方面。但是我们发现，教师之所以忽略学生发言中的问题，甚至没有能力辨别，是因为教师本身不具备自由把握语言的能力。所以，提高教师自身知识和能力储备是每一位语文教师必须做的事情。

三、讲与学的黄金分割

在过分强调学生主体性，将主体性推得过高的今天，教师势必不敢说话，不敢"告诉"。今天的教师热衷于阅读对各种新理念的解读，积极参与各种培训活动，跟着风跑得没有了前进的目标，却不能静心潜读原汁原味的教育理论书籍，并结合自身实践扎扎实实地在课堂上探索，实现师之讲与生之学的黄金分割。窦老师认为，教师该讲的时候就要讲，用精当的讲演和恰当的点拨，把学生的学习引向深入。教师要勇敢地拒绝各种看起来很美的形式上的技巧，多多考虑怎样实现黄金分割，以此来增值教学的生命、学养和智慧。只有这样，教师才能找到自己，课堂才能呈现动态生成的勃勃生机。

可见，优秀教师做任何事情都需要有思量，而酌量这个度，不仅需要探索的勇气，更需要教师的能力。

读书感悟

　　"学生，教学的全部意义！"窦老师反复强调，并掷地有声。那么，教师的一切行为都是为了学生。当教师理解了这一点后，就知道自己的言行举止该如何做了：小心轻放孩子的心，悉心倾听孩子成长拔节的声音，呵护和照耀每一个孩子，为儿童的声音把脉，拒绝形式，考虑实际，找到自我，提升自己。一切为了学生的身心健康成长！

《学生，教学的全部意义》

悦读《读书，我们必须的生活》感悟

听众朋友好！又到了和大家分享美好的时候。如何成为一名优秀的语文教师？让我们继续从窦桂梅老师的《优秀小学语文教师一定要知道的7件事》这本书中去寻找答案。今天阅读《第3件事：读书，我们必须的生活》。

窦老师说，学校教育的目的是什么？是培养终生读书人。书籍是时代波涛中航行着的思想之船。读书，给人以乐趣、光彩、才干。

一、读书，然后才能有育人的底气

很多客观因素挤占了教师读书的时间，于是，当读书没有形成兴趣和养成习惯的时候，"没有时间"顺理成章地就成了教师懒惰的最好借口。学生热爱读书的程度，很大程度上取决于教师读书的兴趣。所以，当我们给学生布置阅读任务的同时，也要给自己布置阅读的任务。有的教师就会提出质疑，教师拿什么时间备课呢？其实，读书就是最好的备课。读书不是为了应付检查，更不是为了对付某一天的课。读书，应当出自内心的需要和对知识的渴求。当读书的涓涓细流涌动不息，与教师的生活融为一体，备课，便不会再是单调乏味的重复过程，教师会站在风光无限的顶峰，放眼长天，一览众山小。

累土成丘，积微成大。渐渐地，教科书里包含的那点学科基础知识，成了入门的常识。学生课上所需的，与教师本身所拥有的相比，也不过是沧海之一粟。这样的教师站在讲台上，怎能不底气十足？这样的教师教出来的学生，怎能不学有所长？

教师的每一节课都是用终身的时间来准备的。教师因读书铸就的灵魂，便会在自己的教育生命中形成永恒的爱心、信念、良知以及社会责任感。这才是一位真正的教师不可或缺的精神底子。

二、读书是最好的精神美容

人外在的形貌基于遗传是难以改变的，但人的精神却可因读书而蓬勃葱茏、气象万千。那些历经时间沉淀依然流光溢彩的文字，在我们的心灵中留下缤纷的映像，让我们内心的气象漫卷云舒。书，是最高档的营养品，最有效的抗衰老剂。读书修缮了我们的灵魂——珍贵的文字佳肴，使心灵日益变得强壮，不再缺钙，不再孤独和软弱。

我们只要具备了读书和学习的自觉意识——我们的"面容"就会总处于鲜活的状态。这样做，不单纯为了积累知识，更是从中思考、领悟，努力使自己的思想由不知到知，由知之不多到精通娴熟，最终由混沌走向理性与成熟。

三、为儿童文学作品保留一个特殊的位置

如何让儿童真正享有并享受童年？这是摆在教育者面前的一个重要课题。只有拥有过真正童年的人，才能在成人的世界中保持一份可贵的童真。语文教师，不仅要像母亲那样本能地成为儿童文学的自觉传播者，更应当以高度的责任感成为儿童文学爱好者，还要把儿童文学作为教育的重要资源，认定儿童文学是儿童教育的必备工具和手段。我们要充分利用儿童文学培养儿童的母语意识，让儿童很好地进行阅读，实现"盐在汤中"的教育性，而不是把教育的"盐"提炼出来，直接让儿童下咽。我们应当做的，是用我们的巧手慧心，把文字中包含的营养尽可能多地滋养给孩子，让我们的学生从作品中自然而然地获得美的熏陶、爱的感怀、英雄主义的豪情、勇敢精神的气魄、科学精神的探索，等等。

读书感悟

特别赞同"腹有诗书气自华"这句话。和窦老师的"读书，然后才能有育人的底气""读书是最好的精神美容"如出一辙。与其说学生需要我们读书，教学需要我们读书，不如说，我们自己需要我们读书。读书，让我们精神焕发；读书，让我们心胸开阔；读书，让我们气定神闲。

《读书，我们必须的生活》

悦读《拥有面对文本的力量》感悟

听众朋友好！又到了和大家分享美好的时候。如何成为一名优秀的语文教师？让我们继续从窦桂梅老师的《优秀小学语文教师一定要知道的7件事》这本书中去寻找答案。今天阅读《第4件事：拥有面对文本的力量》。

窦老师说，阅读是狂热的吸收，解读是稚嫩的创造。每一篇课文的历程，就是教师把解读到的带到课堂，变成学生理解和发现的过程。优秀教师要懂得与学生在解读中共同发现自我，提升自我。

一、将教材置于广袤的林子

小学语文教学，如果仅仅停留在安静的、固定的、技术层面的操作里，必然失去生命的光泽与活力。追求"有见解的解读"，应该是语文课堂寻回师生自我的开始。一位教师的解读能走多远，学生的理解就能走多远。教师的深度解读，会让教学指向意义探究性的，甚至是建构性的高度——一名优秀的语文教师必须要有这样的意识。而解读的深度，考验的实际上是教师来自课本、教参以外的深度阅读。我们一定要把课堂置于作家、作品、文学乃至整个人生、整个世界的广袤的林子。"一叶知秋"——透过林子，再度理解教材，常常会欣然发现，原来那形单影只的一棵树，却有着蓬勃的姿态和生命的力度。

好的语文教学，要探索古代阅读规律，结合现代阅读方法，依据学生现状，走进文本内核，深入体验文字呈现的状态，走出固守教参、"一叶障目"的局限。窦老师说，无论是传统还是现代，如果走向深度阅读，一定会积淀出底气与内力。把着教材的"脉"，找到体现文化与精神的，同时适应儿童心性的、具有民族语言味道的"题眼"，能让语文课走向文化与人格的高度。师生在这样的语言情境中真正走过之后，解读到的，一定会留下最深的印象。

二、教材解读四问

第一，文本究竟说了什么？我们读到一篇文章时，要像指导学生读书一样，读通、读顺、读懂。切不可文章还没有怎么读，就忙着找资料，上网搜寻各种教案设计，舍本逐末。

第二，文本想要说什么？在感性的看、想、读的收获背后，一定有更本质、更客观的东西，等待我们挖掘。作者之所以要这样表达这句话，背后一定有一些相关的条件；一篇文章之所以这样描写，一定有相关的背景。因此，我们必须注意到作者是谁，个人生平、历史背景怎样，当时有些什么社会思潮，等等。

第三，文本能够说什么？不同的人读同一本书，往往会有不同的理解。对原材料的理解程度，与个人阅读水平、个体的经历、心智等诸多因素有关。任何经典的书或文章都是一口井，而读者可以将人生的体验与书中的智慧相互对照，彼此启发，互相印证，尽可能地知道大家都在说什么。所以，"能够说什么"所包含的，就是无穷的可能性。

第四，文本应该说什么？当我们读完一篇文章后，必须要表明自己的立场。这一环节的阅读，涉及精神过程的伴生作用。只有在文本中反复体验，才能形成"我""我们"的阅读经验，这时的"经验"被赋予了"文化"的内涵，即有了价值上的取舍、判断。如果说20世纪90年代的教师基本功应当是"简笔画、粉笔字、普通话"，那么，到今天，解读文本，则更应该成为语文教师专业化的最重要基本功之一。

读书感悟

反思一下自己，我们在平时的备课当中，是先拿起文本阅读还是先去网上找资料搜寻各种教学设计？是先把文本读一遍还是反复读多遍？实践证明，当读一遍或两遍的时候，也许还找不到感觉。但是，一旦反复读多遍的时候，我们的脸上，一定会洋溢着文本带来的喜悦；脑海里一定有了或多或少的灵感；心中一定会产生我想试试的想法。我们需要原创，少用复制。

《拥有面对文本的力量》

悦读《公开课，生命试炼的地方》感悟

听众朋友好！又到了和大家分享美好的时候。如何成为一名优秀的语文教师？让我们继续从窦桂梅老师的《优秀小学语文教师一定要知道的7件事》这本书中去寻找答案。今天阅读《第5件事：公开课，生命试炼的地方》。

窦老师说，优秀教师在做出任何决定或试图进行某种改变之前，都要问自己一个核心的问题：最优秀的人怎样？或许，上公开课是成为最优秀的第一步。

一、痛而后快地成长

教书对教师而言，需要来自千锤万击的磨砺修炼，需要一次又一次栉风沐雨般地接受师长以及学生的公开"拷问"与督促。这好比遇到可遇而不可求的、精良的制作班底，在"倾情演出"后，教师自身的"演技"与思想，将发生脱胎换骨的变化。于是，公开课，成了修炼自己的"道场"。

"一定要争取多上公开课。这是你最好的'炼炉'。"这是窦老师最想对我们说的话。没有这个平台，我们就会失去和大家一起解剖、研究的机会，失去共享酸甜苦辣的机会。就是因为有了"公开"这面镜子，我们才知道不断地纠正自己，并改正自己。

二、没有相同的相遇

每一节公开课，面对的都是不同的学生。而每节公开课，因时间与空间的不同，必将生成不同的叙事风格，构成一幅幅别具特色的画卷：有的是清新宜人的风景画；有的是栩栩如生的人物素描；有的是浓墨重彩的油画；有的是宁静致远的山水写意……美，随处可见，关键在于教师是否具备审美的能力。

教师预设的成功，并不是一纸教案就能决定，而应当是教师在课堂教学中及时捕捉学生的"修改意见"并一次次完成改进的结果。同一节课，只要教师用心，把每一次当作第一次，认真对待学生的"意见"，将学生的资源转化为教学现场的智慧——一次次尝试、一次次揣摩，"作品"也必将一次次臻于完美。

　　教师的精彩来自每一次的教学经历。正是教师与学生彼此"教学相长"，才造就我们每一次的全情投入、每一次的期待、每一次的突破和创造。其实，我们所经历的课堂正如"人不能两次踏进同一条河流"暗示的那样——从来没有相同的相遇，相同的只是教学时间设置的定数，变化的却是包括内容、方法、情感等在内的一系列课堂体验。课堂上，师生如幼芽遇上了光，长出一片片叶子，而每一片叶子都闪耀出生命最亮丽的色彩，最终汇聚成为教师令人激动的人生。

三、精心成就精彩

　　任何一种有目的的活动，要达到预期的目标和效果，都必须好好地设计它的过程。语文教学的研究课，更是如此。教学当中，看似微不足道的一个环节，甚至是寥寥数语的一个过渡，有时却牵一发而动全身，起着至关重要的作用。况且，学生生命的每一天都需要新的"营养"，我们必须悉心"浇灌"，来不得半点马虎。古人慨叹作诗难的名句"两句三年得，一吟双泪流""吟安一个字，捻断数茎须"——用在评价研究课教学设计之难上，也不算夸张。窦老师在设计《秋天的怀念》这一课的导入环节时，就十易其稿。窦老师认为，要讲好公开课，除了要充分考虑学生的发展外，还要给听课教师以教学启迪。因为是"公开"，所以课上的每一句话必须精益求精。最高境界的课堂是要用心血去"培育"的。师者当知在先，好的备课不仅是备教材、备学生、备教法，更是要备属于自己的科学、先进、有特色的教育教学理念——这些工作都需要我们用毕生的精力去完成。

读书感悟

　　如果想不断提升自己并在讲台上找到自我，那就上公开课吧！如果觉得上公开课太累或不知道该如何备课，那就去阅读窦桂梅老师设计《秋天的怀念》导入环节十易其稿的故事吧！优秀，不是说出来的，而是千锤万击、磨砺修炼出来的。

《公开课，生命试炼的地方》

悦读《朗读、语言与写作的素养》感悟

听众朋友好！又到了和大家分享美好的时候。如何成为一名优秀的语文教师？让我们继续从窦桂梅老师的《优秀小学语文教师一定要知道的7件事》这本书中去寻找答案。今天阅读《第6件事：朗读、语言与写作的素养》。

窦老师说，朗读、宣讲，用文字符号表达自己，这就是在建设语文教师的第二重生活。

一、朗读是美好的

母语是可亲的，优秀语文教师都能够懂得，触摸她最好的办法就是读。快乐地诵读意蕴灵秀的句子，徜徉于童趣盎然的儿童文学名著，何其幸福。只有那些能通过朗读这个诗意的途径充分感受并传达母语温暖的教师，才有可能借助并运用这样的形式，把学生带到母语温暖的怀抱中。

要做一位好的语文教师，自己必须先学会朗读，进而才有可能谈到培养会朗读的人。语文教师，应该力求丰富自己的感情，锤炼自己的语言，积淀自己的文学素养，站在传承文明的高度，以心向真善美的人文情怀，去引导学生大声地读，不停地读。课堂上不能缺少学生琅琅的读书声。

我们一定要牢记的是：读书的最终目的是要读出画面，读出个性理解，读出疑问，读出思考，读出精神，读出情感……总之，读出属于自己的独特体悟。

二、写，改变生命的职场

如何让激情、希望、魅力经由平淡生活的某一处火花引燃，从而漫射到教学生活的角角落落、岁岁年年？

一个很好的办法，就是用笔静静地记录，并在写作过程中不断发现和生成新的"我"。正如苏霍姆林斯基说的："每一位教师都来写教育日记，写随笔和记录。这些记录是思考及创造的源泉，是无价之宝，是老师搞教科研的丰富材料及实践基础。"

写，首先丰富了教师的灵魂。让笔静静记下自己，在课堂本身中找寻"我是谁"。每一次记录，都会挖掘自己的心灵，并把它彰显出来。写出的文字，就成了我们的另一张面孔。

我们在写，就在成长。旁人读我们的文章，才会听见我们的声音，看见我们的笑容。

花的开放，赢得的是尊重，积累的更是尊严。

读书感悟

常常在喜马拉雅FM读书栏目中听到主持人这样说："我们读书，然后就不孤单。"窦老师告诉我们，写作，然后就成长自我。在备课中，如果自己能开声把课文多读几遍，然后在课堂上和学生一起出声读课文，美妙的语感体验是我们无法预知得到的！在生活中，如果养成了随时记录和写作的习惯，若干年过去，我们会发现，这些文字比金钱还要宝贵。因为，金钱可以再去赚回，但过去的文字，无法再码回。

《朗读、语言与写作的素养》

悦读《修炼你的激情、思想与风格》感悟

听众朋友好！又到了和大家分享美好的时候。如何成为一名优秀的语文教师？让我们继续从窦桂梅老师的《优秀小学语文教师一定要知道的7件事》这本书中去寻找答案。今天阅读《第7件事：修炼你的激情、思想与风格》。

窦老师说，一名优秀教师，应把教学当作一种表达方式，而不是职业。语文教育对我们而言，是激情，也是思想。拥有激情与思想，才会形成优秀教师独特的教学风格。

一、真诚释放生命的激情

如何唤醒并感染学生？老师的情感显得至为重要。如果把语文教学比作一泓清泉，那么，没有一条富有诗意的情感和审美的激流，就不可能有学生身心的愉悦和陶冶，更不可能有学生综合素养的培育发展。

激情是什么？没有情感的课堂就像一口古井。教师的激情不在于渲染，也不应是教师的刻意追求。激情只能缘于一种真切——无论什么性格的教师，其眼睛里流露的一定是对学生、对语文的热爱。

激情是一种状态。什么是我们生活中最重要的东西呢？就是情感。因为热爱，就有了情感，有了情感，就会走向蓬勃的生命状态。我们必须以生命中习以为常的情感感动自己，再用自己的率真、坦诚、热情感染学生、打动学生……于是，充满激情的我们，就会因为热爱而形成工作的惯性，就像火车上了轨道，不可能再轻易停下来。

激情是一种心态。状态决定心态，心态决定人生态度。激情在生命的理解与行走中，是一种不计较宠辱得失、不预见成败结果的，具备思想力量的信念行为。

如何拥有激情？课始激情情始生——教材是"泉眼"，课堂就是有待开掘的一条有生命的河。课中悟情情更浓——情感思想的真实贯穿就是"道"。有

温度的、绚烂的情感课堂所呈现的态势，不是卖弄，更不是灌输，而是文情并茂时放射的精神光华。课终谙情情未了——如果有了对文字的触摸与体味，对情感自然和谐的引发与共鸣，那么整个课堂就是一条情感涌动的河流。走出课堂，会记住《圆明园的毁灭》的沉重，忘情于陶渊明的"幽然见南山"……穿越时空，仰观宇宙之大，俯察品类之盛，看仓颉造汉字、屈子赋《离骚》、太史公写《史记》……

二、向思想的高处迈进

如果说激情是母体，那她孕育的就是思想。激情好比人字的撇，思想好比人字的捺。组成大写的、立体的人，正是优秀教师永远的教育追求。

1. 我的课堂我做主

我们要更加刻苦地读书+实践+反思。梁实秋说："读书永远不恨其晚，即使晚了，也比不读强。"所以，我们要想方设法提高自己的专业自能。教师的激情与思想的培养，最好的途径是向内探索，强调教师内在专业精神的生长，鼓励教师自我剖析、自我澄明，建构积极的专业自信。

2. 擦亮自己的眼睛

教师只有拥有独到的见解，才会对教学效果产生实质性的影响。只有从内心深处实现强大自我的教师，才会以积极的方式看待自己，能够准确地、现实地领悟自己的水平和境界。从心灵出发，抬头看天，擦亮教育的眼睛。

读书感悟 ---

我常常对自己和教师们说，站在讲台上的我们是最美的！因为一旦站上讲台，我们就会变得神采飞扬，眼里有光，脸上有神。一份莫名的责任感油然而生！我觉得这就是激情。所以，正像窦老师所说，激情不是刻意去追求的，而是发自内心地对语文、对学生的热爱，才能自然而然拥有。有激情、有思想、有风格，是千千万万优秀的语文教师共同追求的目标！

《修炼你的激情、思想与风格》

《我是一支爱写作的铅笔》

山姆·斯沃普/著

悦读《序幕：黑鸟在飞》感悟

听众朋友好！又到了和大家分享美好的时候。从今天开始，我要和大家分享一本特别的书——《我是一支爱写作的铅笔》，书中记录的是一位美国老师山姆·斯沃普和他的学生们的故事世界。今天阅读《序幕：黑鸟在飞》。

斯沃普老师说，在长年教学中，他积累了大量的原始资料，包括教学笔记、与学生的谈话、课堂录音以及学生作业。这堆积如山的资料长达数千页，是这本书的素材。这本书是他在三年之间教导一群小朋友创意写作的记录。他说，他的学生跌跌撞撞地学习怎么写作，他也跌跌撞撞地学习该怎么教学。这两者有许多相似之处——都需要技巧，也都需要热情。

斯沃普老师说，每位教师都有其独特的"角色"与"独门绝招"，这本书叙述了他如何找到属于他的角色与独门绝招的经历。

一、学生读诗

斯沃普老师把史蒂文斯的《观鸟十三式》这首诗复印发给学生，师生在学习完生词后开始读诗。

一

二十座雪山

一片寂静，

在动的

只有黑鸟的眼睛。

二

我有三副心思，

就像一棵树上的

三只黑鸟。

第一节说的是黑鸟的眼睛，第二节说的是诗人自己，而黑鸟用来比喻诗人变化不定的心思。整篇诗作里，诗人让实际的黑鸟和自己心中的黑鸟交替出现——斯沃普老师想，对五年级学生来说，《观鸟十三式》是不是太难了？

果然，学生的反应是"我一点也看不懂""根本不叫诗！""像说明书！""看黑鸟指南"！

怎么办？

二、教师读诗

斯沃普老师说："我现在开始读这首诗，你们坐舒服了，好好听。"他把灯关了，教室里一下变暗，光线模糊，不少学生低下了头。给学生读诗真是奇妙——教师的声音、史蒂文斯的诗、黑鸟，回旋在教室里。没有人动，也没有人说话。教师读完了，诗还飘在空气中。

"有什么感想？"——"好像能懂一点了。""你读的时候，有一种说不出的感觉。"

这首诗很难捕捉。没有主角，没有故事，没有幽默，甚至没有韵脚，没有清楚的节拍，没有振奋的激情，它的好处是微妙、隐蔽而且抽象。需要讨论才能更深入地理解。于是，集中讨论了诗中比较易读的部分，然后让学生们从尽可能多的角度去写一棵树。

三、学生写诗

树干上看起来像有眼睛。

像是一根棍子的头上有个蜂窝。

……

斯沃普老师发现学生懂得什么叫诗的立意，可是他们写的不叫诗。为了帮他们写出诗来，决定分组，一行一行讨论，以史蒂文斯的诗为样板，写"看树十三式"。

斯沃普老师一个组一个组地开会，私聊的好处太惊人了：

抢着说话的就让他们尽情表达完他们的观点后，斯沃普老师再引导他们思考。

> 你们是一体，
>
> 我也是。
>
> 而树也是
>
> 我们的一部分。

——娜利亚

整天爱画画宣泄自己情绪的米格尔，斯沃普老师对他说："求你别再画了，开始写吧！写写怎么看树，至少写一种看法，好吗？你能行！"

> 它长得很大，
>
> 但是他
>
> 很小。
>
> 不过，
>
> 大事
>
> 正在他的里面
>
> 发生。

——米格尔

就这样，斯沃普老师和学生一边读诗，一边讨论，一边写作，一边修改，站在学生的理解层面，认同、理解、鼓励、肯定。学了两个星期史蒂文斯的诗，然后，很多学生为全班朗读了自己写的诗，就跟黑鸟说了再见。大家都有些累了，但似乎都很快乐。

读书感悟

感受着斯沃普老师和学生一起学习《观鸟十三式》的过程，我由衷地慨叹：当斯沃普老师的学生真幸福！多么舍得花时间啊！多么会想办法呀！学生的笔多么自由啊！学生从不懂到懂一点点，从懂一点点到模仿着写；从不会写到会写一点点，从会写一点点到全班念诗……这就是学习，这就是快乐学习。

《序幕：黑鸟在飞》

悦读《三年级：盒子计划》感悟

听众朋友好！又到了和大家分享美好的时候。今天继续和大家分享这一本特别的书——《我是一支爱写作的铅笔》。今天阅读《三年级：盒子计划》。

斯沃普老师对三年级的学生说："你们每个人都要准备一个盒子，想做成什么样子都行。盒子做好之后，每个人就做一本自己的故事书，然后把这本书放进盒子里，永久保存。将来有一天你们的孩子会看到它，打开它，然后发现里边有一本书，讲的是装书的盒子的故事……""装书的盒子的故事！"学生们笑了，他们很喜欢这种绕口令似的说法。

这就是斯沃普老师的"盒子计划"。

斯沃普老师本是作家，常编些滑稽故事。作家协会请他去一个写作工作坊，对象是一所小学三年级的一个班。

第一堂课，斯沃普老师对学生们说："写个故事，想写什么都可以。条件是，必须是你自己编的，不能抄电视上或者书上的，要有点意外，让我猜不到，要写得好玩。"

米格尔问："老师，你都是怎么想出来的？"

"噢，天，这可真难回答。大多数故事都是突然一下子想到的。"斯沃普老师对着一脸迷惑的米格尔说，"灵感无处不在，只需要去发现。比如，你要是仔细去看，就会在地上找到一个灵感。"

于是，斯沃普老师走到米格尔跟前，趴在地上，看着地板上的缝隙，说："你知道吗？这里面住着小人一家，他们坐着小小的沙发，正在看小小的电视。"

米格尔说："可是我看不见。"

斯沃普老师仍耐心地说："你不介意我看看你的耳朵吧？"

米格尔的眼睛瞪圆了，然后呵呵一笑，耸耸肩答应了。斯沃普老师像医生那样，开始查看他的耳朵："哈，我猜得没错，你的脑子里真有个灵感，而且还很好玩呢！"他把笔放在米格尔手里，说："你能做到，人人都能做到，只需要开始写，灵感自然就会来，我保证。"

斯沃普老师没有让学生们列故事大纲，让他们爱写什么就写什么。于是，就有了很多天马行空的故事。

学生阿伦写了《夏天的圣诞老人》，斯沃普老师觉得他写得太棒了！就念给孩子们听：

夏天的圣诞老人

从前，并不是很久之前，有一年的冬天很热，热到一点雪也没下。所有的小孩都在吵闹："圣诞老人今年不会来了！"突然间，出现了一道闪光，有谁灵巧地踩着滑板来了。原来是圣诞老人！圣诞老人，加油！圣诞老人，加油！他给每个孩子发了礼物。小精灵到处散布彩虹。圣诞老人来了，大家都很高兴。然后他让天空下起雪。我跑过去一拉，把他的胡子拉掉了。他说："你别想跑，小孩儿！"原来他不是圣诞老人！哈！原来他不是圣诞老人！别人不再信圣诞老人了，但我还信。我真希望他在这儿。

然后，斯沃普老师提议大家当场把这个故事演出来。因为他看过《沃利的故事》这本书，沃利是幼儿园里的一个淘气包，他的故事被演成了戏，这个过程改变了沃利以及他的老师和同学。斯沃普老师说，读了这本书，你就会觉得自己掌握了教育的秘诀，假如每个课堂都是那样，世界就会完美起来。

《夏天的圣诞老人》的大幕落下，学生盼望着自己的故事也能上演。

下课了，留什么作业给学生们呢？斯沃普想出了一个作业，他认为是他有生以来留的最好的作业："明天来学校的路上，发现一个新东西，你从前没有见到过的、你喜欢的小东西。"

读书感悟

我相信，每一位学生都愿意拿着自己的笔写自己编出来的故事，并把自己编的故事装在自己的盒子里；我相信，每一位学生都希望老师和同学们演自己写出来的故事；我更相信，每一位学生都喜欢老师布置的这项作业并认真地去完成这项作业——在上学或放学路上，发现一个新东西。也正像斯沃普老师说的那样，只要留意，人总能发现更多的新东西，观察它们，一定会令自己无比快乐！

《三年级：盒子计划》

悦读《四年级：海岛计划》感悟

　　听众朋友好！又到了和大家分享美好的时候。今天继续和大家分享这一本特别的书——《我是一支爱写作的铅笔》。今天阅读《四年级：海岛计划》。

　　校长斯卡利斯夫人日理万机。她看不起那些不能一心为学生全力付出的教师。她受人爱戴，可也有不少教师嫌她固执、多变又专横。但她一点也不在意。她说："管这么大的学校，不可能不树敌。但我又不是在这儿比赛亲民的，我所做的每一件事、所打的每一场仗，都是为了孩子。"对于学生需要怎样的教育，每个人的意见都不同。校长斯卡利斯夫人认为学生们当然需要掌握基本的技能，可她坚决主张要教给他们艺术。所以，她要求每个班每学期都得演出一个节目。教师抱怨要花好几周的时间准备节目，而这些时间不如花在学习上，把成绩提高一些。校长说，延长学习时间并不能帮助差的教师提高分数。艺术无处不在，创造性的艺术不是多余的，而是与生活密不可分。

　　斯沃普老师非常认同！童年时候的创造力是多么自然而然。我们小时候演的剧，跳的舞，画的画，构成了我们最生动的记忆，为我们打开了艺术之门。所以，他准备在学期的最后一个月做一个重要的项目，与"盒子计划"相仿，要有趣，要把写作和美术结合起来。他找到了一个主题：小岛。这个题目如此丰富，似乎有无限的可能性，他设计的教案涉及了美术、数学、阅读、科学、社会研究和写作等许多科目。

　　首先，他在学生面前画了个漫画式的荒岛，上面还有一棵棕榈树。问学生，"这是什么？""什么是岛？""是什么让这些岛待在原地，而没有像一只小船那样漂走？"学生们热烈地讨论，最后学生们意识到，岛是一直通到海底陆地的，与之相连，无声地宣示着广大的、隐藏着的海底世界。于是，斯沃普老师在刚画的岛下，又画出下面的部分，一直连到海底。又画了一些山，不算很高，但高出海面。还画了一群鱼、一条鲨鱼和一艘沉船。在天上，还画了一朵云、一只鸟和一架飞机。斯沃普老师的举动引起了学生们的高度注意。斯沃普老师趁热打铁地说："拿出一张纸，每人写一首诗，以'如果我是一座小岛……'为开头，接下去写你这个岛会怎么样。会不会荒凉，有没有动物、魔法、奇怪的音乐？"

接着，斯沃普老师和学生们读关于岛的书籍、搜索有关岛屿的段落和对岛屿的介绍。在学生们创作出想象的海岛之前，还一起研究地图，并给他们发一张有色彩的大卡纸，用自己躺在上面的身形勾画出有创造性、独特的海岛形状。

最后，让学生带着自己的构思跟教师商讨故事：你的海岛主题是什么？主角有谁？会有什么故事发生？……在学期的最后几天，教师和学生演出了海岛故事，一气儿演了两天。

这就是斯沃普老师的"海岛计划"。

让我们来听听斯沃普老师写给学生们的点评吧：

亲爱的阿伦：

我很喜欢你的《雷克斯岛》。但是，请不要让你的主角立刻就遇到恐龙，要让他们慢慢地去发现。他们可以看到脚印，或者听到奇怪的声响。也许，他们会发现一些骨头。多安排一些对话。

亲爱的马雅：

这个故事真是新奇大胆，但是，我把第一段和第二段全部删掉了，直接切入正题，让路易斯早些发现魔鬼树。你可要再多加些描写啊！（你家附近有什么树可以观察吗？）我想不出怎么写树说的话，它有嘴吗？

亲爱的艾拉：

你的故事中的确有非常棒的画面，特别是绿头和岛上长出来的吓人的大手指。最大的问题就是，你还没有故事，你只是在描写，没有情节。

亲爱的美凯：

这个故事有很多地方可圈可点……你应当早点介绍巨蛋，还需要进一步描写它……不要让家长找到女孩，这样就太简单了。让她去找他们。毕竟，在生活中得到你想要的东西并不容易，你要去争取。

读书感悟

　　读着斯沃普老师记录的与学生们在一起的点点滴滴，我能真切地感受到，学生对他的喜欢，完全是斯沃普老师全身心对学生的爱和付出换来的。也只有心中装着学生，才会想到这么有创意、学生这么喜欢、让学生爱上写作的"海岛计划"。

《四年级：海岛计划》

悦读《五年级：树计划》感悟

听众朋友好！又到了和大家分享美好的时候。今天继续和大家分享这一本特别的书——《我是一支爱写作的铅笔》。今天阅读《五年级：树计划》。

斯沃普老师这一学年的写作主题是——树。他问学生："树是什么？"然后把学生的回答"木质枝干的大植物"写在黑板上后，又问："树还有其他什么部分？""谁能说出家乡的一些树名？""树给了我们什么？""在很热的夏天，树可以给我们什么？""鸟呢，它们会怎么利用树？""树会发出什么声音？""树还有什么敌人？"……斯沃普老师就是这样看似随意、却是有目的地跟学生热火朝天地聊着，并把学生五花八门的答案写在黑板上。他说，他喜欢新学期的第一堂课，大家都十分踊跃，本子是全新的，还是一片空白，人人都想好好干一场。

斯沃普老师把一张大纸打开，用鲜绿的彩笔写下标题——《一棵树》。然后说："咱们全班来共同写一首诗，诗的每一行都要用到这三个字。"学生写得不是很好，"一棵树很勇敢""一棵树很安静"……但斯沃普老师夸道："真好！"又启发道："还记得比喻吗？闭上眼睛想一想，想象一棵树的样子。你看见了什么？它让你想起了什么？"

接着，每个人都写了关于树的诗。只有少数人写得像诗，或者是处理得稍有韵律的清单，多数只是独白，或购物清单似的。但有一首诗让他惊讶、赞叹，如同一株怒放的玉兰。

树是春天里的婚纱，

树是巨大的中国折扇，

树是上帝的大信使，

树是大自然母亲的孩子。

草莓树！！

枫树！！

树是幼鸟的托儿所，

树给我们空气，

树能读懂云朵。

苹果树！！

樱桃树！！

树是上帝的假发。

树中藏着美丽的故事。

椰子树！！

棕榈树！！

树是小狗的厕所。

触摸天空！

远在天边，

在野兽之中，

树是天使的唱诗班。

红色的树！！！

绿色的树！！！

树把地上的风景讲给上帝。

树在沙漠中受着煎熬。

树是诉说着理性的古老圣贤。

树就是树。

学生马雅一气呵成，屏住呼吸，脸蛋通红。斯沃普老师大张旗鼓地推崇玛雅的诗，把它打印出来，发给学生们人手一份。于是，马雅知道自己写出了特别的作品，把诗拿去参赛，看见自己的名字印成了铅字。如果马雅将来真成了作家，她很可能会说，这首诗是她写作的开端。

斯沃普老师告诉学生们写信。还是在三年级的时候，就给他们留这样的作业：“告诉我一些你们认为我会想知道的事。”他给学生每个人一个信封，教他们怎样写信封，并告诉他们：可以在信封上画画，很好玩；邮局卖两种邮票，有趣的和无聊的；长大后，不要去选那些无聊的邮票。他让学生们亲身经历投信的过程：踮起脚尖，掀起挡板，向邮筒里窥探，然后把信封塞进去，再收回手，把挡板盖上。

现在,斯沃普老师让学生给树写信。他希望通过给树写信,学生们会与树产生某种联系,并帮助没有掌握要领的学生,把他们的观察理清,告诉树,在哪儿坐着,看见了什么,听见了什么,让思想带着去别的地方,要有更大的想法,让自然产生奇迹。像诗人威廉·布莱克那样,"在一粒沙中看到世界,在一朵野花里看见天堂。"

然后找到赞助商,为学生出了一本书,记录他们与树相伴一年中的故事,书名就叫《树之书》。

接着他们就有了一年四季都去中央公园观察树、亲近树、了解树的理由。

斯沃普老师和他的学生们在公园里画树、捡树叶、摸树皮、找树种、看树上老鹰飞、看树下昆虫爬……

最后,斯沃普老师问学生,从他的写作课上学到什么。学生会说"要更加具体""绝对不能无聊"。斯沃普老师希望自然写作能让学生具体地描写世界。所以,斯沃普老师在这本书的后记中这样写道:"亲爱的同学们,无论你们在哪儿,我希望你们都在努力地做着自己喜欢的事情,并能获得成功。我也希望你们有时会出于乐趣而写作、阅读,并且偶尔仔细地观察世界,注意到那些使你们好奇的事物。"

读书感悟

合上这本书,不,不愿意合上这本书。我希望,还能看到"白云计划",看到"动物计划",看到"色彩计划"……激发和点燃学生心中表达的欲望。想尽一切办法带学生到大自然中观察、体验、感知,进行自然写作。写独特的,写有趣的,写别人没有看到的。这就是斯沃普老师教给我们的写作方法。在这样的方法指导下,我们的学生都会拥有一支爱写作的铅笔。

《五年级:树计划》

《儿童教育诗》

李庆明/著

悦读《教育家什么模样——李吉林的启示》感悟

听众朋友好！又到了和大家分享美好的时候。从今天开始，让我们阅读李庆明老师撰写的《儿童教育诗》，走近李吉林老师，走进情境教育。

李吉林老师以儿童为荣，以教育为诗。她常说："我要在花和月中寻找，寻找童年的眼睛……一颗纯真的童心在胸中激荡，周围的一切，竟变得这样的新奇、美好。""教师也在用心血写诗，而且写着人们最关注的明天的诗——不过，那不是写在稿纸上，是写在学生的心田里。"所以，教育家对于儿童和教育要具有一种神圣的情怀。

李吉林老师常常从儿童观念、教学模式，到课程建构，乃至基本的教育原理，勇于批判和质疑："内涵极为丰富的小学语文教学，被支离破碎的分析讲解、没完没了的重复性抄写，各式名目繁多的习题以及不求甚解的机械背诵所替代，并充塞儿童的生活。所有这一切……造成了小学语文教学呆板、烦琐、片面、低效的弊端，压抑了儿童的禀赋和才能。""多少年来，学校教育习惯于把学生看作接纳的对象，学生的主要任务是'静心'听讲，教师的主导作用的过度夸大、强化，形成了一个教师掌握、甚至牵制着的划一的集体，排斥或者忽略了学生的活动。""校园的高墙，以至教室低矮的门窗阻隔了儿童与社会、与大自然的相通，在这样一个狭窄天地里怎么去培养能适应未来，适应世界，可以驾驭现代化的人才呢？"——所以，教育家要做陈腐教育的勇敢批判者和"我行我素"的坚定探索者。

李吉林老师的情境教育，接通中西教育的血脉，又扎根本土文化语境，总结出情境的四大特点："讲究真""讲究情""讲究思""讲究美"。她说："'真''情''思''美'，正是儿童教育所需。运用它可以使小学教育真正走中国人自己的路，可以在儿童接受初等教育过程中，在学习基础知识、基本能力的过程中，潜在智能得以充分开发，精神世界得到丰富，完美人格得到培养。"教育家就要这样发出彰显时代精神乃至世界意义的"中国声音"。

作者李庆明老师在导言《涌浪人生》中告诉我们，李吉林老师酷爱读书，在"小学里读大学"，数年如一日，勤学不辍、厚积薄发，为迎接教育教学改革的春天做了充分的知识、理论储备。李吉林老师抓住一切可以利用的机会，考察域外教育的发展状况，比照中外教育长短歧别。借到全国各地上课讲学之际，她四处求教，向教育理论家、学者请教，与各地教育名家交流切磋。她说，真正的教育实验研究应当植根于教育的现实土壤中，应该是"现实的研究""实践的研究"，就是"思量着做"和"做着思量"。她以"思"为核心，以"美"为突破口，以"情"为纽带，以儿童"活动"为根基，以"周围世界"为源泉，相互渗透，融通课堂教育、课外教育与野外教育活动，联结家庭教育、学校教育和社会教育，整体联动，可以构成一个区域广远、目标一致的优化情境，为学生提供生动活泼、自由丰富的发展空间，促使学生在其间积极主动地活动，充分发挥情境教育特有的统整性、涵摄性的教育效应，实现儿童身心素质的全面和谐的发展。

读书感悟

教育家什么模样？李吉林老师就是像苏霍姆林斯基一样接地气的教育家。她爱学生，把学生放在自己的心中；她爱教育，把教育事业当成诗歌去谱写。她奉上自己的真性情研究着情境教育；她用勤勉充实自己，让自己变得强大；她还批判着陈腐的教育和不良的现象；她用铿锵有力的声音向时代、向世界宣告教育的真谛！我们唯有紧踏李老师走过的路，把脚印踩得更深更稳，把天地拓得更宽更远！

《教育家什么模样
——李吉林的启示》

悦读《走进儿童心灵的教育探索》感悟

听众朋友好！又到了和大家分享美好的时候。让我们继续走进李庆明老师撰写的《儿童教育诗》，走近李吉林老师，走进情境教育。

李庆明老师在上篇《走进儿童心灵的教育探索》中，从《诗意之旅》《思想渊源》《独树一帜的主张》《开放的模式》四大方面阐述。我们从《开放的模式》这部分来熟悉李吉林老师的情境教育吧！

一、情境教育的基本模式

1. 理论要素

依据马克思关于人在主体性的活动和环境的相互作用及和谐统一中获得全面发展的理论，借鉴现代脑科学，有益暗示、移情、角色等心理科学、美学以及传统的境界学说，构建情境教育的基本模式。

2. 目标要素

情境教育的根本目标是促进儿童真善美等素质全面和谐、生动活泼的发展。体现在心理上，就是知、情、意、行的整体协调发展。

3. 环境要素

在第一个维度——环境的延展性中，李吉林老师提到"拓宽教育空间"，在第二个维度——环境的亲在性中，表明人与世界不可分离的亲情交融状态。在李吉林老师看来，环境越阔大、开放，越是要注重它与儿童心灵的契合。因此，她把"缩短心理距离，形成最佳的情绪状态"作为情境教育模式的一个重要因素。

4. 活动要素

在第一个维度——活动的角色性中，李吉林老师认为，角色转换产生的新异感，会激起学生热烈的情绪，使儿童作为一个活生生的人，在角色意识的驱动下，全身心地卷入教育教学过程，全面地活动起来，伴随着主体地位的确立，学生获得自我的充分发展。

在第二个维度——活动的操作性中，李吉林老师认为，情境教育的操作活动与机械的、题海式的习题训练有质的区别。这是一种在"既带有情感色彩，又富有实际价值的操作情境"中"动脑、动手、动口，忘我地进行"的情趣盎然的操作活动。

5.评价要素

"情境教育着眼儿童整体素质的提高，强调学会做人，重在言行一致和行为表现。提倡学会学习，学以致用，动脑和动手并重。测评的多样化，重在反馈调节，特别是自评能力的培养和自我调整，优化实现全班每个人的素质教育目标。"所以，情境教育模式的评价要素，和西方目前蔚为风气的质性评价是有不谋而合之处的。

二、情境教育的课程模式

情境课程对课程开发分三个维度进行独特理解：一是儿童。在李吉林老师看来，儿童世界是一个诗意栖居的世界，充满了纯真情趣、潜在智慧和生机勃勃的创造活力。她主张通过开发并创设富于美感、充满智慧和儿童情趣的"情境"来激发儿童的内在需要，诱发其生命冲动，通过儿童与情境的相互作用，推动儿童全身心地投入学习活动。二是知识。情境课程依据的知识观认为，任何知识都是情境性的，即任何知识都是存在于一定的时空、境域、理论范式、价值体系、语言符号等文化因素之中的。她尊重个体的身心差异，反映个人的兴趣爱好，关注个人的自我知识，鼓励儿童以独特的方式参与到课程知识和文化的创造中来。三是社会。社会生活本身就是活生生的课程资源，课程应当回归生活世界，与生活融为一体。

三、情境教育的教学模式

李吉林老师从不同角度提出情境教学的"四特点""五原则""五要素"（即五为）：

情境教学的"四特点"是：形真；情切；意远；寓理其中（或理蕴）。

"五原则"是：以培养兴趣为前提，诱发主动性；以指导观察为基础，强化感受性；以发展思维为核心，突出创造性；以陶冶情感为动因，渗透教育性；以训练学科能力为手段，贯穿实践性。

"五要素"是：以"美"为突破口；以"情"为纽带；以"思"为核心；以"儿童活动"为途径；以"周围世界"为源泉。

它们有机地联结在一起，贯穿于教学过程的各个方面和环节，以多样化的形式，发挥着它们的特殊作用，形成了情境教学独有的模式。

读书感悟

当我们把李吉林老师的教育教学模式一一罗列出来的时候，会发现，李老师永远离不开"儿童、真情、活动、审美、感悟"等方面。所以，让我们记住李庆明老师对情境教学模式做出的描述和阐释：

1. 引入情境，在探究的乐趣中诱发动机。

2. 凭借情境，在审美的乐趣中丰富感受。

3. 融入情境，在体验的乐趣中陶冶情感。

4. 优化情境，在活动的乐趣中增长力量。

5. 营造情境，在创造的乐趣中伸展灵性。

6. 拓宽情境，在认识周围世界的乐趣中开阔视野。

《走进儿童心灵的教育探索》

悦读《书写儿童教育的中国史诗》感悟

听众朋友好！又到了和大家分享美好的时候。让我们继续走进李庆明老师撰写的《儿童教育诗》，走近李吉林老师，走进情境教育。

李庆明老师在下篇《书写儿童教育的中国史诗》中，从《"孩子的眼睛"：儿童世界的再发现》《"以情感为纽带"：促进儿童成长的秘密》《"让学生充分活动"：伸展生命灵性的根基》《"走进真实生活"：回归精神世界的诞生地》《"让创新的种子破土而出"：激发儿童创造的潜能》《"孩子的发展不能没有美"：追求美的教育境界》《"科学性、应用性、艺术性"：一种更完备的教育研究范式的尝试》七大方面阐述。我们从情感和活动这两部分内容来熟悉李吉林老师的情境教育吧！

一、"以情感为纽带"：促进儿童成长的秘密

李吉林情境教育思想的核心，就是不遗余力地主张"以情感为纽带"这一信条。她首先从人性的最普遍的意义上认定："情感素养是人的一切素养的血肉。没有情感，就没有什么素质可言。"她认为，儿童的一切活动——无论是认知活动，道德活动还是审美活动，都维系于情感的驱动。

例如，在认知活动中，一旦儿童的认知活动能伴随情感，那他们对客观世界的认识会更为丰富，更为深刻，也更为主动。因此，情境教育所创设的"情境"，首先注意渲染具有一定力度的氛围，使儿童对客观情境获得具体的感受，从而激起相应的情感。儿童在情感的驱动下主动积极地投入认知活动。

儿童的道德活动也是这样，情感是儿童思想意识、道德行为强有力的发动者和鼓舞者，儿童的道德行为都是以道德情感为先驱的。因而，道德教育必须重视从"动情"到"晓理"的过渡。

审美活动，则更离不开情感的驱动：没有情感的审美活动是不存在的。因此，诱发学生的审美动因，是审美教育成功的关键。那么，就可以从诱发学生

的情感入手。

总之，要全面推动儿童的生命活动，就必须激活、释放蕴藏在儿童身上的取之不竭的情感力量。

如何以情境教学的"境中之情"去拨动学生胸中的情绪呢？"中介"就是教师之情。李老师强调，不管是多么先进的教育教学技术、手段，都只有积淀、蕴含着一种内在的精神性、情感性的期许，才能真正架设起一座"教师与学生之间，真情交融""教材与学生之间，引发共鸣"以及"学生与学生之间，友爱亲密"的桥梁。

二、"让学生充分活动"：伸展生命灵性的根基

在李吉林老师看来，"活动是儿童的天性，是他们的素质、个性发展的根基""没有孩子的活动，就不可能迈出人生的第一步"。活动，充分显现、张扬了儿童活泼、旺盛、充盈的生命力量。

李老师根据马克思主义哲学原理，把活动看作"主体与环境相统一"的过程。这一过程在本质上有三个特性：

1. 活动是自由的

它是儿童天性的展现。通过活动，儿童蕴藏的情感、智慧潜能，充满生气的自由生命力量才能得以彰显和实现。

2. 活动是全面的

活动是一种全身心的投入和沉浸。儿童被带入特定的情境中，会"伴随着情感主动地参与教育教学过程，主动地活动起来，进行感知的活动，语言的活动，思维的活动，触摸、模仿、操作等身体的活动，加上通过图画、音乐、戏剧创设情境，又有了包括唱歌、跳舞、演示等在内的艺术活动"。总之，"儿童是作为完全的人、整体的人存在而活动着的"。

3. 活动也是社会的

情境教育特别注重在一种"亲、助、乐"的人际情境中开展活动。儿童"在情境中相互切磋，你提问我回答，你说错我纠正，你优秀我学习，你掉队我帮助，学会互补，学会肯定别人，学会与别人合作"。"情境"成为一种"人为优化了的环境，促使儿童能动地活动于其中的环境"。

读书感悟

　　教育，如果离开了情感，等于在复制一个又一个机器孩子。儿童的认知、道德和审美，方方面面，都必须是从内心激发出来的。那么，我们在实施教育教学的时候，是否只是考虑了学生的被动接受，而忽略了学生的情感内驱力呢？我们常常会说，只有做自己发自内心最喜欢的事情，才是最快乐、最幸福的事。不管遇到多少阻力或困难，都会因为喜欢而想办法克服困难和减少阻力。那么，我们面对的学生，也是这样。我们教师的任务，就是用自己有温度的情感，带动、激发、挖掘学生藏在内心的情感，让他们爆发出最大的能量，完成我们预想的目标。

《书写儿童教育的中国史诗》

《促进教学的测验与评价》

赵德成/著

悦读《走近测验与评价》感悟

亲爱的老师,从今天开始,让我们阅读赵德成老师撰写的《促进教学的测验与评价》,熟悉和了解什么是测验与评价。争取既做一名教学专家,又做一名评价专家。

赵老师说,评价是教学的有机组成部分,教师只有在教学中不断通过测验与评价分析学情,诊断学生达成预期目标的程度,才能使教学更有针对性和吸引力,更能有效地促进学生发展。所以,优秀的教师不能只会教、不会评。"评价"是教师专业能力中的重要成分,既要精通教学,又要研究评价。

今天学习第1章《走近测验与评价》。

什么是教育评价?现代的教育评价概念是美国当代著名教育家泰勒首次提出的。广义的教育评价是按照一定的价值标准,对受教育者的发展变化及构成其变化的诸种因素进行价值判断的过程。狭义的教育评价指的是对学生发展变化达成既定标准程度的评判。

几种经典的教育评价模式是目标本位评价模式、CIPP评价模式、目标游离评价模式、建构主义评价模式。

教学中的评价分为诊断性评价、形成性评价和终结性评价。诊断性评价是教学工作一个不可或缺的重要环节。以学习者为中心、以学定教的理念逐渐被教师接受,但许多教师在观念上意识到诊断性评价的重要意义,但在行动上却只是走形式。好的诊断性评价应该对学生教学前的状况进行全面、客观的分析。诊断内容包括知识、疑问、经验、兴趣、潜力等方面;诊断方法包括测验、问卷、访谈、资料分析、观察等方面。形成性评价指在教学实施过程中教师对学生学习情况所进行的评价、又称过程性评价。它对学习改进具有实质性的积极促进作用。主要体现在导向、诊断、反馈、强化、激励、改进、长远发展等方面。终结性评价指在某项计划或方案结束后对其最终结果进行的评价。

评价在教学中的意义主要体现在：对教师的教与学生的学发挥导向作用；分析学生的学习需要，使教学更有针对性；诊断学生的优势与不足，为教学提供反馈；评价学生学习成效与教师教学绩效。

教师需要具备多样化的能力，教师要成为评价专家。培训、绩效、教学标准国际委员会将优秀教师应具备的能力分为5个维度，分别是专业基础、计划与准备、教学方法与策略、评价、教学管理。评价是其中一个重要维度，又可以分为两项能力——评价学习和表现、评价教学效果。

优秀的教师善于根据学习目标设计、选择和使用相应的评价工具去评价学生的学习进展。更重要的是，这种评价不仅关注学习的最终结果，而且强调学生学习的情感态度；不仅关注每一个独立个体的表现，而且强调个体在小组中的贡献及整个小组共同分担责任，沟通合作，为同一目标努力工作的效果；不仅关注教师对学生学的评价，而且强调学生对自我的评价与反思，以提高学生的自我反思与自我监控能力，促进学生的可持续发展。

优秀的教师在教学过程中及教学结束后，都会对教学材料、教学方法和学习活动、教师表现、教学环境和设备的影响等因素进行评价与反思，并采用合适的方式予以调整和补救。

读书感悟

我们在没有接触赵德成老师的这本书之前，对评价的理解也许是表面的、浅显的，或重视度不够的。更没有意识到，在优秀教师应具备的能力中，评价是重要的能力之一。我们更多关注的是教师的专业基础、教学方法与策略、教学管理等方面。所以，赵老师告诉我们，当我们重视评价后，我们就会将自己评价教学的数据记录下来，经常进行回顾与分析，就会清晰发现自己教学中的优势与不足，从而明确未来的发展方向和改进策略，教学能力和教学成效也会不断提升。

《走近测验与评价》

悦读《如何设计测验与评价》感悟

亲爱的老师，让我们继续阅读赵德成老师撰写的《促进教学的测验与评价》。今天来了解《如何设计测验与评价》。

赵老师说，每一位教师在读书期间都经历过无数次的测验与评价，自己成为教师之后也在教学实践中经常实施测验与评价。但熟悉测验与评价并不意味着教师就能科学、合理地使用它、用好它。测验与评价需要精心设计。只有教师以严谨的态度设计或选编测验，确保测验的准确性和有效性，测验才能为教学提供有价值的信息。一般来说，设计测验与评价要遵循5个步骤：明确测验的目的；编制测验细目表；选择合适的评价任务类型；设计具体的评价任务；汇编测验。

一、测验与评价的设计从明确目的开始

常见的测评目的主要有学情分析、教学改进、评比与选拔等几种情况。

二、根据课程标准和教学目标编制测验细目表

每个学科都在课程标准里明确列举了各学段应达成的基本要求，不仅有结果性目标，而且有体验性目标。教师要认真阅读所任教学科的课程标准，并经常参照课程标准评价反思自己的教学，确保所教学生能达成标准。但教学目标既多样又复杂，涵盖很多知识和认知过程。一个测验不可能评价所有的内容。所以，编制测验细目表用以指导题目设计就显得十分重要。

有了测验细目表，我们的试题分布就会更合理，覆盖面就会更广，并体现重点，规范命题、确保评价效度。但是，目前细目表在测验与评价实践中尚未受到足够的重视，很多教师在自编测验中往往是凭经验编制试卷，甚至随意挑选题目组编试卷，缺乏规范性。我们要关注的问题是：细目表不够细；对教学目标的分析不够深入；不能体现学科特点；对当前评价与考试改革的趋势呼应

不够。随着课程改革的持续推进，学生实践能力、结合实践分析与解决问题的能力成为考试评价的重点。

三、在测验与评价设计中，教师要根据测评目的和测验细目表，选择合适的评价任务

人们通常依据阅卷方式的不同将评价任务分成两种类型，一种是客观题，一种是主观题。主观题在评分时带有一定的主观性，容易产生评分误差。可以从以下四个方面来加强，减少误差：

（1）测验编制者不仅要提供评分标准，而且要提供评分细则，使评分方法更具操作性（文末附有一份操作性较强的作文评分细则，可参考）。

（2）提供有代表性的学生答卷作为不同等级的样例。在主观题阅卷中既提供评分标准和细则，又备有代表性样例，有助于评分者更好地理解标准和实施评分。

（3）加强评分者培训。

（4）确保评分中的资源支持，如人力、物力和财力。

四、设计评价任务并不是想象中那么容易

传统意义上的优秀教师并不一定能出好题，教师需要学习如何编制题目。争取在以下七方面加强：

（1）清楚地表述每道题目和评价任务。

（2）题目要适合学生的阅读水平。

（3）题目表述不能包含民族、种族、性别或城乡偏见。

（4）避免题目中的无意线索。

（5）确保每道题目的答案或评分细则没有争议。

（6）编写题目和任务的数量要多于测验实际使用的数量。

（7）注重对测验题目的检查与修改。

五、总结

着手汇编测验时，首先应该提供指导语，对测验进行简短的说明；其次要注意题目编排的顺序；最后，教师要对整个试卷设计版面和排版。

读书感悟

　　通过本章内容的学习，对照自己平时的操作，感觉到在方法上有了更进一步的明晰。编制试卷前，一定要编制测验细目表，这样的试题才能做到分布合理、覆盖面广和规范命题。编制细目表时，一定要用课程标准和教学目标做标杆，这样才能做到不偏离方向，体现重点，确保效度。进行主观题评分时，把评分标准和细则定得越细致，操作性越强，误差越少。

《如何设计测验与评价》

悦读《什么样的评价是好的评价》感悟

亲爱的老师，让我们继续阅读赵德成老师撰写的《促进教学的测验与评价》。今天来了解《什么样的评价是好的评价》。

赵老师说，如果评价不准确、不可靠，或不公平，那么它就不能发挥导向、鉴别、诊断、激励和发展等多重功能，有时还可能适得其反。教育评价本身也应受到严谨的评价。人们把对评价进行的评价叫元评价。

教育者、评价者和研究者要加强元评价意识，对各种测验与评价进行元评价，及时发现其中存在的问题并予以改进，确保评价的质量。元评价的常见指标有效度、信度、难度、区分度及公平。

那么，什么是效度，什么是信度、难度和区分度呢？让我们跟随着赵老师举的实例来理解吧！

一、效度

幼儿园大班有一道区分"左右"的测试题：图中有四只兔子和四辆小车，已知第二只兔子是小白，小丽在小白的右边，小花在小白的左边，小小在小丽的右边，要求学生用线段将每只兔子和它的小车连起来。多数学生都能正确连线，但是不是就说明这些学生真正区分了"左右"呢？答案是否定的。因为，有一部分学生是从第一图头上有花的兔子知道它是小花；从最右边个子最小的兔子知道它是小小；剩下的当然就是小丽。显然，这道题目并不能准确评判幼儿是否能区分"左右"。所以，这道题的效度不好。效度就是对于一个既定的目标，在做出推论和提供解释过程中测评的有用性程度。

二、信度

信度指多次测验结果的一致性程度。信度高是效度高的必要条件。

信度是测量过程中所存在的随机误差大小的反映。由于造成测量随机误差的来源或方式多种多样，所以信度的估计方法也多种多样。常用的信度分析方法有评分者信度、同质性信度、复本信度、重测信度等四种。其中，评分者信度就是指多个评分者给同一批人的答卷进行评分的一致性程度。比如，我们对语文中的作文评分时，要提高评分者信度，减少评分环节的随机误差，必须制定清晰、可操作的评分标准。

三、难度和区分度

难度，就是测评题目的难易程度。一道题目或一个测验，如果大部分被试者都能答对，那么它的难度就小；如果大部分被试者都答不对，就说明它难度较大。区分度，指测验题目对被试表现差异的区分能力。

难度和区分度紧密联系。如果一道题目太难，很少人甚至几乎没有人能答对，那么这道题就难以有效区分高水平和低水平的学生，区分度不好；如果一道题目太容易，大家都能正确作答，区分度也不好。所以，中等难度题目的区分度最好。这也是人们在测验中要求题目保持中等难度的原因之一。

四、公平

公平是衡量测验与评价质量的重要指标。它要求测验不能让学生因性别、种族、社会经济地位、宗教信仰或其他人口学特征而受到冒犯或不公平对待。

读书感悟

什么样的评价是好的评价？我们一定要从效度、信度、难度、区分度及公平这五大方面去考量。而不能被貌似新颖的题型、貌似全面的试卷迷惑，加强元评价意识，确保评价准确、可靠、公平，发挥导向、鉴别、诊断、激励的作用。

《什么样的评价是好的评价》

悦读《表现性评价》感悟

　　亲爱的老师，让我们继续阅读赵德成老师撰写的《促进教学的测验与评价》。今天来了解《表现性评价》。

　　"表现性评价"，我们可能会感觉很陌生。但赵老师告诉我们，实际上它早已存在于我们的教学实践当中。比如，体育教师评价学生的游泳技能掌握情况，他不是让学生以纸笔方式回答一些有关游泳技能的问题，而是让学生到游泳池或河水中真正游上一段距离，以真实地展现其游泳水平。又如，语文教师评价学生的口语交际能力，会设计一个问题情境，让学生针对问题进行小组讨论，通过观察每个学生在讨论中的表现来评判其口语交际能力。所以，表现性评价定义为：通常要求学生在某种特定的真实或模拟情境中，运用先前所获得的知识完成某项任务或解决某个问题，以考查学生知识与技能的掌握程度，或者问题解决、交流合作和批判性思考等多种复杂能力的发展状况。

　　表现性评价方法的特点有：情境真实性；内容复杂性；反应开放性；评分主观性。

　　人是主动的学习者，学习不是知识由教师向学生传递，而是学生基于自己以往的相关经验，以自己的方式建构对于事物的理解。所以，新的教学理论和教学实践呼唤新的教育评价。随着新课改的持续推进，越来越多的教育者逐渐认识到表现性评价的价值与意义，表现性评价开始由课标文本、专家讲坛走进教师的教学实践。

　　在近年来的中高考命题中，加强了表现性评价的应用。比如：语文学科命题要"充分体现语文的基础性和作为母语学科的重要地位，注重考查内容与社会生活实践的联系"；数学学科命题要"注意数学应用，考查学生分析、解决综合问题的能力"；英语学科命题要"突出语言的实际应用，回归到学科应有的位置上"；文科综合命题要"注重考查学生运用所学的基础知识、基本原理、基本观点和基本方法从不同角度发现问题、分析问题和解决问题的能力，重视发展学生参与社会生活的能力"……中高考是"指挥棒"，中高考考什么，中小学就教什么；中高考怎么考，中小学就怎么教。有关改革进一步倒逼中小学高度重视表现性评价，将教学、评价与学生生活及现代社会紧密联系起来。

表现性评价克服了传统测验仅能测试低水平知识和孤立技能的弊端，能测量出学生在真实世界中的复杂成就和情意表现。

但也有它的不足之处，如费时费力问题、信度问题……

我国表现性评价在实际中的常用问题有：表现性任务不真实；任务与考查点脱节；考查内容仍然是孤立的知识。

读书感悟

通过本章"表现性评价"的学习，我越来越清晰我们教育的目的，那就是学以致用。我们让学生学习有用的知识的同时，还要想方设法让学生把所学知识能在实践中运用。那么，我们的课堂，就要多创设这样的情境，让学生的学和用真正落到实处。

《表现性评价》

悦读《成长记录袋》感悟

亲爱的老师，让我们继续阅读赵德成老师撰写的《促进教学的测验与评价》。今天走进第5章《成长记录袋》。

赵老师在本章的导读中告诉我们，成长记录袋是一种新兴的质性评价方式。教师可以用成长记录袋收集以学生作品为主的有关资料，通过合理的分析与解释评价学生在特定领域学习中的努力、进步与成就。

下面，我们就从成长记录袋的定义及特点、优势与不足、创建与使用这几方面来了解吧！

一、定义及特点

成长记录袋是根据教育教学目标，有意识地将学生的相关作品及其他有关证据收集起来，通过合理的分析与解释，反映学生在学习与发展过程中的优势与不足，反映学生在达到目标过程中付出的努力与进步，并通过学生的自我反思激励学生取得更高的成就。

成长记录袋的核心特点是：首先，成长记录袋的基本成分是学生作品。它主要收集学生在学习过程中自然生成的各种作品，用以真实展现学生的努力、成就与进步，客观描述学生学习的过程与结果。其次，学生作品的收集是有目的的，而不是随意的。最后，成长记录袋给学生提供发表意见和对作品进行反思的机会。

二、优势与不足

成长记录袋的优势有：第一，为教师提供了其他评价手段无法提供的很多有关儿童学习与发展的重要信息；第二，让每个学生都能看到自己的努力和进步，都体验到成功的快乐，可以培养其积极的学习情感与态度；第三，有助于教师发现学生在学习过程中存在的优势与不足，并在此基础上形成对学生学习与发展的合理预期，提供适合学生特点与水平的教学与指导；第四，成长记录袋十分重视评价过程中学生的参与，尤其是学生的自我评价与自我反思，充分发挥了学生学习的主动性；第五，积累有关学生学习与发展的各种数据与证明，促进形成性评价与终结性评价的有机结合，使教、学与评价有机结合起来。

成长记录袋的不足有：首先，成长记录袋的应用费时费力，需要本已十分忙碌的教师付出更多的时间和精力；其次，在学生成长记录袋中的作业样本可能并不能代表他实际上知道些什么和能做些什么，效度很难保证；再次，成长记录袋的标准化程度较低，难以在个体之间进行比较。

三、创建与使用

赵老师说，我们在借鉴、综合与实验的基础上，将创建与使用成长记录袋的过程分为五个关键的步骤。

（1）明确使用成长记录袋的目的与用途。

（2）对选择成长记录袋内容提供指导。

（3）明确学生在成长记录袋创建与使用过程中的角色。

（4）确定评分的程序及评价标准。

（5）在教学和交流中应用成长记录袋。

读书感悟

一边读赵老师对学生成长记录袋的介绍，一边在脑海里浮现学生如果使用成长记录袋的情景：学生一定会在记录袋上设计自己喜欢的图案；学生一定会将专属自己的记录袋好好珍藏；学生在选择自己作品装袋的同时，他一定会认真对待他的作品，并选择最好的作品陈放；有机会展示他的成长袋时，他一定会非常自信；和其他同学互相交流成长袋时，一定能从对方身上汲取力量……那么，学生从创建到使用成长袋，不是变被动学习为主动学习了吗？不是从"要我学"转变成"我要学"了吗？能达到这样的效果，教师多花点时间去管理或指导又何妨呢？考察和评价学生的效度、标准度不高又有什么要紧呢？评价的目的就是促进学生成长，学生在参与的过程中已经成长，我们，何乐而不为？

《成长记录袋》

悦读《情意领域的评价》感悟

亲爱的老师，让我们继续阅读赵德成老师撰写的《促进教学的测验与评价》。今天走进第6章《情意领域的评价》。

新课程实施以来，情感态度与价值观的培养成为课程目标的重要组成部分。各学科课程标准都明确阐述了情意领域的培养目标，并提出相应的教学与评价建议。如何理解情意目标？如何实施情意评价？如何充分发挥情意评价的发展性功能？赵老师说，这一系列问题，都亟待我们深入研究。

一、情意领域的目标

从内部构成上说，我国在情意领域主要关注情感、态度和价值观三个方面。如义务教育语文课程标准（2011年版）中，课程目标部分明确指出，"课程目标从知识与能力、过程与方法、情感态度与价值观三个方面设计。三者相互渗透，融为一体"。多数课标强调学科教师应予重视的情意领域目标主要是：学习情感；对学科的态度；对自我的态度；对他人的态度；价值观。

情意目标在表述时，与认知目标不是相互割裂的，它们之间紧密联系和相互支持。"每个情意行为都有某种性质的认知行为与其对应，反过来也是如此。一个领域的某一目标可以在对应领域内找到其对应者。"与认知目标表述的要求一致，情意目标的表述也必须清晰、具体、可操作。只有这样，目标才具有导向作用，才能让教师知道该教什么及怎么教，让学生知道该学什么及怎么学。但是，用操作化语言表述情意目标比表述认知目标更困难。我们可以先厘清某一情意变量所包含的重要成分，然后逐级分解，最后将其用行为动词描述为具体的目标。

二、情意评价的重要意义

重视情意领域的评价，不仅是因为情感态度与价值观本身作为非智力因素，是学生全面发展的重要侧面，对学生的可持续发展以及素质教育的深入开展具有深远意义，还因为情意领域的评价可以和其他领域的评价一样，促进学生可持续发展、有利于教学改进、监督教育教学的质量，在教学实践中发挥着导向、监督、诊断和改进等多重功能。

三、常用的情意评价方法

一般来说，情意评价多采用访谈、问卷等自我报告的方式，要求学生说出他们关于兴趣、态度、价值观等情意因素的想法和感受。建议教师采用观察、访谈、里克特量表、句子完成法实施情意评价。

观察法简便易行。教师从见到学生的那一刻起，就可以启动观察。学生见了教师是否主动打招呼？见了同学是否主动与他人交谈？他们交谈的话题是什么？家庭作业完成没有？按时提交家庭作业了吗？上课时学生眼睛在看教师，还是在低头走神？主动回答教师的提问吗？主动参与小组讨论吗？在小组中是否愿意倾听他人观点？当与别人意见不一致时是大声争辩还是不知所措？下课了会不会就某些问题与同伴讨论？是否参加社团活动？一整天的情绪怎么样？……为了增加情意评价的准确性，我们可以采用核查表进行观察记录。

师生之间的沟通和访谈是评价学生各种情意表现的有效方法；里克特问卷是测量态度的最常用的方法之一；句子完成法通常提供一些不完整的句子，如"我觉得写作文……""一想起语文教师，我首先想到的动物是……"，要求学生进行填补。

读书感悟

我们一定要知道的一点是，情意目标和认知目标不是相互割裂的，而是紧密联系和相互支持的。情意目标的表述一定要像认知目标一样清晰、具体和可操作。只有这样，才能真正将情意目标落实到我们的教学当中。另外，我们常常面对班中少数在学习行为上欠缺的学生束手无策，赵老师呈现的"学习行为核查表"的模式和方法，很好地解决了这个问题。我们用核查表记录他们每天的学习行为，据此评价他们学习的兴趣、态度和习惯，从而清晰明了地知道该如何对这些学生进行个别性改进计划，做到有的放矢。

《情意领域的评价》

悦读《评价结果报告》感悟

　　亲爱的老师，让我们继续阅读赵德成老师撰写的《促进教学的测验与评价》。今天走进第7章《评价结果报告》。

　　多年以前，每个学生都会在学期结束时拿到一份《家长通知书》。《通知书》上不仅有学生在各科期末考试中取得的成绩，而且有教师撰写的操行评语。时至今日，课程改革已经实施了一轮又一轮，可评价结果表达与报告的方式似乎没有很大变化。赵老师说，如何在评价结果表达与报告中推陈出新，体现发展性教育评价理念，成为摆在教育者面前的重要课题。

　　首先，让我们来阅读一个实例。

　　一个署名端木的家长曾在《中国青年报》上发表题为《中美教师对一个孩子的不同评价》的文章。该文介绍他女儿斯蒂芬（英文名）在中美两所高中不同的读书经历及中美教师对孩子的不同评价。斯蒂芬在国内一进入高一，就启动了"高考战车"模式，每天都在紧张地学习。到高二文理分科时，她的班主任是数学教师，说她根本"没有数学脑子"，她只好灰溜溜地报了文科班。后来，她的理科成绩一直没有改善，还出现了比较严重的厌学心理。没办法，作者只好将斯蒂芬送到美国继续读书。在经过一段时间适应后，斯蒂芬的变化令人吃惊，成绩进步很大。等到她申请美国大学时，她的美国高中教师给她写了推荐信。国内教师在每学期末给学生的评语通常二三十字，都是"该生尊敬师长，团结同学"之类的套话。美国教师的推荐信却极具个性，令人耳目一新，隐含其中的教育理念值得我们学习和借鉴。（请阅读附文）

　　法语教师特纳在推荐信中写道：

　　在过去的5个月中，我很高兴认识斯蒂芬。她去年10月到沙龙高中读书时，我教她法语。法语对她来说是一门全新的课程（她的第二外语），同时她不得不掌握英语（她的第一外语），还要适应新的文化氛围，但所有这些都没有难倒她。

　　斯蒂芬是个非常聪明的学生。她在沙龙高中的第一周，就问是否可以放学后留下，让我教她以前没有学的功课。令我惊奇的是，斯蒂芬在一个小时内就都学会了。她不时地展示她的语言天赋，在班里成绩最好（从开学第一天起，她的分数没有低于A的）。她对细节和微妙的语法差别有敏锐的目光，能成功地记住新词汇并在文章中创造性地运用。出语轻柔的斯蒂芬能轻松地表达自己的想法。我对她适应困难的法语发音的能力印象非常深刻。斯蒂芬学习勤奋、自觉，总是认真完成作业，以自己的努力和精确超出我的预期。

　　斯蒂芬是成熟、友好的女孩。她的同学大部分像大一新生，只有她像大四学生。她在小组中做得也不错，我经常看见她给同学讲解难题。另外，我们课下经常交谈，她既和我分享她的经历，又喜欢问我有趣的问题。

　　我相信，斯蒂芬在大学里会继续在个人学术方面取得进步，获取成功。她是宝贵的财富。我毫无保留地推荐她。

凯瑟琳·M·特纳

　　数学教师史密斯对斯蒂芬也赞赏有加，她写道：

　　我很高兴写这封信，并以我的名誉担保，斯蒂芬今年参加了我的初级微积分课程的学习。学习期间，我发现斯蒂芬不仅勤学好问，而且富有同情心。她总是努力、认真地完成作业。她在教学和解决难题、完成数学证明。斯蒂芬也常常帮助身边的同学做难题。在校期间，斯蒂芬为了得到问题答案，通常比别人回家晚，有时候她也在学校里帮助别的同学。

　　同学们尊重她的文静、才智以及她解释问题时的耐心。显然，她在享受着帮助同学的乐趣。有斯蒂芬做学生我很高兴，她在任何校园都会受到珍视。为上述及更多原因，我为贵校推荐斯蒂芬。

特雷西·史密斯

　　英语教师科林斯愿意"以性命担保"斯蒂芬能适应高水平大学的学业要求，她推荐信是这样写的：

　　斯蒂芬从不在没有准备的情况下进行学术辩论。她的准备总是全面而准确。她不喜欢大惊小怪，对每个可能的事都有预测。有的学生考试时爱靠运气"赢取胜利"获得最佳，但斯蒂芬不这样，她付出的代价是时间和努力，这在她优秀的作业中有所反映。

斯蒂芬不仅仅是学术机器，她对学习感到兴奋。有的学生仅仅是搜集信息，而斯蒂芬在探索智慧。她与困难的概念搏斗，对有挑战性的问题，她不接受简单的答案。她所做的是把不同的想法结合起来，把众多概念放在一起。她不怕在解决难题时碰壁。我很喜欢她这样有毅力的学生。她能适应高水平的大学学业吗？我以性命担保她行。对此，一秒钟都不应该怀疑！

人格的力量。这就是全部，这就是麦粒和谷壳的区别，这就是斯蒂芬的内在。不自负，不自私，不虚伪，她是积极向上的女孩，能够明辨是非。

斯蒂芬勇于对自己的行为承担责任，当事情不顺利时不找借口。她知道如何自我解嘲，也知道如何关心别人。她不贬低别人，也不利用别人。她尊重人，对人公平、体贴。她具有人格的力量，我就以此来结束我的评价。

约翰·C·科林斯

美国教师的推荐信给我们的启示是：

（1）评语要全面评价学生的发展状况。可以从课程学习、课外活动、个人素质、社会关系等几个方面来评价学生，也可以从学业表现、道德品质、劳动能力、审美情趣和个性特长等方面来撰写。

（2）充分发挥综合评语的激励价值。我们要在评语中认可学生的努力，欣赏学生的进步，给学生提供积极的反馈，以使学生受到足够的激励，感受成功的愉悦，并进而逐渐形成良好的自我概念。但不能从一个极端走向另一个极端，评语中充满空洞的溢美之词。

（3）评语要彰显学生个性。让描述性语言有血有肉，具体而生动，充分体现学生的个性化特点。

撰写个性化评语的"诀窍"在于：避免过于笼统的意见，评价要详细具体，要有关键表现或具体事例加以佐证。

赵老师给教师提供了一份实用的评语写作自我核查表，我们可以对照自己写的评语逐个进行核查。（见表1）

表1 评语写作自我核查表

	标准	表现	
全面	1. 从多个侧面评价学生，而不是只攻一点，不及其余	是□	否□
	2. 既评价学生的学习表现，又关注学生在情意、个性、社交等诸方面的情况	是□	否□
激励	3. 真诚地认可学生的进步，赏识学生的优点	是□	否□
	4. 没有空洞无物的溢美之词	是□	否□
个性	5. 既描述学生的优势，又指出不足	是□	否□
	6. 为评价观点提供了具体的事例或证据	是□	否□
语言	7. 所使用的语言亲切、中肯	是□	否□
	8. 所使用的语言通俗易懂	是□	否□
有效	9. 评语能促进学生的自我反思和改进	是□	否□
	10. 评语能增进家长与教师之间的交流	是□	否□

撰写评语在语言表述方面有以下三点建议：

（1）语言要通俗易懂，切勿使用专业术语、文学语言或迂腐的套话，不要写得文绉绉，使家长读起来非常费劲。

（2）表达要有亲和力。愿意承担学生教育责任，与学生、家长共同面对各种问题。如果学生有亟待改进的问题，教师要用委婉的、学生和家长能接受的语气表述。比如，学生学习差，可以说"他可以学得更好"；又如，学生骂人，可以说"他有时使用不当的言辞"。

（3）评语要用第三人称，而不是第二人称。尽管使用第二人称让学生感觉更亲切，但阅读评语的除了学生，还有家长、各科教师、新任教师等，所以建议用"××同学"比较好。

读书感悟

我们教师给学生撰写的学期末评语，意义非常重大。往浅里说，它给新任教师提供了快速了解学生的文字依据；体现了一位教师对学生的关爱程度和传递的教育理念。往深里说，它可以影响和激励一个学生未来的发展方向。所以，我们必须认真对待，用自己的真心、真爱，去撰写每个学生的评语。

《评价结果报告》

《教书记》

朱煜/著

悦读《教书漫思（一）》感悟

亲爱的老师，从今天开始，让我们走进朱煜老师撰写的教育小品文《教书记》。今天走进第一部分《教书漫思》中的几篇小文。

朱煜老师在《自序》中说到，知堂老人的文章《苦口甘口》用大部分篇幅劝青年人不要以文学为业，将这些劝告称为"苦口"，直到文章最后一节才用一则笔记提醒读者"甘口"的危害，并说这是自己发明的"新式作文法"。朱老师很喜欢这种信息量大、不平铺直叙，有收益、有余味的文章，一边读一边总忍不住去琢磨老先生为什么这样写。读着想着，就觉得美妙愉快，于是梦想着也能把文章做得像艺术品，不想落入教育教学随笔案例的窠臼，想当一株墙外的白杨，轻轻地发一点自己的声响。

我读着朱煜老师的这些小品文，就有这样特别的感觉——墙外的白杨，在轻轻地拨动着我的思绪，带给我无尽的收获。

一、墙外白杨瑟瑟摇

朱老师说，在众多的文章标准中，较精炼准确的是知堂老人说的"人情物理"四个字，就是"健全的道德，正确的智识"，即真实科学地描述事物，自然地流露美好的情感。凡是符合人情物理的都是好文章。言为心声，心中有话要说，下笔作文自然顺畅。一见题目，满眼陌生，心中无话，搜肠刮肚，勉强为之，作者读者都会觉得无趣。

学生能在文章中真实地表达自己的见闻、感触时，他们才会喜欢作文，并把它写好，而"真实地表达"要在一种相对自由的环境中才可进行。所以，教师应该把"自由"还给学生，让他们在较宽泛的范围里根据自己的生活选材、构思、定题目，必要时再点拨一二，于是水到渠成，愁眉自解。真能这样，就能像知堂老人的文章一样，能听到白杨的瑟瑟之声了。

二、抄抄也无妨

周作人先生（即知堂老人）有一段时期写文章喜欢大段大段引用别人的文章，一些人说他是"文抄公"，而另一些人则认为他创造了"一种前无古人后亦未必有来者的文体"。

小学生写作文最怕两点：一是无话可写，二是有话不知如何写。无话可写，可以引导他们观察、体验、经历；而有话不知如何写，是因为学生缺少必要的语言积累，看着眼前的事物、风景不会表达。语言感觉极差，写作兴趣和应有的好习惯全无。一写作文就苦恼不堪，即使写出来也是句子不通，错字连篇，不知所云。真是既不知道写什么也不知道怎么写。这时该怎么办？朱老师说，只有"抄"是最可行的权宜之计了。一方面，从心理上讲，让这样的学生抄一篇作文，完成一次他无法独立完成的作业，对他来说是一种轻松，一种解脱。另一方面，这样的学生往往没有阅读习惯，与其给一本书让他自己读，不如为他选一篇好文章让他抄一抄，然后让他再大声地读几遍，或者选一些文中的好句子让他背一背，由此来达到积累语言和培养习惯的目的。练习如能经常进行，学生就能赶上来。

对作文基础好的学生而言，有时他们在文章里抄引一些别人的句子，教师也应该宽容地看待。

"抄"别人的作文在有些人的眼中如同洪水猛兽。朱老师认为这是一种特殊的学习方法。关键要看到"抄"不是目的，而是手段，不能一"抄"了之，要积极做好后续的交流、点拨、启发、引导工作。让学生获得良好的作文心理机制、敏锐的语感，内化更多的语汇，感受到作文的乐趣，而不是培养抄袭的恶习。

读书感悟

　　我们非常希望自己的学生能写出"墙外白杨瑟瑟摇"的真实、自然的文章，但我们常常因为固守传统的写作指导方法和要求，而禁锢了学生的自由。我们常常面对不会写作的学生束手无策，常常只会苦口婆心地面对他们，说很多道理或方法，却忽略了最简单的方式，为他们选一篇好文章、好段落，让他们抄、读、背，消除他们的畏难情绪，培养他们的语感，激发他们的兴趣。

《教书漫思（一）》

悦读《教书漫思（二）》感悟

亲爱的老师，让我们继续走进朱煜老师撰写的教育小品文《教书记》。今天走进第一部分《教书漫思》中的后面几篇小文。

一、文化在哪里

在朱老师写的此文中，举了几个常见的例子告诉我们什么是文化，文化在哪里。

第一个例子是写龙应台在《什么是文化》一文中"敬惜字纸"的事：她想在荷花池畔坐下，为了不把裙子弄脏，便将报纸垫在下面。一个戴着斗笠的老人家马上递过来自己肩上的毛巾，说："那个纸上有字，不要坐啦！我拿毛巾给你坐。"

第二个例子是说胡兰成描写他熟悉的江南乡下人，简朴的农家妇女穿着家居的粗布裤，若有邻居来访，必先进屋里将裙子换上，再出来和客人说话。

老人和妇人没有学问，却懂得敬畏和礼数，这就是文化。这就是我们中华传统文化，我们要继承和发扬，气质中具备这样的文化，生活中浸染这样的文化，我们才能算是真正的中国人。

二、公平地对待每个学生

朱老师说，在一个班级中，教师如果不能公平公正地对待每一个学生，就没有真正的教育。

如何公平公正地对待？

首先，要正确认识学生间的差异。在课堂教学中，将目光更多地集中到班级中后百分之三十的学生身上，特别是一些家庭教育背景不佳的学生。课堂上的学习几乎是他们学习经历的全部。教师如果教好了，就是积下了大功德。

其次，想让班级里的学生获得公平的教育机会，就得让每个层次的学生都在原有基础上获得发展。要做到这一点，教师必须不断提高自身教学技能，将课堂教学改进得更有效。教师每个学期初依据课程标准，研究一下学科教学目标和学生学业目标。将每个阶段、单元的教学、学习要求梳理出来，制成表格，做到了然于胸，使其成为寻找课堂教学不足、实施教学改进措施的依据。久而久之，教师的课程意识就能增强。教师上课、听课、评课、研究课、改进课不再拘泥于细枝末节，而能从高处着眼，小处入手，抓住学科本质，明确教学目标，合理开发利用教材，关注全体学生需求，最终实现有效教学。

朱老师还告诉我们，解决教师职业倦怠的最好办法是不断发现教育教学的乐趣。真正地平等对待学生，多站在学生的角度思考问题，将心比心地帮助、爱护他们。学生从教师身上学到知识、能力，教师从学生身上感受童心童真。教师和学生都是主体，需要教师讲的地方，教师就该清清楚楚、当仁不让地讲；需要学生自己学的地方，教师就放手让其自由学。

三、怎样教出乔布斯

朱老师说，如果学校里开设的每一门课程的执教者都能从学生的年龄特点和学习规律出发，设计循序渐进的学习路径，不随意拔高难度（特别是低年级阶段），充分激发学生的学习兴趣，那么学习将是一件多么美好的事情！乔布斯小时候很顽皮，到四年级时，才遇到"生命中的圣人"——希尔老师。希尔老师观察了顽皮的乔布斯几个星期后，想出了对付乔布斯的好办法：她给乔布斯一本写满数学题的练习簿，要他带回家把题目解出来。并为他准备了一只超大的棒棒糖，说，如果大多数都做对了，就奖给他，还送五美元给他。结果，乔布斯用了不到两天时间就完成了。后来，乔布斯不想再要奖励了，只想学习和让教师高兴。希尔老师的做法就是激发乔布斯学习的兴趣。

读书感悟 -

朱老师的小品文里，透露出来的观点就是用心做教育。只有用心了，我们才会花时间在课堂上，用最好的方法实施教学过程；只有用心了，我们才会花时间在学生身上，最公平、最公正地对待每一个学生、甚至偏爱后进学生。于是，我们就成了中华传统文化的传承者；我们就成了造福于人类的灵魂工程师；我们就成了普照大地的太阳；我们就成了学生心中的神。

《教书漫思（二）》

- -

悦读《读书札记》感悟

亲爱的老师，让我们继续走进朱煜老师撰写的教育小品文《教书记》。今天走进第二部分《读书札记》。朱老师喜欢读书，也喜欢藏书。在这部分里，朱老师写了《把字写好》《他读的书多》《不妨一读》《扬之水的日记》《一本全新的旧笔记》五篇小文。我从中节选了三部分内容和大家分享。

一、把字写好

朱老师说，读书写字，像走迷宫，独自摸索，兜兜转转，难免事倍功半。找不到出路时，如有师长点拨一二，金针度人，能得豁然开朗，何等快意。

写字，对过去的读书人来说，既平常不过，又甚为紧要。趣味、学养、性情、交际等，全在横竖撇捺之间。

"字是出面宝，要把字写好。"

临帖，一定要读帖背帖。

二、经典躺着读

快乐，是读书的第一追求。我们读经典，读出"偏见"，心有所感、莞尔一笑，才不辜负费去的时间和精力。

好书太多，择要而读。一是选自己喜欢的文字风格。就能读得畅快，读得深入，越读越有兴趣。二是选读好的读书笔记。一来免得再去大海捞针似的搜寻，二来读这类文章最能激发阅读所论之书的兴趣。三是多读经典。对一个读书人而言，读经典是一辈子的事。一部经典作品，在不同年龄阶段阅读会有不一样的体验，收获不一样的力量。

用自己的办法，把书读通透，读出乐趣，做个明白人，再把自己的点滴心得写成有意思的文章。

三、扬之水的日记

扬之水，原名赵丽雅，中国社会科学院文学所研究员。她的笔墨清雅韵致，苦功就是读书。从她的日记中，可以发现她读书数量之多、范围之广。她的日记不是工作日记，所以日常家居生活也常跃入读者眼帘。她的日记短小、灵动，读来不觉莞尔。有人说日记分两种，一种为了出版而写，一种是为自己写。扬之水的日记，一定不曾想过有朝一日，它们会呈现在众多读者跟前。所以日记中颇多快人快语，让阅读过程变得很有生气。

读书感悟

读书、练字、作文，是我们教师必须时时做的三件事。如果不做，就是不称职的老师，尤其是语文老师。多读书，能让我们"下笔如有神"；多读书，能让我们才思敏捷、思如泉涌。字写得好，我们会更自信；学生会更崇拜。常写作，常记录，留下成长痕迹，会让我们成长更快；会让我们的收获看得见，摸得着。给自己订个计划，给自己布置任务，一辈子做学生，永远在路上。

《读书札记》

悦读《读教之余》感悟

亲爱的老师，让我们继续走进朱煜老师撰写的教育小品文《教书记》。今天走进最后一部分《读教之余》。这部分内容是朱煜老师把他的一次课评、两次讲演、两次访谈收录其中。我从中节选并概括了《职初教师必备的三种"武器"》和大家分享。

朱老师认为，我们不应该仅仅做妈妈一样关心学生的教师，而应该努力做一位职业化的教师，为学生提供专业服务。

"武器"一：要有吃三年"萝卜干饭"的心理准备。

即初学手艺时要安心扎实地学习基本功。一位新教师进入小学，要学习备课，学习有效地组织教学，学习辅导学生，学习与家长沟通，等等。比如，新教师面临的第一个难题就是如何调控班级纪律。朱老师说，当学生们在教室里吵闹的时候，不要大声训斥。而是先不用说话，环视一下教室，轻轻说第一组的学生已经做好上课准备了。用表扬的力量引导学生更有效。

"武器"二：磨炼好教育教学基本功。

第一，好好练字。板书漂亮，不仅能让学生看得清楚，也能对学生产生潜移默化的影响，让他们养成认真写字做事的好习惯。

第二，要学会组织管理。可先阅读一点管理方面的书籍，并一定要多向带教的教师请教。任何一件小事，都会涉及组织管理。所以，都要设计好步骤，一步一步教会学生。

第三，要学习如何上课。在阅读教参和优秀教案之前，建议大家自己先动脑动笔。学习别人的教案时要思考别人为什么这样设计，要达到什么目标，哪些做法可供自己借鉴，并建议教师养成定期给自己的课录音或者录像的习惯，听自己的教学录音所发现的问题远多于别人所指出的。

第四，要养成课后写反思的习惯。描写教学场景，记录自己的感受，最好还要有点思考，并将之前写的翻出来再看看，促使自己的思考更为系统。

"武器"三：学会看到学生的"闪光点"。

"没有教不好的学生"，这句话一直饱受争议。其实，这句话是指每个学生都可以在原来的基础上获得提高，并不是说要让每个学生都考到一百分。教育不是万能的，学校教育更不是万能的。面对差异，我们提倡分层教学，分层布置作业等。特别面对班里那些学习情况不理想的学生，更要花心思想办法。越是抱怨，越找不到解决问题的办法。大家如果学会多找找学生的"闪光点"，不断告诉自己，学生是可爱的。多发现别人的优点，会让自己积极乐观。

读书感悟

    阅读朱老师的这篇演讲，对"武器"三深有感触。学生的学习，就像我们大人初学驾驶。我们常常会遇到被教练指责、数落或显露出不耐烦的情景。此时的我们，不但不会学得更好，而且内心的阻力会变得更大，即感觉到自己越来越笨，从而产生心里紧张、老是出错的尴尬场面。那么，学生也是如此。我们面对差异，表现出的抱怨，除了泄愤，没有任何好处。所以，没有好处的事情我们不做。每个学生都有他可爱的一方面。我们要用一双有光的、温柔的、关切的眼睛去发现；用一张嘴角上扬的、露出牙齿的、不用祈使句的嘴跟学生说话；用一双轻轻的、喜欢抚摸的、喜欢牵手的手去带领。

《读教之余》

《让课堂说话》

朱煜/著

悦读《代序：让课堂说话》感悟

　　亲爱的老师，从今天开始，让我们走进朱煜老师的新著《让课堂说话——朱煜阅读教学策略与实践》，首先从朱老师的代序内容开始我们的学习之旅吧！

　　朱老师在《代序》开篇时，就附上了他写给三年级学生家长的一封信。信中告诉家长一定要重视几件事情：一是要坚持每天与学生交谈。谈老师、谈同学、谈生活中的小事、谈阅读体会……交谈时务必保持平和理性、平等交流的状态。二是让学生大声流利地朗读课文十分钟至十五分钟。这是每天必做的功课，务必坚持。一个学期后，一定会有惊喜。三是一定要培养阅读习惯。保证每天晚上有固定的阅读时间，而不在乎学生读到多少东西。不要让学生过多接触电子产品，尽量不要当着学生的面长时间使用智能手机等新型电子产品。

　　朱老师说，尽管时代在前行，但我们的课堂和我们对学生的要求，都要"坚守常识，秉持学科本质"。

　　朱老师认为，小学语文教学应该有两项启蒙的任务。一是对学生运用语言文字能力进行启蒙。二是对学生的思想、价值观、人生态度进行启蒙，为其成为合格的现代社会公民打好基础。"启"，即平等对话，在和谐温馨的气氛中传授知识、激发兴趣、培养能力，高处着眼，低处入手，传递普世的价值观。"蒙"，即注重基础，从学生实际出发，整合新旧，讲究互动生成，力求教学形式灵活、教学效果有效、教学氛围愉悦。在教学活动中，语言文字启蒙与思想的启蒙不是割裂的，而是彼此渗透、关联的。当学生学完一篇课文，留在他们心里的就不仅仅是个故事，他们还能懂得词句的意思，学会阅读、表达的方法，获得心灵的滋养、启蒙，这是小学语文教学的核心任务。

课堂要把话说好，在于教学有设计感。教学设计感落实与否，在于教师心中是否有课标、有学生，是否了解学生学习中的困难，是否能为学生解决困难。

小学生是要教的。教学内容应该基于课程标准来确定，教学方法应该基于学情来选择，教学过程要围绕这两点精心设计。

语文课讲究关注表达形式，一是关注文本作者的表达，二是关注学生的表达。表达形式的教学不是机械地讲解习作方法，而是教师巧妙地引导学生了解作者的表达方式，更好地理解文章内容和思想情感。

想让课堂不枯燥乏味，得妥善处理教学难点。可根据学情，将难点的教学分成新授、巩固、运用三个阶段，让教有过程。

想让课堂不枯燥乏味，得处理好教师教授与学生自学自悟的关系。课堂中不断创造条件让学生使用已有的学习经验，互帮互助，获得新的知识技能。

将课后练习或者作业指导设计成教学环节，是提高学习效率的好方法。

强调设计感，并不会阻碍互动生成，设计得越精细，对学生学习过程就能预设得更充分，更好地促发生成，真正把学生教会，让学生学得主动，学得愉悦。

读书感悟

"小学生是要教的""教学过程是要有设计感的""平等对话""注重基础""坚守常识""坚持交谈""坚持朗读"……这些都是从朱煜老师的序言中获得的关键信息。学好语文很简单，就按常识，多读、多写、多说、多看。另外，一定要加上坚持！教好语文也很简单，常思考，常动笔，常创新，常运用。另外，一定要加上激情。

《代序：让课堂说话》

悦读《如是我思（上篇）》感悟一

亲爱的老师，让我们继续走进朱煜老师的新著《让课堂说话》。今天阅读《如是我思（上篇）》中的前五篇文章《内容还是形式，这不是问题》《关于文章教学和文学教育的发言》《关注表达形式，指导言语实践》《关注表达，提高语言素养》《读〈叶圣陶语文教育论集〉》。我节选了其中三个观点和大家分享。

一、语文课要上成言语实践课

小学语文教材中的课文大致可以分成文章与文学作品两类。教文章，是为了让学生掌握言语技能，能用语言文字自如地表达。教文学，是为了滋养学生的心灵，培养其审美能力，丰富其精神世界。文章教学的目标，人人都应该达到。文学教育的目标，不需要人人都达到。

在语文教学中，学生掌握教材原生价值不是阅读的最高目的，掌握"如何传达信息的信息"即"言语智慧"，才是最高目的。

所以，教文章就必须上成言语实践课。在言语实践课上，阅读与表达紧密相连，不能分割。学生在学会表达的同时必定能更好地体会内容。在运用表达技能的过程中，学生能感受母语的美妙，获得成功感，增强学习母语的兴趣。如果设计得当、巧妙，通过言语实践，教师还能对学生进行情感熏陶，传布普世价值，开展思想启蒙。

二、关注表达形式，指导言语实践

语文课程，是一门学习语言文字运用的综合性、实践性课程。小学语文教学要培养学生学习运用语言文字的能力，要着力发展学生的语言素养。落实途径就是引导学生关注作者的表达形式，即在理解作者写了什么之外，还要懂得作者是怎么写的，为什么要这样写，并逐步将这些"理解"和"懂得"变成自己的阅读能力、口头书面表达能力。

朱老师结合自己的课堂如何操作外，又特别强调：想让学生获得运用语言文字的能力，一定要扎扎实实地教。教，要讲究方法。让学生比较，让他们自己去发现语言的秘密，让他们有足够的时间练习口头书面表达，才能激发他们的学习积极性。并充分用好教材，精心设计，用设计感吸引住学生，将教材的作用发挥到最大。

三、关注表达，提高语言素养

中小学语文课程的核心任务是提高学生的语言素养。语言素养包括了"听、说、读、写"等言语交际能力、积累语言的能力、语感能力、语言学习的方法、习惯、思维能力，还有母语情结、审美情趣、文化品位、知识视野、学习态度、思想观念等。

小学生要学会表达，自如地运用语言文字，首先得向课文学习。引导学生理解文章的表达特点，不等同于让学生记住作者用了什么写作方法，重要的是让学生自己发现作者的行文思路，有了一次、二次、三次甚至更多的发现体验后，学生就能掌握阅读策略与方法，就能更好地自己读，读多了自然就会学着表达。

所以，关注表达绝不是机械地分析作品创作方法，功利盲目地读写结合，而是先从"文"中发现"人"，再观照"我"。概念、术语都应该化作巧妙的教学环节，潜移默化地成为学生的言语技能。

读书感悟

我们要牢记2011版《语文课程标准》中对"语文课程"下的定义，语文课程是一门学习语言文字运用的综合性、实践性课程。而学生的言语实践、语言素养，都离不开教材，我们要充分发挥教材的作用，关注文章的表达形式，运用具有设计感的语言教学环节，培养学生的言语技能，真正提高学生的语言素养。

《如是我思（上篇）》感悟一

悦读《如是我思（上篇）》感悟二

亲爱的老师，让我们继续走进朱煜老师的新著《让课堂说话》。今天阅读《如是我思（上篇）》中的后四篇文章。我节选了朱老师的"单元整合教学原则""教材解读的策略""整本书阅读指导策略"三方面内容和大家分享。

一、单元整合教学原则

2011年版《语文课程标准》告诉我们："语文课程是一门学习语言文字运用的综合性、实践性课程。"语文课上，教师应该借助课文，教会学生运用语言规范地表达自己的见闻和感受。语文课程的核心是提高学生语言素养，落实的途径是教表达形式。学生要获得言语能力，离不开教师的教和学生的练。按照小学生的学习规律，在一段时间内，教与练的内容应该相对固定。如果将一个单元内的语文知识与能力点提炼出来，整合一个单元数篇课文或补充课外选文，围绕单元目标循序渐进地组织教学与练习，那么教学效果一定会优于一篇一篇零散地教。

朱老师总结了单元整合教学的五大原则：

（1）领会课标，遵循学生学习规律。

（2）基于教材，梳理语文知识能力。

（3）突出重点，系统把握年段要求。

（4）依据目标，多样组合单元内容。

（5）精心拓展，辅助教材高于教材。

二、教材解读策略

课程标准不但告诉我们语文课程的核心任务是提高学生的语言素养，还列出多项语文课程需要完成的任务：培养正确的价值观；养成良好的语文学习习惯；发展思维能力；在实践中学习、使用语言；发展口头、书面表达能力；获得阅读能力培养语感；学会使用工具书及媒体。在这些任务中，"发展思维能力"是常被教师忽略的。让学生养成规范说话的习惯，是提升思维能力最有效最简便的方法。

朱老师罗列了五大解读教材的策略：

（1）明晰课程的年段要求。

（2）了解单元学习目标。

（3）理清课文与单元目标的关系。

（4）关注课后习题的设计。

（5）兼顾课程与儿童的细读文本。

三、整本书阅读指导策略

小学生课外阅读的字数规定为不少于145万字。要达成目标，就要指导学生读整本书。但整本书教学并没有真正进入语文课程。随着教师、家长对学生阅读的重视程度越来越大，社会各界对基础教育的要求越来越高，朱老师结合教学实践，对小学整本书阅读指导概括出三大策略。

1. 立足儿童，培养阅读习惯

培养阅读习惯，除了采用保证图书供给、营造良好的阅读空间、设置固定的阅读时间、有效检查阅读成果等常见的一些做法外，还要重视三方面：一是教师要为学生提供经典读物；二是教师要为学生提供自己选择图书的机会；三是对于部分学生而言，要养成阅读习惯还需要外力施加影响。

2. 读懂作品，选定有效话题

现在小学生整本书阅读指导的流程已基本定型，即：导读激趣，学生自读，完成阅读单，交流感受，拓展练习。那么，交流讨论的话题如何确定呢？首先，教师得先读书，不但要读，还要读懂。读懂作品的主要内容、主题思想、表达特点、结构安排等。第二，学生完成阅读单，既是记录阅读成果，又是阅读情况的自我检测。如何选定有效话题？一是了解学生的阅读感受；二是发现作品与学生感受之间的距离。

3. 训练思维，强调个性体验

要将整本书教学的特点清晰地展现，得设计好阅读单。一是以开放的话题联结阅读内容；二是以自主选择抒发阅读体验；三是以多种形式反馈增加阅读趣味。

读书感悟

在部编版新教材中，单元整合的意识更加强烈。集中一段时间固定"教"与"练"的内容，会收到事半功倍的效果，即节约时间，又对知识点进行了强化训练。所以，教师在备课时，一定要先阅读单元导语，看课后习题要求，研读课文，依照课程标准，建立单元教学目标，进行单元整合。

《如是我思（上篇）》感悟二

悦读《如是我评（中篇）》感悟

亲爱的老师，让我们继续走进朱煜老师的新著《让课堂说话》。今天阅读《如是我评（中篇）》部分。朱老师选录了六节精彩课例的点评，我从中提取了以下三个观点和大家分享。

一、语文课应该关注表达

朱老师说，学完一篇课文后，教师应该使学生明白作者写了什么，如何写的，那样写有什么好处，寄托了作者的什么想法，从写法中能学到什么。这些任务不可能在一节课上都完成，教师应依据教材特点、学生基础合理制定教学目标，妥善设计，经年累月，一步一步地做。

朱老师从贾志敏老师的《我看见了大海》一课中总结了三点：一是学会把长文章读短；二是在语境中学习词语；三是循序渐进理解课题。看似无关联的三点，但体现了贾老师一贯地注重语言训练的教学思想。教会学生阅读，教会学生理解，最终实现教会学生表达。如果把学生的语言发展比作大海，那么每堂课、每一次师生互动言语交往活动和扎实的语言训练就是一滴滴小水滴。只要教师在意每一滴小水滴的积攒，那么就一定能真切地看到大海。

二、语文教学应该致力于提升学生语言素养

在王林波老师的《老人与海》中，朱老师总结了两点：一是字词教学不放松；二是品句悟情练表达。

虽然识字教学是低年级的教学重点，但在每个年级都十分重要。王老师在教"抑"字时，不仅让学生将字形字义联系起来，还让学生了解到了汉字文化。生字教学之后，王老师又巧妙地将课文中的重点词语分成两列，引导学生根据词语快速了解文章主要内容，提高了学生的阅读效率。

在读句子时，添加形容词是很常用的教学方法。但要注意，不同阶段的读

有不一样的要求，要求之间应该呈现出坡度和层次，这样才能使学生通过朗读不断加深体验与理解。在换词填词环节，应该依据句式特点和课文整体要求而定，不是随便什么句子都可以做这样的练习。如果为了做而做，那么对学生语言素养的发展没有任何好处。

朱自清先生的"不放松文字"观点，对我们有很好的指导作用。他说："注意每个词的意义，每一句的安排和音节，每一段的长短和衔接处。"

识字教学和朗读教学是小学语文教学的核心内容，应该贯穿在整个小学阶段。这是"不放松文字"的第一个层面理解的内容。

想让小学生习得语言文字，如果只是读一读，是达不成目标的。有意义地理解语言文字，就完成了"不放松文字"的第二个层面。

个性化地运用语言文字，是"不放松文字"的第三个层面。

三、全在言语实践中

教学的新意，不是随便生造出来的，更不是靠哗众取宠的手段获得的。教学新意的产生还要基于当下语文课程的教学目标以及学科研究经验。小学生学习语文，就是要学会把自己的意思说清楚、说明白。所以，关注文体特点展开教学，是提高小学生语文学习效率的好方法。

在课例中，学生对句子的理解，是一种很好的语言内化的操练。将必要的概念转变成言语实践活动，是小学生学习语文知识的最佳方式。而且，言语实践活动必须具备一定的思维高度。

小学语文是基础学科，要教扎实，只有结合学情从字词句篇、听说读写入手。教学新意就在其间，就看教师能否想到、发现，并把握住。

读书感悟

让课堂说话，让学生说话，让所有学生都会说话、都爱说话。识字、读词、说句、读段、写篇……言语实践，关注表达，培养语感，提高素养。用课文教语文，激发学习兴趣，爱上语文，爱上文字……我们教师用智慧，让每个学生都徜徉在语言文字运用的幸福之中。我想，这就是我们教师必须想的事和做的事。

《如是我评（中篇）》

《教育中的对话艺术》

孙建锋/著

悦读《与学生对话的艺术》感悟

亲爱的老师，从今天开始，让我们走进孙建锋老师的新著《教育中的对话艺术》。孙老师在《自序》中告诉我们，对话就像呼吸一样简单。教育中的对话是一种艺术，它意味着一种无尽审美。人生的最高价值，人类生存的真正本质，就在于审美性。我们要营造一种对话教学鱼水亲和的氛围美；享受一种对话教学人格平等的精神美；塑造一种对话教学流动生成的品位美。

在《与学生对话的艺术》这一辑中，孙老师选录了十六篇文章，篇篇有对话中的艺术，我节选其中几个观点和大家分享。

一、落实核心素养：关键在于课堂操持

教育改革从课标到新课标，再到核心素养，不在于单纯改个什么名号，也不在于刻意增删多少字句，关键在于课堂的操持。课堂操持不到位，核心素养只能悬在空中，不可能落地生根，更不可能长成参天大树。

落实核心素养，不求每节课面面俱到，但求每节课能突破一点点，点动成线，线动成面，面动成体。传统教学的词语理解，往往是教师直截了当地告诉学生该词语在教参或词典上的注释，然后让学生抄写、背诵下来，其流弊在于这是一种单一告知、机械灌输、死记硬背的教学方法。学生失去了自主学习的机会和能力。新课标倡导学生要能够"结合上下文和生活实际了解课文中词句的意思"，即结合具体的语境解词，结合生活实际解词，在特定的生活场景中激活并运用词语。学会灵活运用词语比单纯学会解释词语更重要，运用是更深

的理解，是文化素养的真正落实。

所以，课堂操持，真不是用多么"高大上"的媒体课件就能让一节课高级的，一切浮华在简单又怀有美好旨归的教学对话面前只能黯然失色。

二、"真对话"取代"伪对话"

什么是"伪对话"？简言之，就是教学过程中有口无心浪费生命的一问一答。"真对话"，就是（教师生命的）1+（学生生命的）1>2≈3（新生命）。

在我们的课堂中，存在太多的一问一答"假问题"。它们就是文本内容的平移，不需要过脑与思考，没有情趣的激发与思维的碰撞，也没有潜能的开发与智慧的开启，更没有生命的增值与情怀的积淀，其对话就是"伪对话"。"假问题"往往意味着老师有问题，学生没问题。

把"伪对话"变为"真对话"，不妨让学生自己与文本对话，生成问题，小组合作，探究问题，形成文字。

陶行知先生说："我认为，教育就跟喂鸡一样，先生强迫学生去学习，把知识硬灌输给他，他是不情愿学的，即使学也是食而不化。但是如果让他自由地学习，充分地发挥他的主观能动性，那效果一定会好得多！"

在家长与孩子的对话中，也存在着无意义的"伪对话"："今天的作业做完了吗？"家长关心的是学校交给的任务完成了没有。而犹太人却不一样。孩子回到家，家长问的第一句话是："你今天在学校里向老师提出问题了吗？"如果孩子得意地说："我今天向老师提出了一个问题，老师没回答出来"，家长听了会很得意："相信通过自己的努力，你有办法解决，请大胆尝试！"

三、身和心一起蹲下

对话，要蹲下，身和心一起蹲下。身心蹲下与学生对话，学生就成了你心中的明月。明月照亮了课堂，课堂美成了天堂。

四、对话重在生命唤醒

我们笃信：对话艺术中的学生本来就醒着——那是一种街道睡了路灯醒着，泥土睡了树根醒着，鸟儿睡了翅膀醒着，肢体睡了血液醒着，圆熟睡了童真醒着的醒着……

读书感悟

　　教师变成朋友的身份，和学生站在一样高的位置，平等地进行"真对话"，把每一个学生都培养成为一个全面发展的人：会思考，会学习，说真话，表真情；自由地学习，主动地学习，创造生活的美，生命的美。这，将是一种多么美好的境界啊！靠我、你、他，共同去完成……

《与学生对话的艺术》

悦读《与教师对话的艺术》感悟

亲爱的老师，让我们继续走进孙建锋老师的新著《教育中的对话艺术》。孙老师在第二辑《与教师对话的艺术》中，用《让对话带你到陌生的地方》《对话将凝视的目光朝向自身》《我们怎样与考"共舞"》《向音乐老师学示范》《临课也是一种对话》等十篇文章告诉我们：教育中的对话是一种艺术，它意味着一种无尽审美。我选择其中的三方面内容和大家分享。

一、让对话带你到陌生的地方

让对话带你到陌生的地方，与陌生对话，焕发新思维。

陌生，与视域有关。视域是指从一个特殊立场出发所能看到的一切。怎样扩展自己的对话视域？"到陌生的地方"，在"对话中"睁大自己的眼睛，扩张自己的毛孔，扩展自己的胸怀。当我们看到的世界大了，才能更加宽容，才能更加坦荡。接受彼此的不同，尊重相互的差异已经成为"了解世界"的重点。一个人对话视域的广度决定他的优秀程度。孙老师用法国姑娘的话告诉我们，懂浪漫的人，并不是会品红酒买礼物的人，而是对情感的奥秘有深刻体悟的人。

二、让对话引起共鸣

佐藤学说，学习包含三种对话：与客观事物对话，与他人对话，与自己对话。与客观世界对话可以了解世界；与同伴对话可以形成人际交往的关系；与自己对话可以发现更好的自己。

我们怎样才能把教育做到学生的心里去？

孙老师在和几位特级教师的对话中，告诉我们：一是用心去做。教育不仅要做得细，还要做得入心。只有把教育做到学生心里去，其生命才能幸福成长。二是由心到心、以心印心、心心相印的简约对话，是教学艺术的至高境界。这样的对话，激发了生命的潜能，唤起了生命的热情。它需要教师"用生命温暖生命，用生命撞击生命，用生命滋润生命，用生命灿烂生命"。关注生命的对话，是教育的使命。把学生当作课堂的生命主体，让其发展的即时感受表现为茅塞顿开、豁然开朗、悠悠心会、深得吾心；表现为怦然心动、浮想联翩、百感交集、妙不可言；表现为心灵的共鸣和思维的共振；表现为内心的澄明与视界的敞亮。这样，我们的课堂便会成为焕发主体生命活力的源泉，成为生命幸福成长的天堂。

三是真正的教育，是学生在教师的引导下，自然而然生成知识的过程；是智慧与智慧交锋，生命与生命交融，心与心对话的活动。我们要用自然之法，犹如种植植物一样，顺应它们的生长规律，该浇水时浇水，该施肥时施肥。将学习和探究的主动权交给学生。设身处地地为学生着想，耐心地倾听学生的心声，长此以往，或许会给学生插上创造的"翅膀"。教育是"慢"的艺术，应该有"自然生长"的过程，更应该让"主体生命"体验到成长的幸福。

三、向音乐老师学示范

小学语文教师，尤其是低年级语文教师，要善于向音乐老师学习。

第一，学习音乐老师的副语言。即身态语言。面部表情、手势动作、身体姿态愈丰富，教师的表现力愈显得有激情而感染人。第二，学习音乐老师的示范。就是做出某种可供学习的典范。学习完整示范，即对于一篇陌生的课文，教师先范读，让学生整体听一遍，读得好，学生自然想去模仿，模仿是学生的天性；学习重点示范，即将课文中"难咬"的字词作出重点示范。学习难点示范，即对难度比较大、学生难以掌握的地方进行示范。如"我会写"的生字，要求学生写好，单靠口头讲不行，必须示范——一个一个写给学生看。

读书感悟

非常赞赏孙老师每次在课堂上蹲下身子和学生平等对话。我们只有设身处地地站在学生的角度思考问题和对话，才能和学生进行心与心的交流，才会真正走进学生的心中，了解学生的需求，关注学生的成长，遵循自然的规律，并以身示范，心平气和地等待学生从不会到会，从难到易，从少到多，从低到高。

《与教师对话的艺术》

悦读《与文本对话的艺术》感悟

　　亲爱的老师，让我们继续走进孙建锋老师的新著《教育中的对话艺术》。孙老师在第三辑《与文本对话的艺术》中，用《与"嘴角带着微笑"对话》《创课怎样创教材》《教学设计要有反对自我的意识》《做学生与文本恋爱的媒人》《与文本对话要有效度》等十二篇文章告诉我们：教育的对话艺术，就是在教育中对话，在对话中教育，珍惜生命的每一刻，抓住生命的每一个机会，点燃起生命的每一个火花。我选择其中的四方面内容和大家分享。

一、创课怎样创教材

　　什么是创课？创课就是把一种新的教学思想化为教学现实，即创课=思想+做法。创课，有别于仿课，创课是从0到1的原创，仿课是从1到N的复制。创课包括"创思想、创教材、创设计、创教学、创反思、创发表"。

　　创课是一种享受。当我将眼中所见、脑中所想、心中所爱用创课来与学生心灵对话时，"我"是在自由地表达自己与放飞学生，这个自由表达与放飞的过程，让"我"感到巅峰体验的满足，让学生获得难以言喻的快乐。

　　怎样创教材？

　　（1）"怂恿"学生创造教材。学生是课程的习得者，教材是学生的教材。是学生的教材就要对学生负责。负责任的教材要让学生喜欢，要让学生有真情实感，要让学生创造教材。

　　（2）倡导教师创造教材。教师是课程的实施者，教材是教师的教材。好教材是既养学生也养教师的教材。教师要养成开发教材的意识，要锻炼创造教材的能力，要逐步具备创造教材的实力。

　　无论教师自创教材，还是学生自创教材，皆须具备国际眼光。即三种眼光的结合：一是蚂蚁的眼，要观察得非常细；二是蜻蜓的眼，要从各个角度观察；三是鸟的眼，要能飞得高，俯瞰大地。

二、教学设计要有反对自我的意识

在对话教学中，教学设计要有反对自我的意识：不能像网站上的新闻，彼此克隆。对话教学倡导教学设计要有反对自己的意识，更要有反对自己的行动。反对自己的意识，就是反对自己的狭隘与惰性；反对自己的行动，就是要反对原来备课本上的每一个教学环节，每一处把教材文本的陈述句改成问句再满堂问的"伪对话"。反对自己，就是最好地拥护自己。

三、做学生与文本"恋爱"的"媒人"

学生与文本对话，就是与文本谈"恋爱"、说"情话"的过程。窃窃私语、两情相悦的时候，教师这位"媒人"，要及时"撤"！遗憾的是不少课堂，往往视学生为"牛郎"，文本为"织女"，教师当着"王母"的角色，滔滔不绝地讲解分析，成为泛滥且阻隔学生与文本对话的一道"天河"。

四、与文本对话要有效度

上好阅读课亟待解决两个问题：一是理念问题，二是方法问题。若无理念，教学便失去了方向和灵魂；若无方法，教学就不能有效推进与实施。新课标指出："阅读教学是学生、教师、教科书编者、文本之间对话的过程。"这既是阅读教学的主打理念，也是阅读教学的核心方法。课标是教学的"宪法"。怎样落实？最关键的一条就是要切实加强"教师与文本"对话的能力。教师与文本对话要有效度，教师与文本对话，要从文本中谛听、谛视到"真理性、真感情、真精神"。

读书感悟

　　我们拿到文本的时候，要想到从"0"到"1"，想到打破常规，想到反对自己，这样我们才能拥有新思想、新做法，学生喜欢，自己满足。与文本对话，既谛听、谛视文本的"真理性、真感情、真精神"，要用蚂蚁的眼去观察细致，用蜻蜓的眼多个角度观察，用鸟的眼俯瞰大地。我们要与文本"恋爱"，加强教师与文本对话的能力。学生要与文本"恋爱"，消化文本，实践运用文本中的语言文字，真正地和文字恋爱。

《与文本对话的艺术》

悦读《与自我对话的艺术》感悟

　　亲爱的老师，让我们继续走进孙建锋老师的新著《教育中的对话艺术》。孙老师在第四辑《与自我对话的艺术》中，用《好好经营自己的心》《在对话中看到自己》《自主的力量》《想大问题，做小事情》《艺术的目的是延续美丽》等八篇文章告诉我们：人，不仅是从下往上生长，更重要的是从里向外生长。我选择其中的三方面内容和大家分享。

一、好好经营自己的心

　　（1）中心：每次的教育教学对话，用心做到直奔中心，直指人心，以心印心，心心相印。

　　（2）谦心：即谦卑之心。为人师者，能够怀揣着一颗谦卑的心行走三尺讲台，像爱自己的家长，爱自己的兄弟姐妹，爱自己的孩子一样爱学生吗？

　　（3）残心：即欣赏残破之心。一个人，没有经过残心的滋养，就没有温柔之心，自然就不会有澄清、缜密、优美之心。

　　（4）俗心："三日不读书，面目可憎。"一个人一定要进行心灵美容。心灵的美容，关键是去掉一个字——俗。不俗气的教师，才能在课堂中心怀天下。

　　（5）清心：清心是教师对平静、疏淡、俭朴生活的认同与热爱，清心是教师心灵高洁的体现。

　　（6）慧心：智慧的心。能正见世间万象，有因有果、有善有恶；能了悟世间万物，有因缘存在，且相互关联；能见到真理；知道世间万物不能孤立存在，都互相依存。

　　（7）空心：最大的空心，是宇宙一般的心胸。真正的教育要开启人的包容心，心胸有多大，事业就有多大；包容有多少，拥有就有多少。

　　（8）欢心：教育的百花园里，教师如蝶，学生似花。蝶从花丛过，只取其香，不损其色；只传其粉，不毁其本。这是我们追求的教育大美！

二、想大问题，做小事情

"想大问题，做小事情"。诗意而哲学地说，我们要仰望星空、脚踏实地；时尚而现实地说，我们要做中国梦，要教一课书。

人人都做好小事情，才能真正解决大问题；人人都上好一节书，才能真正把教育搞好。

小学做到"五好"，就是把小事做好——写好字、读好书、唱好歌、做好操、扫好地。

唱好歌的本意在于从小养成悦己娱人、美化生活的意识；写好字的本意在于从小养成一笔不苟、端正做事的意识；读好书的本意在于从小养成终生向学、敬畏真知的意识；扫好地的本意在于从小养成环保卫士、勤劳养命的意识；做好操的本意在于从小养成健体第一、珍爱生命的意识。

三、日常教学，才是最美的远方

沉迷过远方的人发现，最美的远方，是日常；最难到的远方，也是日常。同理，最美的课，是家常课；最难节节都上得美的课也是家常课。

日常教学中，眼睛向下自信地与"弱者"对话，才是真关怀。真关怀，才是真教育；真教育，才有真改变。

一个眼里看得到光亮的教师，无论身处何方校园、何间教室，诗意的美好俯拾皆是。

日常教学，才是最美的远方！

读书感悟

我很喜欢和赞同这句话："一个眼里看得到光亮的教师，无论身处何方校园、何间教室，诗意的美好俯拾皆是。"如果每一个学生都能遇到眼里有光亮的教师，那么，学生多么幸福！我们的教育，多么有希望！与自我对话，就是要不断修炼自己，经营好自己的心，让自己从里向外地生长。把身边的每一件小事情做好，把属于自己的每一节课上好，把自己班里的每一个学生当成自己的孩子一样教育好。

《与自我对话的艺术》

《教无不胜》

道格·莱莫夫/著

悦读《设定高学业期望》感悟

亲爱的老师，从今天开始，让我们走进一本在教育界引起巨大震动的超级畅销书，一本看后立即能在课堂运用的书！这本书是美国教育家道格·莱莫夫著的《教无不胜·卓越教师的49个秘诀》。莱莫夫在一所学校教学并担任校长，他在努力"为教育平等而战"。他用新的有效教学实践分类系统命名并汇编这些技巧——强大声音、积极架构、不断拓展。他在非凡学校的五年中，不断观察和用录像带记录了"明星教师"的动作并基于此不断完善他的各种理念，这个分类系统已历经超过25个版本。本书向我们罗列了卓越教师的49个秘诀，今天从第一、二章中的11个秘诀中选取7个秘诀和大家分享。

一、设定高学业期望

学术研究结果证明，教师的高期望是学生高成就的最可靠动力，甚至对那些从来没有取得成功的学生也一样。卓越教师使用了以下技巧，造就卓越课堂而不仅仅是好课堂。

技巧1：杜绝退出

卓越教师的习惯之一就是时刻注意保持"不试不知道"的期望。在高效课堂中，每个人都学习，教师对他们都抱有高期望，即使是对自己都心灰意懒的学生而言也不例外。所以，消除退出可能性的方法迅速变为课堂文化的一个重要组成部分。四种形式"杜绝退出"：一是教师提供答案，学生重复答案；二是另外一名学生提供答案，最初的学生重复答案；三是教师给一个提示，学生用它来找到答案；四是另外一名学生给出提示，最初的学生用它来找到答案。

技巧2：对就是对

"对就是对"技巧是关于部分正确和全部正确——即"相当好"和"百分百正确"的不同。教师的工作是设定正确的高标：百分百正确。学生听到教师对他们说"正确"时，他们就停止了努力。所以，当答案不是真正完全正确的时候，说它正确是很危险的。"对就是对"也包括四种类型。一是无论如何都要坚持；二是回答问题；三是对的答案，对的时间。交给学生一个可复制的、可重复的过程比教给他们问题的答案更加重要；四是使用技术性词汇。

技巧3：不断拓展

给正确答案奖励更多问题的技巧叫不断拓展。以下几种方式特别有用：一是问"如何"或"为什么"。测试学生是否可以持续得到正确答案的最好办法是要求他们解释如何得到答案的；二是另辟蹊径回答问题。常常有多种方法或路径来回答某个问题。当学生用了一种方法时，教师应该确定他们是否会用其他方法；三是另寻更好的词汇。当学生开始形成概念时，他们常常用尽可能简单的语言，给他们机会使用更具体的词汇和正在熟悉的新词，这强化了发展词汇的重要目标；四是寻求证据；五是要求学生整合相关技能；六是要求学生在新情境中使用同样的技能。"不断拓展"要求学生全身心投入。解释他们的思想，或以新方式应用知识。

技巧4：形式重要

为了成功，学生必须获取知识，并以各种各样清晰、有效的形式表达出来以适应工作和社会的要求。理解这个技巧重要性的教师们依赖如下基本形式：语法形式；识别错误；开始纠正；完整句子形式；可听的形式；单位形式。

二、制定达成学业期望的设计

这里所述的教学设计技巧，是在我们走进课堂之前应该做的。

技巧5：始自目标

我们在备课时常常做得不好的是：仅仅考虑的是第二天的课堂活动，而不是目标，我们想让学生知道什么或他们能够做什么。我们应该用这样的问题"今天学生会明白什么？"来代替"今天学生会做什么？"

第一个问题可测量，第二个则不能。决定一项活动成功的标准是是否达到了评价目标。

我们做得不好的第二个方面是：经常在上课的前一天晚上才提出这个问题，即单独的备课，课与课之间没有反映出有意识地循序渐进。而卓越课堂是始于教案，具体化为有效的单元教案，即指有条理地询问每天的课怎样建立在前一天的课上，又如何为明天的课做准备以及这三堂课如何更适合于范围更大的一系列的教学目标。

技巧6：有效目标

有效目标包括可操作性、可测量性、首位性、重要性。

技巧7：双重教案

我们大多数教案关注教师要做什么，忘了备学生每一步会做些什么，而考虑并且备学生会做什么至关重要。它帮助我们通过学生的眼睛看课堂，并且使他们保持富有成效的参与。它能提醒我们，在课堂中偶尔改变节奏是重要的，为学生而改变节奏可做一系列的事情——写、反思、讨论。这样思考的方法就是做双重教案。一方面，备教师教案；另一方面，备"学生"的教案。

读书感悟

　　美国教育家道格·莱莫夫所分享的教学秘诀，让我有种豁然开朗的感觉。"是啊，原来可以这样做！"学生不会回答问题时，我们很轻易地就让学生"退出"了！在对学生的回答做出判断时，我们也许忽视了比答案更重要的是"可复制的、可重复的过程"。我们在备课时，是否真正做到备学生了呢？"备学生会做什么"和"教师要做什么"同等重要。

《设定高学业期望》

悦读《让学生积极参与课堂教学》感悟

亲爱的老师，让我们继续走进一本在教育界引起巨大震动的超级畅销书，一本看后立即能在课堂运用的书！第三章和第四章，一共有16个技巧：精彩导入；按部就班；照猫画猫；走动技巧；逐步分解；参与比率；检查理解；不断击球；出口门票；选择立场；冷不防提问；提问和应对；连续提问；等待时间；每人都写；特效。

今天和大家分享其中的三个技巧。

一、参与比率

作为教师，我们最重要的一个目标是促使学生做尽可能多的认知工作——写作、思考、分析、讨论等。学生在教室中做认知工作的比例被称作参与比率。卓越教师使用数十种方法来增加参与比率。以下十种方法对我们提升课堂的参与比率特别有效。

（1）分解问题。把问题分解为若干小部分，让更多的学生来分享并彼此呼应。

（2）半陈述。与其说出全部的想法，不如说出其中一半，要求学生来完成它。

（3）下面做什么？让学生回答的问题数目翻倍的最快方式是像经常询问结果那样询问过程。

（4）假装不知。教师转弱为强，假装不知道。

（5）重复例子。下定义的术语的例子，有用的概念的例子，人物特征的例子……教师不经常让学生举出另外的例子，而是要求学生举不同角色的例子。

（6）改述或添加。修改稿比初稿更好，这是因为一些最严谨的思维参与进来，使得思想更精确、具体和丰富。

（7）为什么？和怎么样？问学生为什么和怎么样，常常可以通过让他们解释解决问题的思维过程的方式，促进他们更加严谨地学习。

（8）支持证据。支持一个观点比坚持一个观点以及检测事物的逻辑比赞成其逻辑都更需要认知工作。

（9）批量生产。当学生的讨论日益广泛时，有策略地暂时离开，对学生的讨论不评论也不纠正，反而鼓励他们彼此回应，作一系列的相互评论。

（10）讨论目标。开放性的问题和广泛的讨论似乎是比率的罗塞塔之石。它们几乎天然能增加参与比率。

二、不断击球

棒球教练强调不断击球的技术很关键："教他们击打的基本技巧，然后让他们击打的次数尽可能地多。不断的练习，不厌其烦地摆动：使击打的次数最大化。"不断击球是击中球的关键。有时候，最明显的真理就是最好的真理。一堂课应该以学生一次又一次地不断重复结束。

（1）学生需要不断地练习。有些学生要做对三次才能掌握好这项技能，有些学生需要十次，很少有学生一两次就能掌握。

（2）不停努力直到他们能独立解决问题。

（3）使用多种变量和形式。

（4）抓住机会以使知识更加丰富和更具区分度。

让掌握知识更快的学生获得惊喜，把他们推向更高的水平。

三、冷不防提问

为了使学生像期望的那样积极参与课堂教学，不管他们是否举手，都要对其提问。这不仅使我们能接触到每位学生，而且还让我们拥有强大的促进学生积极参与的文化影响。学生将怀有强大动力做作业以应对提问的可能性。这是一股难以置信的强大力量。当太多技巧无法选择时，要记住，"冷不防提问"是本书中最强有力的技巧。

如果教师几乎每天都对班里的学生进行几分钟的"冷不防提问"，学生会对它产生期望并提前改变他们的行为，他们将会通过集中注意力和精神上做好准备的方式在任何时间准备被提问。

"冷不防提问"，应该成为我们每天课堂生活的有机组成部分。在大多数课堂上，不管学生是否举手，他们都应该被要求参与。它的好处在于，一是提醒学生在跑神之前积极参与；二是学生们偶尔会惊奇于自己所拥有的能力。

读书感悟

　　如何让学生积极参与到我们的课堂教学中去？应该是每一位教师迫切需要解决的问题。因为只有学生积极参与，教师的精心备课、精彩授课才能达到预期的目的，并顺利完成教学目标。教师常常为不听课、不参与课堂而造成各方面能力弱的学生伤透了脑筋。我们只要多想想这些技巧，并在适当的时候恰当使用，一定会收到事半功倍的效果。

《让学生积极参与课堂教学》

悦读《创设课堂文化》
《设定和保持高行为期望》感悟

亲爱的老师，让我们继续走进道格·莱莫夫的《教无不胜》这本在教育界引起巨大震动的超级畅销书—— 一本看后立即能在课堂上运用的书！第五章和第六章，一共有15个技巧，我选择了其中的"要做什么""再做一次""专注细节"三个技巧和大家分享。

我们要创建一种学生们能够努力学习、规范行为、形成良好品格等保持且驱动卓越的课堂文化，需要我们掌握处理好五个原则：训练、管理、控制、影响、参与。训练概念的核心是教——教学生正确和成功做事的方式。"如果学生没有做你所要求的事，最可能的解释就是你还没有教他们。"管理是通过奖惩进行强调行为的过程。高效的课堂需要管理系统。教学生如何把事情做正确，而不仅仅是让他们知道做错事的后果。控制是不管后果如何，教师都有能力让学生按要求去做。拥有强大控制力的教师之所以成功，是因为他们懂得语言和关系的力量：他们怀有敬意、坚定且充满信心地要求学生，但又不失礼貌和善意。他们向学生传递着信仰。他们不用模糊的和裁决的命令，如"安静"，而是用具体的和有用的取而代之，如"请回到座位上，开始写日记"。这些动作清晰、明了，传达了决定和关心。鼓励学生相信、渴求成功，并发自内心地为之奋斗，这就是影响。这是学生取得成绩和成功的最大动力。卓越教师给学生很多说的机会、参与的机会和忘我的机会。他们让学生忙碌地参与到富有成效的、积极的工作中。

一名高效教师所用的技巧，理想来说将涉及所有三原则。

技巧一：要做什么

在学校里，我们花费大量的时间从否定方面对我们想要的行为进行界定："不要分神""不要无所事事""这种行为不合适"。这些命令模糊、无效且难以理解。当教师要求一名学生集中注意力时，扪心自问，她真的懂如何集中注意力吗？有没有人教过她？

　　我们教师的一项主要工作就是告诉学生要做什么以及如何去做。给学生指令时要提供足够清晰且有用的指导。为了更有效率，教师的指令应该具体、明确、成系列及可观察。有效的指令是具体的，如"不要分神"说成"把铅笔放在桌子上"或者"眼睛看着我"。或更精确："转过身面向我，把腿放好，把它们放在桌子下，把椅子拉进去。"另外，有效的指令应该描述出一系列的明确具体的行为，如说完前面的指令后，再加上："当我在黑板上写字时，你也要把它们写在本子上。"并向他描述可观察的行为："我可以很清楚地看到你做。"

　　"要做什么"，教师的命令足够具体，从而避免了学生产生明显误解；足够有帮助，从而避免了学生的解释滞留在灰色地带。

　　技巧二：再做一次

　　一项基本的任务，我们已经展示给学生们怎样做，而他们却不能成功地完成它，如安静地排队。那么，一次又一次地重复做，并做正确、更好甚至完美，通常是最好的惩罚措施。比如，"哇哦，让我们重新排一次队，让他们看看我们为什么是学校最好的学习团队。"这样说往往好于如下说法："同学们，你们做得太马虎了，我们再做一次，直到完全做正确。"另外，我们无须等到所有程序或活动完成后才要求学生再做一次。比如，学生排队吃中饭，训练是这样的：安静地站起来，推进椅子，转过身面向门，然后跟随小队长走向教室门外。如果有些学生忘记了推进椅子，那就让他们坐回原位，然后再做一次。

　　技巧三：专注细节

　　专注细节的关键是做好准备。如：

　　（1）怎样让学生们的课桌整齐排列？试试把带标放在地上，这样教师就能指导学生检查他们的桌子，并按照带标排列。

　　（2）怎样让学生们做的家庭作业干净整洁？给学生们制定家庭作业标准，偶尔逐一收集学生课桌的作业，从整洁性角度对其作出简短评价："作业没写名字。""你尽最大努力了吗？""不允许作业本上出现花边。"

　　（3）怎样让学生们书包中的材料整齐有序且不丢失？前50次让大家一块把材料放进书包，示范给学生们如何做："我们要把这些材料放在词语本那部分的前面。准备，我们数到三，大家一同打开书包。准备好了吗？"

读书感悟

　　我们常常会对学生说："我都不知道跟你说了多少遍，你怎么就不会呢？""为什么还错，我不是在课堂上说了吗？"我们常常还会跟同事一起抱怨："唉，学生们总是左耳进，右耳出，说了等于白说。"现在，终于明白，是我们的方法问题和指令问题。我们的指令学生是否明白和清楚？学生知道我们说什么吗？说一次不如再做一次。说他们没做好，不如积极地夸赞他们做得不错，再展示一次。

《创设课堂文化》
《设定和保持高行为期望》

悦读《建造性格和信任》感悟

亲爱的老师，让我们继续走进道格·莱莫夫的《教无不胜》这本在教育界引起巨大震动的超级畅销书———一本看后立即能在课堂上运用的书！第七章一共有7个技巧，我选择了其中的"积极架构""工作乐趣""错误正常化"三个技巧和大家分享。

技巧一：积极架构

积极比消极更能激励人们。使用积极架构技巧意味着以积极且建设性的方式实施干预，以纠正学生的行为。即教学生以积极、乐观、自信的方式行事。积极架构依据以下6个原则进行纠正和指导行为。

1. 活在当下

即在全班同学面前或者正在上课的时候，避免对学生还没有解决的事情絮絮叨叨，把正确的交往专注在从这个时间节点以后学生应该能做成功的事情上。比如，"柯南，眼睛向前看。"而不是"柯南，眼睛不要向后盯着坦尼亚。"

2. 设想最好

不要把走神的结果、缺乏实践或者真正的误解归因于不良企图，即教师对学生要有足够的信任，相信学生是想努力做到的，只是一时忘记或还没有做到足够好。比如，不要说"有些人看起来排队时不想把椅子推进去。"而要说"有些人看起来忘记了要把椅子推进去。"或"哦，椅子部分似乎被我们遗忘了，让我们重新回去，把它做对。"不要说"如果你不做好，查尔斯，我会让你留堂。"而要说"查尔斯，展示你最好的状态。"或"查尔斯，请集中精神。"另外，"设想最好"的一个特别有效的途径是当教师给学生们下命令时，感谢他们。这也强调了教师的设想，他们会服从。比如，"请入座，谢谢！"

3. 匿名提问

只要学生们正朝好的方向努力，就让他们有机会在匿名情况下达到教师的期望。纠正他们时不要使用他们的名字。比如，"自我检查一下，确保你们所做的符合我的要求。"这比喊出拖后腿者的名字更快产生结果。

4. 开发动能，陈述积极一面

动能，即依靠能量流让团队前行以达到伟大成就的力量。卓越教师通过让积极因素正常化而把动能变出来，把注意力引导向好的方面，并且变得越来越好。比如，不说"有些学生没有按我的要求做。"而是说"自我检查，确保已按我的要求做了。"不说"并不是每个人都做到了。"而是说"几乎每个人都做到了。"

5. 挑战

学生们喜欢接受挑战，喜欢证明他们能做事情，喜欢竞争和赢。所以，挑战他们，通过把竞争引入每一天，规劝他们证明自己能做事情。

6. 谈论期望和志向

当学生们谈论想变成谁，引导他们该往哪个方向走，用一些短语来表扬他们。当学生们看起来很棒时，告诉他们，他们看起来像"大学学者"，并且给人感觉好像你正和未来的主席、医生及艺术家坐在一个屋子里。

技巧二：工作乐趣

在学习的工作中找到乐趣，不仅是快乐课堂也是高效课堂的关键驱动力。当人们喜欢做某件事情时，他们就会工作更努力。卓越教师经常使用的五种类型的工作乐趣活动是：

1. 乐趣和游戏

这些活动鼓励学生们热爱挑战、竞争和运动。

2. 我们

在课堂以及更广泛范围内，让其成员感觉他们归属于重要的"我们"——一个生机勃勃且被认可的实体，只有某些人可以成为其中一部分。通过独特的语言、名字、仪式、传统、歌曲以及类似的东西，文化建立"我们"。

3. 戏剧、歌曲和舞蹈

音乐、戏剧活动以及运动能提升精神，也可以建立集体认同感。精神提升对青少年来说更加威力无边，把东西表演出来或唱出来是一条记忆信息的特别好的途径。

4. 幽默

笑声是快乐和自足的基本条件。所以，幽默成为营造快乐和自足的学生与教师环境的有力工具。

5. 不确定和惊喜

偶尔来些常规以外的事件，会变得更有趣、可笑和令人振奋。

技巧三：错误正常化

犯错误，然后纠正，这是学校教育的基本程序之一。把此程序的两部分——错误和正确，都当作完全正常的情况来对待。面对学生的错误回答，我们不惩罚，也不寻找借口；面对正确回答，我们不奉承，也不大惊小怪。面对错误回答，我们这样说："要解决此类问题，我们必须做的第一件事是什么，诺阿？"留些悬念，让学生自己去解决。表扬学生聪明，是鼓励他们不要冒险（如果犯错，他们担心自己不再看起来聪明了）。表扬学生学习努力，则是鼓励他们冒险和接受挑战。面对正确回答，承认学生正确地完成了作业或者学习努力，然后继续："正确，诺阿。干得漂亮。"

读书感悟

一直十分倡导积极架构，也十分明白积极比消极的激励作用更大。但常常在表达上事与愿违，一不留神就用"不"字了。所以，为了让自己养成积极表达的习惯，我认为，必须要有意识地练习，或每次说话前先思考一秒，组织好语言再说出来。面对错误，越淡化，效果越好。所以，我们不要刻意强调学生的错误答案和错误行为，而是引导学生再来一次，做出正确的回答和正确的行为。

《建造性格和信任》

悦读《改善教学进度：创造积极课堂节奏的补充技巧》感悟

亲爱的老师，让我们继续走进道格·莱莫夫的《教无不胜》这本在教育界引起巨大震动的超级畅销书——一本看后立即能在课堂上运用的书！今天和大家分享第八章的补充技巧。

教学进度，不仅仅是指教学的速度，多数教师认识到：教学的实际进度与学生认为的进度之间并不一致。界定"教学进度"的另一种方式是"速度假象"。它不是材料呈现的速度，而是课堂使材料看起来所展开的速度。当一位教师最大化教学进度时，其教学将激发和吸引学生，同时给他们一种进展和变化的感觉。

本章列举了六个技巧操控课堂中的"速度假象"。

技巧一：改变教学进度

制造速度假象的一种方式是通过使用多种活动来完成目标以及在整堂课过程中不断从一个目标走向另一个目标。比如，一小时内每隔十到十五分钟就变换话题，这让学生分心、困惑且效率低下。每隔十到十五分钟就改变工作样式，与此同时，寻求掌握某单个话题。即用不同的呈现方式掌握一个话题。后者可能会改进教师的教学进度，前者则让学生分心和困惑。根据脑研究，所有年龄段的人们在十分钟后开始分散注意力，需要新的东西参与进来。学校能够给予学生的最好礼物就是增加他或她更长时间的专注力。

技巧二：让界限闪光

每当在课堂中开始一项活动，教师就是在呈现一个让界线闪光——在"开始"和"结束"之间画出鲜亮、清晰的界线的机会。让活动的开始和结束干脆、清晰，相比于让它们"一锅炖"，对活动的节奏会有积极的影响。开始和结束对参与者越明显，就越有可能被认为是参照点，并且还会创造出这种观念：教师做了许多具体的事情，它使得教师所创造的参照点明显、可辨。画一个闪光的界限也会改进节奏，这是因为任何一项活动的最初和最后一分钟在形成学生对它们的感知中起着巨大的作用。让活动清晰地启动，学生们就会精力充沛、活力十足地对待它。

技巧三：全都举手

我们可以通过使用"全都举手"来快速变化，从而达到制造速度假象的目的。比如，让多个学生读文章中的不同小段，并在他们之间快速进行，这可以创造一种速度感。教师在参与者中的每一次转换，都创造出一个参照点。某些事情改变了——开始和结束了——短暂的停顿被制造出来。使用"全都举手"技巧，可以让我们对后进班迅速且简单地做出反应、充满能量。

对教学进度来说，一个阻碍是在错误时间内学生烦琐冗长且毫无目的的陈述。我们可以使用"全都举手"技巧，引导学生给出简洁的答案，以应对这项挑战。比如，适当的时候使用"停住""时间到""暂停"或者"别动"等——快速地打断学生们，提醒他们所提问的问题，并用一个提醒语专注于问题，把问题让给另外一个学生。坚持这样做，学生们会对我们的课堂进度有一个直觉，从而做出相应的反应。

技巧四：每分钟都事关重大

时间是沙漠之水，是教师最宝贵的资源。因此，必须被节俭使用，每分钟都事关重大。比如，课堂的最后几分钟时常被欢乐地消耗掉了。我们常说"没有时间开始学习新东西了"或者"我们学习得很努力，所以给你们几分钟放松一下"。如果每天都这样做，我们就会丧失几十个小时的教学时间。

我们可以使用"每分钟都事关重大"技巧，用对所学东西的高效复习或者挑战新问题奖励学生的努力学习。随时准备一系列的短时学习活动，这样当两分钟的机会出现时我们就已经做好了准备。在走廊排队、去洗手间的路上、收拾书包的时候，都是复习单词、朗读振奋人心的小说、用一个形容词描述此情此景，等等——我们总能够施教。

技巧五：向前看

在课堂中，即使是适当的暂停，也会营造出紧张、兴奋和期待的气氛。我们可以使用"向前看"技巧使教学进度感觉起来更有活力，从而达到效果。比如，给某些活动的主题加上容易记住或特别的名字，看起来更加吸引人。如果我们称其中一个活动为"神秘活动"，那么就可以让期待更加强烈。比如，

"稍后，这个问题会变得非常复杂。"或"接下来等待我们的是什么呢？"

技巧六：熬炼时间

卓越教师在课堂上细数时间，把时间分成极细的部分，经常为每个活动分配时间："花三分钟时间回答你们面前的问题。"为了跟上教学进度，他们在学生们解决复杂问题时还加上频繁的倒数，并强调每分钟的重要性："把铅笔放下，眼睛看着我。5、4、3、2、1。"倒数使得学生们有种时间紧迫感，提醒他们时间的重要性，催促他们进入到下一步。如果在倒数中告知学生，"5、4……布鲁克林准备好了！3、2……布莱恩坐直了，准备开始了！1，大家都看我，我们开始！"这样的熬炼时间，可以非常好的改善教学进度。

读书感悟

在没有阅读这章之前，我理解的教学进度的确就是大家都比较认同的界定，即教学进度就是教学的速度。却没有想过我们可以通过很多技巧改善教学进度。第一，通过多种有趣的方式掌握一个知识点，改进教学进度；第二，重视活动开始和结束的精彩，让学生更兴奋地参与；第三，全员参与，创造积极、高效的课堂节奏；第四，想办法让每一分钟都有意义；第五，引导学生持续对活动产生兴趣，积极投入其中，让教学进度最大化。方法，技巧，带来的力量太大了！

《改善教学进度：创造积极课堂节奏的补充技巧》

悦读《挑战学生的批判性思维：提问学生的额外技巧》感悟

　　亲爱的老师，让我们继续走进道格·莱莫夫的《教无不胜》这本在教育界引起巨大震动的超级畅销书——一本看后立即能在课堂上运用的书！今天和大家分享最后一章的额外技巧。

　　只要有教师和学生存在，教师系统性提问学生的问题就是教学的中心。提问程序就像建台阶。如果每一个台阶都结实稳固，且建造结构也良好，那么整个楼梯就可以把学生引到任何高度。在有效课堂中，提问可以服务于以下五个直接目标：当介绍学习材料时，引导学生理解；促使学生更大程度地分享思想；改正错误；不断拓展学生；检查理解。提问是一项复杂且多面的技巧，它几乎影响了教学的每个部分。所以，不管提问的目标是什么，都可以争取使用以下六大技巧设计有效提问。

　　技巧一：一次一个问题

　　当我们对所教内容兴奋或内容使得我们推进太快时，我们通常会冒险问学生多个问题。这样做，会悄悄但却坚定地向全班学生暗示，教师的问题并不特别重要或教师并未精心准备它们。约束自己使用"一次一个问题"技巧，帮助学生一次只专注于发展一种观点，并且让自己怀有具体目的或目标专注于提问。

　　技巧二：从简单到复杂

　　提问问题遵循"从简单到复杂"的方法是有效的。就像一个好的教学计划，有效的问题起初激发学生以一种克制且具体的方式思考，然后再促使他们思考得更深、更广。这样做的好处是，学生在回答更具广度和深度的问题时更切实、更富有洞见，并且考虑到自己在先前问题上的成功，他们会更自信且愿意冒更大的险。

技巧三：逐字逐句（即无埋伏或改变）

我们在提问时，等待举手，然后叫学生回答，往往会重新陈述这个问题。偶尔这么做，显然是必要的，特别是当提问一个具有挑战性的问题时更是如此。但是，复述问题时，"逐字逐句"地问同样的问题非常重要。否则，会让学生没有准备，答案的质量降低，或让学生面对临时改变的问题感到困惑，心烦意乱。

技巧四：清楚且具体

经常出现学生回答错误的症结与答案无关，与问题有关。如果我们想让学生有机会回答正确，就要让学生清楚知道我们问的是什么问题。使用"清楚且具体"的五种方法，可以改进我们问题的清晰度：从疑问词开始；限定不多于两个从句；当问题重要时，提前把它们写下来；问真正的问题；假定有人回答。比如，问"谁能告诉我……"，而不是"有没有人能告诉我……"。

技巧五：常备问题

我们怎样在课上让学生们学得很努力又很快，并得到一种严谨的智力练习，获得知识，修正错误？有经验的卓越教师说，在课上不当场组织问题，而是重复问同样几个问题的不同版本，努力用一个逻辑的方法解决典型的问题，然后一次又一次遵循这种方法。这样同系列的问题一次又一次地应用在不同的情境中。这样减少了提问令人望而生畏的智力要求，使得它的执行更实际了。

技巧六：命中率

"命中率"，即学生们正确回答问题的比率。如果命中率是百分之百，这不一定是一件好事，除非我们刚刚复习。当学生们回答问题都正确时问些难问题，可以检测学生全部的知识范围并保持足够的严格。如果低于三分之二的命中率表明也有问题：要么是我们呈现材料的方式有问题，要么是我们提问的问题与包含它的材料的链接方式有问题。如果学生向我们表明他们并没有掌握，那么我们就应该暂停一下。

读书感悟

　　在平时的课堂上，我们的确经常出现随意提问、重复提问或改变问题现象。我们往往忽略了从自身的提问是否有效方面去思考，学生的答案不满意，都归咎于学生身上。掌握以上的六个提问技巧或原则，一定会收到事半功倍的效果。我们力求让每一个"台阶"都结实稳固，且"建造结构"良好，把我们的学生引到任何高度。

《挑战学生的批判性思维：
提问学生的额外技巧》

《书语者》

唐娜琳·米勒/著

悦读《每个人都是读者》感悟

亲爱的老师，从今天开始，让我们一起阅读唐娜琳·米勒老师的《书语者》。阅读这本书，会让我们知道如何引领学生爱上自主阅读，如何提升学生的语言能力，让我们的教和学变得更加有趣，更加美好。米勒老师希望把真正的阅读还给学生，让阅读回归本来的模样。她的终极目标不仅仅是教学生如何考出好分数，更是要培养他们长期的阅读习惯，使其成为终身读者。米勒老师打趣地说："尽管把书中对你有用的好点子都'偷'去吧！"

米勒老师的教室，一整面墙都是班级图书馆。学生开始借书，教师不断推荐。教室看起来就像一个疯狂的股票交易大厅，学生们兴奋地挥舞着卡片，叫着书名。新学期以"疯狂借书日"作为新学期的开场戏。通过把选书和互相推荐喜欢的书作为新学期的第一个班级活动，明确传达——阅读将是整个学期最重要的事。"疯狂借书日"奠定了班级的文化基调。

米勒老师从不向学生宣扬他们需要多读书。也从不跟他们提及谁不爱读书，谁阅读能力不强或谁觉得读书没意思。让学生坚定不移地相信：他们是读者，或即将成为读者。

米勒老师认为，给学生机会去选择自己想读的书，会赋予他们阅读的动力，并使他们得到鼓舞。尊重学生，给予他们一定程度的自主权，会增强他们的自信心，使其对阅读的兴趣得到回报，并培养正向的阅读观。

她把读者分为三种类型：发展型读者、休眠型读者和地下型读者。

一、发展型读者

发展型读者包括阅读经验不足或学习障碍，这部分学生没有达到所在年级应有的阅读水平。问题的关键是他们的实际阅读量比正常上阅读课的学生低。没有定期阅读的学生，其阅读能力逐年下降。所以，必须把大量的阅读指导时间用来进行实际的阅读。他们需要的是与其阅读水平相匹配的支持，并有机会获得成功的阅读体验而不是一再受挫。大量的独立阅读，配以清晰的阅读策略指导，使那些不爱读、不会读的学生变成真正的读者。

二、休眠型读者

休眠型读者，即被动型读者，他们从来不觉得阅读是一件值得课后去做的事。这些学生只读规定的书，完成规定的作业。如果没人激发他们的阅读兴趣，没有榜样激励他们多读书，这些学生永远不会发现阅读是充满乐趣的。米勒老师相信，在每个休眠型读者心里的某个地方，都藏着一个爱阅读的读者。他们只是需要合适的条件把那个读者激发出来。和发展型读者需要的一样：大量用于阅读的时间，自主选择读什么的自由，重视自主阅读的课堂环境。

三、地下型读者

地下型读者是富有阅读天分的学生。但他们只想读自己想读的书。他们不愿屈从于外界的压力，不会违背内心对阅读价值的判断。他们已经朝着终身阅读的方向发展了，我们不再需要让他们去追求短期的阅读目标，而是让他们尽情地去读那些"大部头"，寻找合适的方法，通过他们爱读的书引导他们达到教学目标。我们的首要目标就是让所有学生养成终身阅读的习惯，把班级打造成"阅读的天堂"，让学生想读什么就可以读什么。

一个能够激励学生主动读书的课堂环境需要哪些条件呢？

（1）浸入——学生置身于书无处不在的环境，并有机会每天阅读。

（2）示范——认识文章的结构和特点、实现学习目标、如何在字里行间获取信息等，都需要大量的示范。

（3）期望——教师期望学生每天阅读，而且大量地阅读，学生通常会朝着教师期望的方向发展。

（4）责任——"失去做决定的能力，会使学习者丧失力量。"所以，在实现学习目标的过程中，至少有一部分事情需要由学生自己决定。

（5）应用所学——学生需要时间在真实的情境下运用学到的知识。给学生留出时间，让他们将所学的技能运用到自己正在读的书、学科相关知识阅读当中去。

（6）不求完美——学生已有的技能和知识需要得到鼓励，并允许其在继续精进的路上犯错误。

（7）反馈——对学生取得的进步，需要给予中肯与及时的反馈。

（8）积极参与——即使具备了其他所有的条件，学生的积极参与依然是最重要的学习条件，也是一个成功课堂必备的条件。

读书感悟

"疯狂借书日""阅读天堂"，自主选择书目、每天留出读书时间、营造书无处不在的环境、每天阅读、大量阅读、每个人都是读者、养成终身阅读的习惯、所学技能运用实践、反馈、鼓励、不求完美……这些从书中提取出来的关键词，我希望能随时在脑海里出现，以便能更好地指导学生真正走进无附加、无条件的阅读之中去。

《每个人都是读者》

悦读《总有一个时间，总有一个地点》感悟

亲爱的老师，让我们一起继续阅读唐娜琳·米勒老师的《书语者》。"沉浸于书中，在书中寻找自己。"这是米勒老师对学生们的期望。她认为，学生很少有时间自由阅读，所以必须保障他们每天在课堂上有自由阅读的时间。学年伊始，每天的课都以独立阅读开场，习惯这种方式上课。不管有其他什么事情耽搁，都会特意留出阅读的时间。

一、用来阅读的时间就是被善用的时间

阅读不是装饰，而是整个课程的基石。我们正在读的书、书中引起我们注意的内容以及令我们困惑的地方，都会成为课堂教学与学习的材料。米勒老师认为，如果没有时间在真实的阅读情境中应用所学，就永远无法培养出作为读者应有的能力。如果不逐渐增加阅读的时间，就无法培养出作为读者所必需的持续力。学生需要时间阅读，需要时间成为真正的读者。

在《阅读的力量》一书中，针对独立阅读的研究成果表明，没有任何一种单独的读写活动可以像自由自主阅读那样更有效地提高学生理解力、词汇、写作和整体学业水平。传统的机械式训练的学习方式，在培养学生阅读能力方面效果都微乎其微，很多情况下甚至还会产生负面作用。如果学生是在学校开始读的一本书，那么放学回家后很可能继续读这本书。

我们认可阅读的价值，就应该为阅读留出时间。安排阅读时间应该是我们设计教案过程中的首选项，而不是最后一项。

二、"偷"时间来阅读

怎样最大限度地利用学生在学校的一分一秒，"偷"出额外的阅读时间呢？

（1）独立阅读可以更有效地利用课堂时间。学生每天一进入教室，就会拿起书阅读。阅读比任何练习都更有效、更合算。

（2）当学生完成作业后，奖励学生独立阅读，而不是又增加更多的看似有趣、有用的作业。热爱阅读的终身读者，完成一天的工作后，奖赏自己的方式就是将自己沉浸于书中。

（3）寻找各种零碎时间让学生独立阅读。比如，排队体检、排队拍照、等待校车时，聊天、惹麻烦或无聊发呆时，都可以累积成可观的阅读时间。

（4）图书馆里是"沉没的宝藏"，每位读者都能在那里找到属于他们自己的珍宝。为了避免学生在图书馆里闲逛或扎堆聊天，我们可以提前几天就告诉学生并和他们一起想象能在图书馆里找到哪些好书，产生期望。教师和图书馆员不该把时间花在维持秩序上，而应更好地帮学生找书和选书。

三、阅读的地点

米勒老师秉承"可以在任何地方阅读"的态度，并不提倡设立专门的阅读角。不介意学生在教室的什么地方读或怎么读，只要他们在读就好。在其余时间里，学生可以在走廊里边走边读，可以在校车里读，可以在拥挤和吵闹的餐厅里读……学生无须等待一个完美的环境出现才开始阅读。此时即是阅读时间；此地即是阅读地点。

读书感悟

不管是我们自己还是学生，都会觉得没有时间阅读，或阅读的时间很少。米勒老师找时间、找地点的方法其实很简单："总有一个时间，总有一个地点""此时即是阅读时间；此地即是阅读地点"。当然，更关键的是，我们要在设计教案过程中留出时间让学生独立阅读，让学生饶有兴味地走进书中去找"黄金屋"。一旦兴趣被激发，学生就会自己主动去"偷"时间来阅读了。

《总有一个时间，
总有一个地点》

悦读《阅读的自由》感悟

亲爱的老师，让我们一起继续阅读唐娜琳·米勒老师的《书语者》。米勒老师在学生选书方面，给了充分的自由。她认为，完全可以放下自己读不进去的书。作为读者，可以选择读什么，也可以选择什么时候放下一本不合口味的书。她告诉学生："总有一本书在等着你。如果你读一本书时觉得太难或太无聊，那就放下它，再选一本。重要的是，不要因为选错书而放慢了阅读的脚步。读者经常这样做。不要觉得一本书只要开始读了，就必须要把它看完。"

一、阅读计划

一个读者，除了反复阅读自己喜欢的书，"偷"时间来阅读，放下读不下去的书，还会为自己准备下一本要读的书。随时在手机备忘录上，把听到的好书记下来，作为买书或去图书馆时的参考，让自己永远想着去读下一本书。不少学生，尤其那些认为自己不爱读书的学生，一开始不习惯自己选书，也不会做阅读计划。所以，教师需要告诉他们什么时候读什么书，给他们一个起点。为了协助学生自己制定阅读计划，米勒老师给了他们一个具体的方法，他们依此在米勒老师的课上进行实践。

二、阅读要求：为什么是40本书？

对于一个一年只读一两本书的学生，读40本书听起来好像很可怕。然而，这样的要求可以避免学生就阅读量讨价还价。

一二十本书不足以让学生爱上阅读。他们必须自主选择并阅读大量的书，才能"读书上瘾"。设定这么高的要求，就是要确保学生一直有书读，为达到要求，他们必须每天阅读。如果没有这样的要求，学生就会尽可能少读。如果我们的要求低于这个水平，他们也很难养成自主阅读的习惯。

对于达到读40本书这个目标，有些学生信心不足。米勒老师在鼓励他们的同时，态度也很坚决："我们先拿起一本书开始读吧。很多学生，还有各种读者，都是这么做的。我相信你们也能做到！"一名学生说："当我一步步努力完成阅读要求时，慢慢地我发现自己的阅读潜力竟然那么大。"

如果学生没读够40本书会怎么样？米勒老师说，失败不是一个选项，学生不是为了通过考试而阅读，即使没有读够40本书，也不会怎样。

在学生对待阅读量方面，米勒老师发现发展型读者和休眠型读者选择了他们能找到的最薄、最短的书来读，以便凑数交差。对于一些地下型读者来说，一年读这么多本书也是个问题。如果他们爱看的书都是几百页的大部头，怎么可能在一年里读完40本？米勒老师的解决方案是，任何一本超过350页的书都可以算作两本。这样可以避免学生只挑短小的薄册子看，同时也照顾到了喜爱大部头书的学生，使所有的人想读什么就可以读什么，不论书的薄厚。

三、认可学生的阅读选择

读者还有一个特点，就是有时纯粹为了消遣而阅读。有多少青少年读者正在读着成人们认为没多少营养价值的书？学生们正在阅读的书，很多并不是教师要他们读的书，但学生们爱读这些书。那么，我们必须尊重他们不甚高雅的阅读品位。因为我们宁愿学生读一些文学价值有待商榷的作品，也不希望他们什么也不读。我们一旦允许他们读自己选的书，那么引导他们读我们推荐的书，会变得更容易。学生们之所以选择不太好的书阅读，是因为他们还不成熟，没有多少选书的经验，也没有获得足够的阅读指导。在有丰富经验的读者帮助下，他们中的大多数人会在阅读的深度和广度上取得进步，这就是教师发挥作用的地方。

读书感悟

要让学生爱上读书，才是我们的真正目的。所以，我们必须放下太多条条框框，先从认可学生开始：允许学生放下不合口味的书，放下不喜欢的书，选择自己爱读的书；在看起来一年40本的大阅读量完成不了的情况下，允许学生不达到，或慢慢达到；在学生不会选书的情况下，即使他们读的是消遣的书，也允许他们先阅读，再引导他们读教师推荐的书。阅读只有自由了，学生才能成为真正的读者。

《阅读的自由》

悦读《言传身教》感悟

亲爱的老师，让我们一起继续阅读唐娜琳·米勒老师的《书语者》。米勒老师说："读者是培养出来的，而不是天生的。很少有学生天生就是读者。他们需要帮助，我们不能假设他们一定会在家里获得帮助，他们始终应该从我们——他们的老师这里获得这种帮助。"

一、阅读意味着什么

有证据表明，教师如何看待阅读，不仅影响学生们对阅读的认识，还长期影响他们对阅读的兴趣。米勒老师的校长在面试求职教师时，无论求职者是否申请语文类教职，他都会让其谈谈最近读过的书。他深知在学生面前树立一个阅读榜样，让学生每天都能看到，是多么重要。

在学习如何阅读各类作品的过程中，学生固然需要大量的示范和练习，但教师要示范给学生的，绝不仅仅是如何阅读。如果我们希望学生在今后的人生中持续阅读、享受阅读，那么就必须向他们展示一个真正的读者是怎样生活的。

二、找到内心的读者

即使教师从来不爱阅读，或随着岁月流逝已经失去了阅读热情，那么从现在开始培养对阅读的热爱也为时不晚。"假装爱上，直到弄假成真。"制定阅读计划，可以参考米勒老师提供的以下步骤：

1. 每天拿出一定的时间阅读

如果我们认为阅读是重要的事情，就一定能找出时间。每天拿出15分钟，每天在课上拿出几分钟时间和学生一起阅读。

2. 选译感兴趣的书阅读

不要因为有些书日后有助于教学，就选择阅读，也不要觉得自己一定得读与教学法或与所教科目有关的书。可以参加读书会，可以开始阅读书评。

3. 多读童书

如果小时候便很爱看书，不妨重新拿起那些曾经喜欢的童书。童书里的故事和人物更天真、更纯洁。没读过童书的成人会留下文化传承的缺憾，失去了受启迪的机会，也缺少了一种与学生交流的工具。如果教师向学生推荐或和他们一起阅读时，学生们会很开心，因为教师也爱读他们喜欢的书。

4. 听听学生的推荐

学生发现他们看过的书教师没看过，总是很惊讶，并要迫不及待地用这些书拓宽教师的阅读视野。当教师阅读学生正在读的书时，便会深入了解他们的阅读习惯和阅读偏好。

5. 参考行业内推荐

作为教师，要时时留意市面上有哪些适合学生读的书——既关注经久不衰的经典，也关注新书和与流行文化相关的书。

6. 创建读书笔记

当学生们又剪又贴地装饰他们的读书笔记时，教师也可以为自己制作一本新的读书笔记。在读书笔记里，记录一年中读完和不想继续读的书。

7. 对阅读内容进行反思

我们不一定读完每本书都要写内容概要或读后感，但可以反观一下自己喜欢这本书的哪些地方，不喜欢哪些地方；有什么好玩的，有什么困难的。又或者在心里生出哪些感触？

学生需要一个可以效仿的阅读榜样，这样才能成为真正的读者。我们是教室里阅读能力最强、最资深的读者，每天都要怀着对阅读的热爱站在学生面前。事实上，我们也无法激励别人去做自己都没有激情去做的事。

读书感悟

　　我们经常说，什么样的家庭，培养出什么样的孩子；什么样的教师，培育出什么样的学生。成人的力量，影响力太大了！言传、身教、以身示范、模仿、学习，这些关键词，我们常常要牢记于心。要想让学生成为真正的读者，我们首先要成为真正的读者。教师和学生，是读者和读者之间的关系。达到这样的一种境界，就是我们的成功之处。

《言传身教》

悦读《斩断束缚》感悟

亲爱的老师，让我们一起继续阅读唐娜琳·米勒老师的《书语者》。今天阅读第六章《斩断束缚》。米勒老师说，一直有学生告诉她，传统的阅读教学和测评方式实在让他们厌恶阅读。"阅读课最让人痛苦的是，做练习花的时间比实际看书的时间还多。"阅读已变成了学校作业，而不是学生课后依然乐于从事的活动。教师给阅读附加了太多的束缚，以至学生从未把快乐和阅读联系在一起，这不仅包括课堂阅读，很遗憾也包括课外阅读。

传统做法1：全班共读一本书

全班共读一本书，无法创造出一个书香社会。调查数据显示，"全班一书"的做法没有让学生读得更多或更好。因为：没有一本书可以满足所有读者的需要；全班共读一本书太费时间；分解式教法削弱了对整本书的理解；真正用来阅读的时间不够；"全班一书"忽视了学生的阅读偏好；"全班一书"的做法使先前的阅读经验价值下降。

针对以上弊端，米勒老师提出重新考量"全班一书"的替代做法。第一，朗读给学生听。把一本对很多学生来说有难度的书，流畅地读给他们听，以此增进他们的理解，拓展他们的词汇量，并让他们享受到故事带来的乐趣。这样可以让学生把注意力放在理解书的内容上。第二，分享阅读。在教师朗读的同时，学生看着自己的书跟着默读，这样可以提高学生的阅读速度。第三，用批判性眼光审视各种技巧练习和拓展活动。任何与阅读、写作或讨论无关的活动，都可能成为额外的负担，对学生的阅读、写作和思维上的成长没什么帮助。第四，不要就任何一本书讲太多的文学概念和阅读技巧。

传统做法2：阅读理解测验

我们不能混淆测评机制和激励机制。把成绩当成目标，让学生只为考个好分数而阅读，并不能产生真正的激励作用，事实上反而降低了他们的阅读兴趣和课外阅读热情。如今，我们生活在一个充斥着标准化测试的世界。我们有理由相信，阅读广泛并能批判性讨论和思考所读之书的学生，通过标准阅读测评基本不成问题。但很多课堂上，正演变为无休止的练习加死记硬背的应试窍门。这不是在教如何阅读，而是在教怎么考试。

替代做法是，在考试前几周，告诉学生考卷是如何设计的，讨论考题的类型，并且复习一遍考题中使用的术语，有哪些技巧和知识点以及如何寻找答案。我们教学生如何阅读考试题，但并不是通过考试题来教阅读。

传统做法3：读书日志

教师们常常要求学生写读书日志，即让学生记录一段时间内的阅读时长和阅读数量。这种做法并不奏效，因为所记录的阅读时间并不能证明学生读了很多书。

替代做法一，在课堂上阅读。米勒老师要求学生每天晚上回家至少看20分钟的书，但她从不检查，也不过问他们是否读书了。因为不管用什么办法，都无法对此进行有效监测。米勒老师认为，能够确保学生每天都阅读的唯一方式，就是在课堂上留出时间让他们读。只有每天都读，才能将阅读变成一种终身习惯，才能提高阅读的能力。达到"学生阅读，是因为他们想读，而不是因为老师逼着他们去读"的效果。

替代做法二，特定要求框架内的阅读自由。为学生的自主阅读设定某种目标，且该目标使得学生必须把书读完，这是一种行之有效的做法。当学生能够就读过的书表达自己的感想时，才能算得上是真正的读者。只能说出自己在一本书上花了多少个小时则算不上。面对达到目标有困难的学生，我们不要纠结他读了多少本书，而是看到他在阅读上取得了进步便可。

读书感悟

也许，我们没有意识到太多的阅读要求和考试影响了学生的阅读量和阅读兴趣。一直以为，我们坚持的传统阅读教学和测评方式是对学生有效的。为了让学生真正达到自己"想读"的境界，我们必须"斩断束缚"，让学生自由阅读。并通过行之有效的"课堂上给时间学生阅读"和"设定阅读目标"来实现让学生自觉养成阅读习惯的梦想。

《斩断束缚》

《给我一个班，我就心满意足了》

薛瑞萍/著

悦读《教育，对成长的迷恋》感悟

亲爱的老师，从今天开始，让我们一起走进薛瑞萍老师的修订版《给我一个班，我就心满意足了》。在这本书中，薛老师分《教育，对成长的迷恋》《语文，美丽的生命之旅》《书籍，一片丰沃的原野》三辑呈现。今天先阅读第一辑。

薛老师在《修订版序》中告诉我们，她的信念是："安住内心，让虚假、喧嚣的外在成为你真实、强大的背景。"带着薛老师这样的信念，再来阅读这本书，就觉得犹如一潭湖水，特别澄澈了。

薛老师说，她对学生，不说爱。她说，科学家钟南山不说爱。科学是冷峻坚硬的，不相信眼泪，不理睬权势。如果不彻底抛弃虚假，不彻底怀抱真诚，并在此基础上付出辛劳，研究将一事无成。所以，科学——确实是世界上最为纯洁、刚正、美丽的事业。她说，护士不说爱。经历过生死考验的人和躲在安全地带唱高调的人不同的地方就是，面对已经牺牲的战友，她们耻于拔高自己。她说，苏格拉底不说爱。苏格拉底说自己就像一只牛虻，盯住了希腊皮薄的地方狠狠地咬——只有这样，这个国家才有可能保持活力。

薛老师对学生不说爱，却把爱全放在学生身上。

对待借读生，薛老师说，之前一向对他们怀有偏见，没有像其他学生一样当成"自己孩子"。因为借读生的家长多半是农贸市场的"生意精"，孩子缺乏良好的家庭教育。但面对通过自己的努力教育好的借读生赵亮，她说是赵亮改变了她的态度。她后悔在以前，对赵亮笑得太少，对赵亮温和地说话太少。

今后面对"农贸市场的孩子"，所想所做，一定会与从前不同了。无论学生来自哪里，只要进了她的教室，喊她一声"老师"，就都是"自己孩子"。

因家长工作调动需要转学的学生朱正，他说："除非薛老师也去，否则我不走。"朱正是一个成绩一般却乖觉懂事的孩子，要转到大城市的重点学校去。家长担心成绩单太难看，那边的学校不接收。薛老师却用"一切为了学生好，学生的成长高于一切"的原则，将朱正的成绩单改为"三好学生"，并告诉家长，让他转告朱正：朱正各方面表现好，只是成绩不在前列，在老师心里，他早就是"三好学生"了。可是没办法，名额少。所以，老师确信，以朱正一贯的表现，到了新学校，必定会发展得更快、更全面。

一位从不敢举手发言的学生，在考试中，以《那一天，我站了起来》为题，写了一篇作文。他这样写道："我是一个生活在黑暗里的人，那么孤独，那么沉默。可是，班主任老师告诉我，你说得对不对是次要的，你考多少分是次要的。因为死记硬背，做很多习题也能考到高分。可是，有什么用呢？你还是不会思考，你还是不会发表自己的意见。所以，课堂是一个战场，学习是一次冒险，你努力思考了，积极说出自己的想法了，就是取得了一次胜利。这才是最重要的。这样的语文，才是我们要的。老师把我从黑暗的屋子里拉出来，让我看到了光明，看到了温暖。"

薛老师在文末写道："沉浸于莫大的幸福。很久，我不能自拔——不愿自拔。"她引用了狄金森的诗放在开篇：

如果我能使一颗心免于哀伤

我就不虚此生

如果我能解除一个生命的痛苦

平息一种酸辛

帮助一只昏厥的知更鸟

重新回到巢中

我就不虚此生

读书感悟

　　其实正像薛瑞萍老师毫不掩饰地叙述自己的不完美一样，我们面对不同的学生，存在着偏见或看法。但是，我们必须把学生当成"自己孩子"；必须心存"一切为了学生好，学生的成长高于一切"的信念；必须发现并改变还没开窍、有潜能的学生……才能欣慰地对自己说："不虚此生。"

《教育，对成长的迷恋》

悦读《语文，美丽的生命之旅》感悟

亲爱的老师，让我们一起继续走进薛瑞萍老师的修订版《给我一个班，我就心满意足了》。今天阅读第二辑《语文，美丽的生命之旅》。

薛老师在这一辑中，把自己在语文教学中的观点和方法毫无保留地和教师分享。我精选了以下几个方面，和大家一起学习。

一、整体书空好

书空，即口中念着一个字的笔画顺序，用手指在空中写生字。这种方法在低年级识字教学中使用最多，对于学生记忆字形很有益处。但它的缺点是单调枯燥，令人厌倦，听起来热闹，效率却不高。当生字出现合体字时，薛老师把它视为若干熟悉的"零部件"的组装体，遵循"温故而知新"这一古老而实在的教学规律，一边念，一边以极快的速度书空：如"燕"字——写草头横，二写中间嘴，三写两边北，四写四点底。"热"——一写提手旁，二写小丸子，三写四点底，就是一个热！"着"——上边的羊尾往左甩，下面的眼睛看过来！

二、挤干作业的水分

过重的课业负担，学生变得厌恶学习，教学变得沉闷低效，教师工作变得事倍功半。薛老师告诉我们，开动脑筋，挤干作业水分，让学生的学习变得精练、高效。

（1）不搞满堂灌，给学生留出吸收消化的时间。让学生咀嚼课文，质疑问难，趁热打铁做作业。

（2）字词抄写的遍数，应比从前减半，三遍四遍足够。因为掌握词语的主要途径在于阅读，在于从千变万化的语言环境中得到体悟。

（3）没有抄写生字音节的必要。拼音乃注音工具，学生凭借它能够识字阅读，作用就达到了。

（4）可以口头完成的作业不必书面再做。

（5）不要擅自增加背诵任务。

（6）改错别字、修改病句、判定正误、选择正确答案等题目是不能罚学生抄写题目再订正的。

（7）绝不布置惩罚性的作业。

三、可以复制的幸福

课堂高潮，是师生共有的幸福时段。它是一种高峰体验，令一切语文教师迷恋不已。愈是学养深厚、水平高超的教师，课堂高潮就愈易出现，师生共鸣就愈为频繁强烈。如何创设？学生预习的作用太大了：无论什么课文，只要预先读熟了，教学自然轻松。保证预习的质量，薛老师告诉我们两招：威逼和利诱。威逼就是罚：抽查，朗读不够正确流利的，抄课文片段，堵住学生懒惰行为；利诱是，读好了，检查结果令人满意了，老师才开讲。让学生意识到：他的努力，其实也是在帮助老师的时候，自豪感溢于言表，积极性高涨，激发学生的能动性。

四、给我一个班，我就心满意足了

薛老师每天都要"发声读"一小时左右，且读无定所。她说，上课，是肯定要带上读本的。一两周一更换，当薛老师更换读本的时候，总有学生跟着买、跟着换。这种现象，称之为熏陶，称之为"种下美丽的种子"。

五、比技术更重要的：点燃思维，唤醒自我

让学生说自己，让学生为自己说。如果教师失去了思想的自由和精神的独立，一意匍匐于教材、教参之下，竭尽机巧去阐释既定的情感和思想，去制造观众认可的成功——学生也就只能等而下之地做精神侏儒。教师面临的选择是：埋头学招，在技术的作坊里制作绢花；还是摒除匠气，走进田野，于风雨中摘一丛摇曳的鲜花。

六、和语文教师谈读书

薛老师说，教师自己先爱读书、读好书了，再使学生爱读书、读好书；

教师自己先把文章写好了，学生熏呀熏的也能写得不错了；教师上课出口成章了，学生学呀学的，也能意畅辞达，甚至富有文采了。课改，就是要让语文回到语文。教师能做和最该做的，是激发、提升孩子的阅读兴趣和品位。课堂教学效果好了，课业负担自然轻；课业负担轻了，学生自然乐意读；学生读书多了，上课就更轻松；上课更轻松了，他们就更喜欢读。

薛老师说——

站在台上，我就是语文。

白纸黑字，这就是语文。

读书，写作，对话，思考，这就是语文。

读书感悟

语文，是美丽的；语文，是有生命力的。所以，我们一定不能依赖教材、教参，千篇一律地重复着昨天的故事和公认的道理。落实好预习任务，节省时间在课堂上让学生多思考，多发言，说自己想说的话，谈自己独特的想法。老师带着学生走进阅读世界，大量阅读，让语文变得简单，让课堂变得轻松，老师，学生，都徜徉在自由的大海里，成为快乐的小鱼儿。

《语文，美丽的生命之旅》

悦读《书籍，一片丰沃的原野》感悟

亲爱的老师，让我们一起继续走进薛瑞萍老师的修订版《给我一个班，我就心满意足了》。今天阅读第三辑《书籍，一片丰沃的原野》。

薛老师在这一辑中，把她在阅读中的札记和最喜欢的诗篇、文段毫无保留地和读者分享。读着读着，自己已经被薛老师带入她优美的文字中，情不自禁地朗读起来："在锅碗瓢盆的'生活'之外，有了一个独属于我的美丽世界，那里花开草长，那里云蒸霞蔚。在无人知晓的时刻里，在红尘扰攘的背景下，我用柔软的心开掘，我用温润的血浇灌，我用无力的叹息吹拂，我用虔诚的敬爱呵护——因为它的存在，我很少感到空虚，来自世俗的，不可预料、不可抗拒的打击变得虚空和遥远。"

薛老师和她的儿子读《论语》时，觉得孔子既不是高高在上的圣人，也不是某某阶级的代表，孔子就是孔子：一位庄严而不失敦厚的长者，一个可亲又不免迂腐的老师。一生饱经沧桑，其赤子之心不改。天真而诚实的，把孔子当作一位不错的同行尊敬——可敬可爱。

读《世说新语》，牢牢记住了一个重量级历史人物——谢安。觉得谢安把自己的能量发挥到极致，最大限度地实现了人生价值。时势造英雄，英雄也以自己的胆识和才略为历史写下了壮阔动人的画卷；读《世说新语》，读到了若干"模范儿童"，如范宣、孔融、钟毓、钟会、小皇子晋明帝的故事，发现他们有一个共同的特点，那就是人小心重、少年老成；读《世说新语》，读到了游云惊龙王羲之，书中没有"入木三分"的传说，没有"洗砚池"的踪迹，更不见"王羲之与鹅"之类的趣闻。但能产生"王羲之超凡脱俗的风度，还有当时人们对他的宽容欣赏"的感叹。东床坦腹不是刻意为之的作秀，而是他内在个性的自然流露。

读鲁迅的《野草》，从敬畏到亲近，从隔膜到交流，从云里雾中到若有所悟——越读越有味，越读越觉得有让人放不下的诱惑在。即使"不明白"，也庆幸和释然：诗无达诂，荷戟独彷徨的自言自语也好，天生斗士的绝望叫嚣也好，不必介意、不必趋同别人的意见，最重要的是自己喜欢。世上还有这样一种诗歌：它是冻在冰里的死火，是烟篆幻化的夏云，是渴望被熔岩烧尽，大笑着歌唱着的——永远的野草。

读王小波，静下心来读他的作品，是怀念他的最好方式。读了他的作品，从此知道了：什么是美好的文字，什么是严肃的写作以及什么是思维的快乐。佛说，夺人性命，犹可恕也；夺人慧命，不可恕也。王小波以一己之死开启了许多人的慧命。"一个人只拥有此生此世是不够的，他还应该拥有诗意的世界。"

读《沙与沫》，心随句动，觉得自己不经意间变得空前温存和有力，仿佛拥有包容万物的爱。

"如果你的心是一座火山的话，你怎能指望会从你的手里开出花朵来呢？"

"只有在你被追逐的时候，你才会跑。"

"也许大海给贝壳下的定义是珍珠，也许时间给煤炭下的定义是钻石。"

"执拗的人是一个极聋的演说家。"

"慷慨是超过自己能力的施与，自尊是少于自己需要的接受。"

"是的，世界上是有涅槃；它是在你把羊群带到碧绿的牧场的时候，在你哄你孩子睡觉的时候，在你写你的最后一行诗句的时候。"

薛老师说："是的，世界上是有涅槃；它是在我沉浸于《沙与沫》这样的文字的时候，在我将一捧沙读成一片海的时候，在我把学生引向这片美丽风景的时候。"

读狄金森，读到的，是人世间至为纯粹的诗歌。狄金森的作品被公认为标志着美国诗歌新纪元的里程碑，和莎士比亚一起，她被誉为驾驭英语能力最高的人，和萨福一道，她被尊为西方有史以来最杰出的女诗人。

"没有一艘船能像一本书

也没有一匹骏马能像

一页跳动的诗行那样——

把人带往远方。"

读书感悟

　　"书籍，是一片丰沃的原野"，正如薛瑞萍老师所说，"我们的生活圈子仍然狭窄封闭，唯有读书能使我们获得浮出水面、畅快呼吸的感觉。"在键盘上敲击着这些美好的文字，感觉不到时间的流逝；在不知不觉中朗读优美的诗句，已忘记自己身在何处。把手机放下，捧起心爱的书本吧，书，会让我们的灵魂找到归宿。

《书籍，一片丰沃的原野》

17位教育专家名单和20本教育专著书目

陈大伟《幸福教育与理想课堂八讲》

常生龙《给教师的5把钥匙》

陈洪义《梦想与坚持——做一个有信念的教师》

谭永焕《真心是教育的底色》

苏霍姆林斯基《给教师的建议》

李敏才《小学语文课堂教学的55个细节》

王崧舟《诗意语文——王崧舟语文教育七讲》

常生龙《让教育更明亮》

陈大伟《影像中的教育学》

史金霞《教育：一场惊人的旅行》

窦桂梅《优秀小学语文教师一定要知道的7件事》

山姆·斯沃普《我是一支爱写作的铅笔》

李庆明《儿童教育诗》

赵德成《促进教学的测验与评价》

朱煜《教书记》

朱煜《让课堂说话——朱煜阅读教学策略与实践》

孙建锋《教育中的对话艺术》

道格·莱莫夫《教无不胜·卓越教师的49个秘诀》

唐娜琳·米勒《书语者》

薛瑞萍《给我一个班，我就心满意足了》